# 挤压性围岩隧道变形破坏特性及控制技术

JIYAXING WEIYAN SUIDAO BIANXING
POHUAI TEXING JI KONGZHI JISHU

■ 主　编　张丕界　张旭东
■ 副主编　熊春庚　李　俊　唐达昆

重庆大学出版社

## 内容提要

强挤压软岩大变形地质极大地影响隧道的开挖和掘进。本书以兰渝铁路隧道为工程依托,针对建设过程中面临的"开挖断面大,结构特殊,地应力极高,围岩稳定性差,挤压变形量大、速度快、持续时间长"等工程难点,以炭质板岩挤压性围岩隧道为研究对象,结合现场监测、试验研究、理论分析、数值模拟和工程试验等多种研究方法,系统地研究了挤压性围岩隧道工程地质特征与变形力学机制,推导了考虑含水损伤的炭质板岩蠕变本构模型与"围岩-支护系统"黏弹性模型,并建立了挤压性围岩隧道稳定性综合控制技术体系。

本书可供隧道工程及相关领域的工程技术人员、科研人员、研究生和高年级本科生参考,也可作为相关研究生课程的教材。

**图书在版编目(CIP)数据**

挤压性围岩隧道变形破坏特性及控制技术／张丕界,
张旭东主编. -- 重庆：重庆大学出版社,2021.4
ISBN 978-7-5689-2416-0

Ⅰ.①挤… Ⅱ.①张…②张… Ⅲ.①隧道工程—围
岩变形—研究 Ⅳ.①U455

中国版本图书馆 CIP 数据核字(2020)第 173643 号

### 挤压性围岩隧道变形破坏特性及控制技术

主 编 张丕界 张旭东
副主编 熊春庚 李 俊 唐达昆
责任编辑:王 婷 蒋曜州 版式设计:王 婷
责任校对:邹 忌 责任印制:赵 晟

\*

重庆大学出版社出版发行
出版人:饶帮华
社址:重庆市沙坪坝区大学城西路 21 号
邮编:401331
电话:(023)88617190 88617185(中小学)
传真:(023)88617186 88617166
网址:http://www.cqup.com.cn
邮箱:fxk@cqup.com.cn(营销中心)
全国新华书店经销
重庆俊蒲印务有限公司印刷

\*

开本:787mm×1092mm 1/16 印张:13 字数:311 千
2021 年 4 月第 1 版 2021 年 4 月第 1 次印刷
ISBN 978-7-5689-2416-0 定价:88.00 元

# 编委会名单

**主　　编：** 张丕界　　张旭东

**副主编：** 熊春庚　　李　俊　　唐达昆

**编　　委：**

| | | | |
|---|---|---|---|
| 王庆林 | 杜立新 | 郭光旭 | 王恩选 |
| 陈　云 | 石新桥 | 李国良 | 汪　伟 |
| 王更峰 | 张有生 | 薛　宁 | 卫鹏华 |
| 王广宏 | 何　磊 | 曾凡敏 | 李　雷 |
| 李　宁 | 杨木高 | 熊晓晖 | 楼悍卫 |
| 李　勇 | 杜军良 | 刘国雄 | 夏明铗 |
| 赵学军 | 赵建军 | 陈龙龙 | 许　丹 |
| 梅　灿 | 梅慧浩 | 温　鹏 | 杨　阳 |
| 漆玉祥 | 刘自醒 | 汪　婧 | 郑　俊 |
| 王嵽显 | 刘素云 | 黄正凯 | 张　勇 |
| 游国平 | 黄新宇 | 王　宁 | 朱向阳 |
| 廖锦军 | 刘国庆 | 司剑钧 | 王建军 |
| 徐志平 | 徐腾辉 | | |

# 编写单位

中铁十一局集团有限公司

中铁十一局集团第四工程有限公司

兰渝铁路有限责任公司

西成铁路客运专线陕西有限责任公司

国铁集团工程管理中心

国铁集团工程质量监督局

中铁第一勘察设计院集团有限公司

# 前　言

高地应力下的挤压性隧道工程岩体开挖,其围岩变形破坏严重且时间效应显著,变形控制是关键。特别是遇水弱化严重的炭质板岩等蠕变特性突出的软岩,还要考虑地下水对其蠕变特性的影响,然而目前此方面的研究还比较有限。本书针对兰渝铁路挤压性围岩隧道建设过程中面临的"开挖断面大,结构特殊,地应力极高,围岩稳定性差,挤压变形量大、速度快、持续时间长"等难点,以炭质板岩等挤压性围岩隧道为工程背景和研究对象,采用现场监测、试验研究、理论分析、数值模拟和工程试验相结合的研究方法,对挤压性围岩隧道的稳定性及其变形控制技术进行系统和深入的研究。本书的主要内容如下:

(1)采用现场工程地质调查与测试、室内物理力学试验和理论分析等手段,从隧道围岩赋存状态、物理力学性质地应力等几个方面,对兰渝铁路挤压性围岩隧道工程地质条件进行综合分析。

(2)通过现场工程地质调查,归纳总结兰渝铁路蠕变挤压性软弱隧道变形破坏情况,分析其隧道变形破坏的特征。统计分析兰渝线隧道大变形灾害影响因素以及其影响程度,并利用数值模拟对侧压力系数、岩层倾角、层厚等影响层状岩体稳定性的因素进行规律分析。

(3)以岩石流变基本理论为基础,结合炭质板岩三轴压缩蠕变试验曲线,建立一种能够反映软岩蠕变全过程的黏弹塑性应变软化蠕变力学模型,并引入瞬时损伤因子和长期蠕变损伤因子,建立考虑含水损伤的黏弹塑蠕变模型,对不同含水状态隧道的围岩稳定性进行分析。

(4)引入考虑空间效应的围岩支护黏弹性解析,研究炭质板岩隧道围岩支护相互作用力随时间的变化规律,通过建立三维数值模型,分析炭质板岩隧道施工过程中的围岩变形、应力以及支护结构的蠕变演化规律。

(5)在挤压性围岩隧道稳定控制理念的指导下,借鉴已有的工程经验的基础,结合兰渝铁路新城子隧道与毛羽山隧道等挤压性围岩隧道的变形破坏特点及其变形破坏机制的研究成果,形成一系列适于挤压性围岩隧道稳定控制开挖及支护的施工技术。

本书是"极高地应力状态下软岩隧道大变形控制及快速施工关键技术研究"等科研项目成果的总结,课题组及工程项目相关单位人员为此做出了很多贡献,在此一并致谢!

由于水平限制,本书存在不足甚至错误之处,敬请读者批评指正。

编　者

2020 年 8 月

# 目　录

# 1 绪 论

## 1.1 研究背景及意义

我国是一个人多地少的国家,山地和丘陵占国土面积的三分之二,且主要分布于西部地区。利用隧道大力发展交通建设,对我国西部大开发战略的顺利实施具有重要的现实意义。隧道是交通网络中重要的工程结构物,采用隧道可以克服地形障碍,使线路平直、长度缩短,并有效地提高线路标准,满足快速、高效的运营需求。新建兰渝铁路北起兰州南至重庆,总长 818.7 km,共有桥梁 444 座(总长 127.8 km),隧道 237 座(总长 460.6 km),其中长大深埋隧道近 70%。兰渝铁路横跨甘肃、陕西、四川、重庆四省市,北接兰新、包兰、兰青、陇海,南连宝成、襄渝、达成、渝怀、沪汉蓉,是中国"中长期铁路网规划"中的重要铁路干线,建成后将成为中国西南和西北地区最便捷、最快速的通道。兰渝铁路地理位置如图 1.1 所示。

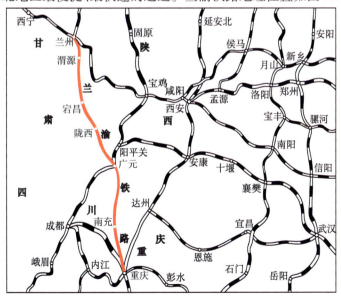

图 1.1 兰渝铁路地理位置图

兰渝铁路全线穿越区域性大断裂10条、大断层87条，所经地区地震、暴洪、泥石流灾害多发，号称"地质博物馆"，是我国地质条件最复杂的山区长大干线铁路，也是一条施工难度极大、风险极高的铁路。尤其是强挤压软岩的大变形地质条件，极大地影响了隧道的开挖和掘进。据统计，自开工建设以来，兰渝铁路全线共有36座隧道发生强挤压变形，引起初期支护、二衬破坏、侵限等，从而不得不多次进行拆换拱作业，大大延长了建设周期，增加了工程投资，给国家带来重大损失。

项目研究团队在兰渝铁路建设过程中，针对挤压性围岩隧道建设面临的工程特点和难点，开展了多个关键技术问题的联合攻关，确保了工程的顺利建设。因此，总结兰渝铁路挤压性围岩隧道建设中关键技术问题的解决思路与方法，可为我国高速铁路隧道建设提供技术理论支撑，并为类似工程积累宝贵经验，具有重要的工程意义和推广价值。

## 1.2　工程特点及难点

（1）开挖断面大，结构特殊

以兰渝铁路新城子隧道为例（图1.2），其受隧道内越行站临江铺车站影响，结构特殊，隧道内先由两个双线断面转变为两个单线断面，再由双连拱断面变为大跨断面，最后变为一个双线断面。其中大跨最大开挖断面为$350\ \text{m}^2$，是普通双线断面的2.5倍，为目前我国在建铁路隧道之最。

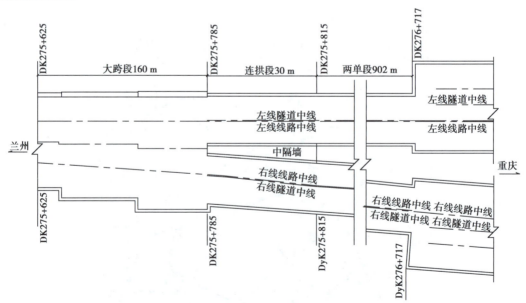

图1.2　新城子隧道喇叭口平面示意图

（2）地应力极高，且水平应力大于垂直应力

兰渝铁路全线地质构造十分复杂，经历了多期的构造运动，形成了多个地质构造体系，

从北向南,经过祁连褶皱系、秦岭褶皱系、松潘—甘孜褶皱系、扬子准地台4个一级大地构造单元。区域构造应力自前元古代时期以来,一直以南北向的持续挤压应力为主,北部古河西构造体系呈现东部向南、西部向北的顺时针相对扭动,南部华夏构造体系呈现东部向北、西部向南的逆时针相对扭动,两大构造体系相隔中部秦岭—昆仑纬向构造体系,从而推断出最大主应力方向为:古河西构造体系 NE-SW 向,华夏构造体系 NW-SE 向。秦岭—昆仑纬向构造体系在后期构造运动中产生的各种构造形迹组合成祁吕贺兰山字型构造体系(前弧西翼顺时针)、茶固滩帚状构造体系(逆时针)、青藏歹字形构造体系(顺时针)、武都山字形构造体系(前弧西翼顺时针)、文县山字形构造体系(逆时针),也分别拟合了上述顺时针与逆时针的构造运动,总体上反映了顺时针 NE-SW 和逆时针 NW-SE 的构造应力方向。图1.3为兰渝铁路典型隧道地应力测试结果,综合分析地应力测试结果得出:兰渝线隧道初始地应力水平高,范围为10~34 MPa。隧址区最大水平主应力普遍大于垂直应力,且以合作—岷县断裂构造带(F3)为界。F3 断裂以北,最大水平主应力方向以北东向为主,即N29°E—N68°E,最大水平主应力最大值为27.16 MPa;F3 断裂以南,以北西向为主,即N29°W—N75°W,最大水平主应力最大值为33.82 MPa。此外,最大水平主应力与隧道轴线以大夹角相交,因此地应力场分布状态对隧道围岩变形呈最不利影响。

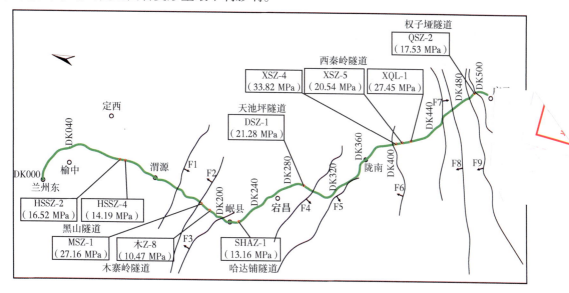

图1.3　兰渝铁路典型隧道地应力测试结果

(3)围岩挤压变形量大、速度快、持续时间长,破坏力强

兰渝铁路隧道围岩以第三系泥质弱胶结含水粉细砂岩、二叠系、三叠系以及志留系薄层板岩、炭质板岩、炭质千枚岩等软弱围岩为主,具有强烈的各向异性,在地下水与开挖扰动应力联合作用下,易软化、裂解,呈明显的流变特性。监测资料表明,兰渝铁路新城子、毛羽山隧道开挖后围岩变形极为剧烈,且围岩水平收敛变形远大于其拱顶沉降变形,呈现出典型的高地应力挤压性隧道特征。此外,隧道围岩拱顶沉降初期变形速率最大可达8 cm/d,沉降量为30~65 cm,水平收敛最大为14.3 cm/d,收敛量为50~145 cm。且围岩变形持续时间长,初期支护未封闭前,变形并未停止,而是等速持续发展,甚至加速发展,多有不收敛的趋势,并最终因变形过大而发生破坏,造成拱顶严重下沉开裂,边墙强烈内挤侵限,仰拱开裂上鼓,

初期支护严重变形破坏。喷射混凝土大面积挤裂、压碎,钢拱架严重扭曲变形。部分洞段的二次衬砌出现环向、斜向和纵向裂缝。图1.4为隧道挤压变形破坏照片。

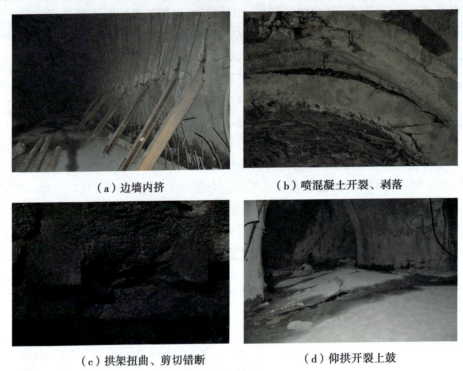

（a）边墙内挤 　　　　　（b）喷混凝土开裂、剥落

（c）拱架扭曲、剪切错断 　　　（d）仰拱开裂上鼓

图1.4　隧道挤压变形破坏

（4）围岩扰动范围大

兰渝铁路挤压性围岩隧道开挖后塑性区迅速扩大,特别是当支护不及时或结构刚度、强度不够时,围岩扰动范围更大。尤其是左右洞施工相互干扰大,后行洞施工引起已成型先行洞的初支、二衬开裂变形。新城子隧道松动圈测试结果表明,未扰动区基本位于开挖临空面向里15 m以外的位置,因此一般锚杆长度很难锚固到稳定围岩。

## 1.3　国内外同类技术研究现状

### 1.3.1　软弱围岩挤压大变形研究现状

高地应力软弱围岩地质环境下的围岩挤压大变形是一种常见的工程地质灾害。隧道围岩挤压大变形是岩体在地应力等周边环境作用下的一种变形破坏现象,其实质是围岩因开挖引起的地应力重分布和变形无法得到有效控制,围岩发生塑性变形,最终使围岩支护结构遭到破坏。国内外隧道工程由于挤压大变形原因引起的施工问题屡见不鲜,如陶恩隧道、阿尔贝格隧道、惠那山隧道、都灵隧道、圣哥达隧道、乌鞘岭铁路隧道、木寨岭公路隧道、中国青藏铁路关角隧道、宝中铁路堡子梁隧道、南国道 317 鹧鸪山公路隧道、铁山隧道以及成兰铁路很多隧道等。表 1.1 列出了国内外典型的挤压性围岩隧道。由此可见,高地应力软岩地质环境引起的挤压大变形破坏是一种严重的工程地质灾害。出现上述工程灾害的原因是多方面的,但主要是因为对高地应力软岩地质环境下隧道施工的复杂性认识不够,没有深入研究在这样的环境下应该采取怎样的施工方法及何种支护形式才能达到预期效果。因此,进行相关课题的研究具有重要意义。

表 1.1　国内外典型的挤压性围岩隧道

| 项目 | | 隧道名称 | | | | |
|---|---|---|---|---|---|---|
| | | 陶恩(Tquern) | 阿尔贝格(Arlberg) | 惠那山(Enasan) | 家竹箐 | 乌鞘岭 |
| 国别 | | 奥地利 | 奥地利 | 日本 | 中国 | 中国 |
| 隧道长度(m) | | 6 400 | 13 980 | 8 635 | 4 990 | 20 050 |
| 用途 | | 公路隧道 | 公路隧道 | 公路隧道 | 单线铁路隧道 | 单线铁路隧道 |
| 埋深(m) | | 500~1 000 | 平均 350,最大 740 | 400~450 | 400 | 450~1 100 |
| 围岩(大变形地段) | | 绿泥石、绢云母、千枚岩 | 千枚岩、片麻岩,局部为含糜棱岩的片岩、绿泥岩 | 风化花岗岩组成的断层破碎带,局部为黏土 | 煤系地层 | 板岩夹千枚岩、断层泥砾、角砾、碎裂岩 |
| 抗压强度 $R_b$(MPa) | | 0.4~1.6 | 1.2~2.9 | 1.7~4.0 | 1.7 | 0.735 |
| 原始地应力(MPa) | | 16~27 | 13 | 10~11 | 8.57($\sigma_x$)、16.09($\sigma_y$) | 9.15~20.5 |
| 强度应力比 | | 0.05~0.06 | 0.1~0.2 | 0.1~0.33 | 0.1~0.2 | 0.031~0.040 |
| 初期支护 | 原设计 | 25 cm 厚喷混凝土,TH36 钢架@75,锚杆长 4 m | 20~25 cm 厚喷混凝土,可缩式钢架,锚杆长 6 m | 25 cm 厚喷混凝土,U29 型可缩式钢架@100,锚杆长 6 m | 喷 12 cm 初喷,再 18 cm 模筑混凝土支护,锚杆长 3 m,有钢架 | 15~20 cm 厚喷混凝土,锚杆长 3~4 m,有钢架 |
| | 改变设计 | 25 cm 厚喷混凝土,TH21 钢架@100,锚杆长 6~9 m | 除锚杆加长至 9~12 m,其余同前 | 除锚杆加长至 9~13 m,其余同前 | 35 cm 厚喷混凝土,U29 型可缩式钢架,锚杆长 8 m | 25~45 cm 厚喷混凝土,锚杆长 4~6 m,I20 或 H175 钢架 |
| 初期支护变形速度 | | 一般为 5~10 cm/d,最大为 20 cm/d | 一般为 4~6 cm/d,最大为 11.5 cm/d | | 3~4 cm/d | 一般为 4~5 cm/d,最大为 16.8 cm/d |

续表

| 项目 | 隧道名称 | | | | |
|---|---|---|---|---|---|
| | 陶恩(Tquern) | 阿尔贝格(Arlberg) | 惠那山(Enasan) | 家竹箐 | 乌鞘岭 |
| 初期支护变形 | 一般为50 cm,最大为120 cm(隧底打锚杆前隆起20 cm) | 一般为20~90 cm,最大为35 cm(拱顶下沉15~20 cm) | 一般为20~25 cm,最大为56 cm(拱顶下沉93 cm) | 一般为80~100 cm,最大为210 cm(隧底隆起60~80 cm) | 一般为40~80 cm,最大为120 cm |
| 收敛时间(d) | 300~400 | 100~150 | >300 | ≥100 | ≥100 |
| 主要控制措施 | 长锚杆、可缩式钢架、喷层预留纵缝 | 长锚杆、可缩式钢架 | 长锚杆、可缩式钢架、喷钢纤维混凝土、加大预留变形量 | 改善洞形、长锚杆、加大预留变形量、喷层留纵缝、可缩式钢架、双层衬砌 | 改善洞形、中长锚杆、加大预留变形量、多重支护、变形管理 |

学者们一般根据形成机制将挤压大变形分为以下两大类:一是开挖引起应力重分布超过围岩强度,使得围岩产生塑性变形;二是岩体中的某些矿物和水发生膨胀反应,水及某些膨胀性矿物成为岩体膨胀变形的必要条件。目前,对围岩挤压性大变形问题的研究,主要依靠归纳、总结及工程类比等方法,其中的主要问题集中在软岩的定义和分类、大变形的定义、机制和分级等几个方面。

### 1)软岩的定义和分类

对于软岩的定义多达数十种,且随着行业部门应用目的和学科背景的不同而具有较大差异。其中,何满潮等提出的工程软岩的概念,揭示了软岩的相对性、本质性特点,将软岩作为地质体的本质特点和作为工程结构的一部分这两个既对立又统一的属性,进行了科学的界定,能够较为合理、全面地概括其他所有类型的软弱围岩及其工程属性。在此基础上,将工程软岩划分为膨胀性软岩、高应力软岩、节理化软岩和复合型软岩四大类,同时还给出了较为系统的亚分类体系及判别方法。

### 2)大变形的定义、机制和分级

对于大变形的定义,有绝对性定义和相对性定义两种。绝对性定义用确定的一个变形量值(如单线铁路隧道25 cm,双线铁路隧道50 cm)来进行判定。相对性定义则由变形量超过预留变形量及变形量与洞室半径比值等来进行判定。考虑到我国的铁路、公路等隧道的断面、结构形式和围岩分类方法及分级参数值具有相对确定的标准取值,上述绝对性的定义也可视为一种相对的定义。从本质上讲,大变形的定义也可视为一个功能性概念,取决于工程的使用目的和条件,若再考虑到不同类型工程所处的地质环境条件和施工方法及技术水平的差异,给定统一的变形定义及量值,就目前来看,还存在较大困难。

大变形的机制其实在上述工程软岩的分类中就已经体现出来了。膨胀性软岩的大变形主要是岩性成分的水化学物理作用,从扰动的角度看,就是渗流场的改变或水物质的扰动所致。高应力软岩的大变形则是地应力场的作用,特别是构造地应力的作用,其作用机制主要是地应力水平远高于岩体的强度。值得注意的是,这里所说的岩体强度包含两个部分,一是岩石或岩块的强度,也是大多数研究中提到的岩石单轴抗压强度(0.5~25 MPa)的概念,二是坚硬岩石(岩石单轴抗压强度大于等于25 MPa)在高地应力环境中因其结构面发生的流变而产生的大变形。而节理化软岩的大变形则是以岩体结构的变形为主,包括沿结构面的滑移、扩容等效应,有可能形成范围极大的松动圈,区别于高地应力下的结构性流变。以上述三种主控因素为特点的单一类型软岩为基础,在不同的岩体介质和结构特点、应力场和渗流场的组合条件下,自然可形成具有多种类型的复合型软岩,其相应的变形机理和机制也更为复杂多变。值得注意的是,目前对于大变形机制的研究主要从围岩地质或自然属性的角度分析,而考虑施工方法、顺序和速度等工程扰动因素的研究尚不多见。

何满潮等将围岩大变形的判据分为定性方法和定量方法,并给出了日本学者对日本国内挤压性围岩特点及大变形判别研究方面的统计性结果。鄢建华等收集了多种不同国家和行业规范中关于隧道的预留变形量和大变形的分级标准,并结合乌鞘岭特长铁路隧道的工程实际,分别给出了设计阶段和施工阶段的大变形分级标准。在施工阶段中,结合围岩的物理力学参数、现场量测和理论分析结果,分别考虑相对变形 $U_a/a(\%)$、强度应力比 $\sigma_v/R_b$、原始地应力 $\sigma_v$、弹性模量 $E$ 及综合系数 $\alpha$ 等因素,采用综合指标判定法确定大变形分级标准。上述研究中采用的强度应力比、大变形绝对值及相对应变等,也是判定和划分大变形的分级最为常用且合理的参数,但是其关键和难点就在于如何准确地量测地应力、围岩变形量等数据。特别是在地应力的量测技术和方法及分布规律方面,目前的研究还存在很大的困难。

## 1.3.2 隧道围岩变形控制技术研究现状

近年来,随着隧道工程向长大、深埋方向发展,建设穿越高地应力且地质环境恶劣的软弱围岩区的长大隧道工程越来越多,当围岩变形量超过工程设计的允许变形值时,势必将影响隧道的整体稳定性,且施工安全及正常运营也难以保障。因此,围岩变形控制技术是关键,特别是在高地应力区修建隧道工程,大变形的控制是最大难题。

刘招伟、王明胜等采用以 H175 钢拱架+柔性预应力锚索+钢纤维喷射混凝土为结构组成的初期支护系统,能够较好地控制乌鞘岭隧道高地应力软弱围岩大变形。李国良、朱永全通过选择合理的断面形状、预留合理变形量、多重支护、适当提高衬砌刚度的柔性结构设计,以及短台阶或超短台阶快开挖、快支护、快封闭和衬砌适时施作的施工技术,成功控制了乌鞘岭隧道岭脊地段复杂应力条件大变形。原小帅、张庆松、李术才等针对兰渝铁路两水隧道岩质软、跨度大的特点,采用加厚初喷、二衬和双层型钢拱架的新型支护方式,有效减小了围岩的蠕变变形。严竟雄研究千枚岩施工期结构受力与变形机理,提出有效的变形控制措施。

郭富利通过对堡镇隧道软岩大变形机理分析,讨论初期支护的极限位移及分级标准,建议将"膨胀一期"末尾阶段和"膨胀二期"开始阶段作为二衬的施作时机。著名的家竹箐隧道采用 U29 型可缩性钢骨架,结合自进式长锚杆和加大预留变形量等一系列措施有效地控制了高地应力引起的支护大变形。张继奎、方俊波对乌鞘岭高地应力千枚岩大变形隧道不同支护参数的 4 个实验段支护效果进行了对比分析,初步得到了能有效控制乌鞘岭隧道岭脊段高地应力条件下千枚岩大变形的初期支护参数,指出翼缘较厚的 H175 型钢能提供较大的早期支护强度,特别是能保证钢拱架水平方向的安全与稳定;运用小直径岩石锚索锚固技术能对支护结构提供较大支护抗力,同时具有先柔后刚、先放后抗控制大变形的性能特征。王襄禹针对高应力软岩隧道的变形力学机制提出了预留刚柔层支护技术。首先在隧道开挖后设置足够厚度的刚柔层来吸收高应力软岩隧道的大变形,并使柔性层具有足够的强度来限制软岩隧道的破坏性变形。在刚柔层的控制下,围岩充分变形后高应力大部分转化为变形,另一部分转移至围岩深部的弹性区。然后在最佳支护时段内进行二次加强支护,主要通过锚杆支护来提高围岩的强度,控制围岩的破坏性变形。

# 1.4 研究目标及技术路线

## 1.4.1 研究目标

兰渝铁路挤压性围岩隧道具有开挖断面大,结构特殊,地应力极高,围岩稳定性差,挤压变形量大、速度快、持续时间长等特点。本书的研究工作旨在解决兰渝铁路挤压性围岩隧道变形力学机制、围岩稳定性控制尤其是特殊结构段围岩稳定性控制等方面的关键技术难题。本书的研究可保障国家重点工程的顺利建设,为我国西部山区开发建设高速铁路隧道奠定技术基础,并为同类工程的研究提供技术支撑与范例。

## 1.4.2 技术路线

本书是在对兰渝铁路挤压性围岩隧道现场工程地质条件、工程变形和破坏情况等详尽分析的基础上,通过室内试验、原位试验、理论分析以及数值计算等手段,对挤压性围岩隧道的变形影响因素进行系统统计和敏感性分析,并在此基础上分析挤压性围岩隧道变形力学机制,进而提出稳定性控制理念,研发了控制挤压性围岩隧道变形的开挖与支护的关键施工技术,构建了挤压性围岩隧道稳定性控制的成套技术体系。同时,将其在工程中实施应用,通过现场监测反馈相关信息,再进行优化设计,得到了最佳支护设计方案,最终将其推广。本书研究和实施的技术路线如图 1.5 所示。

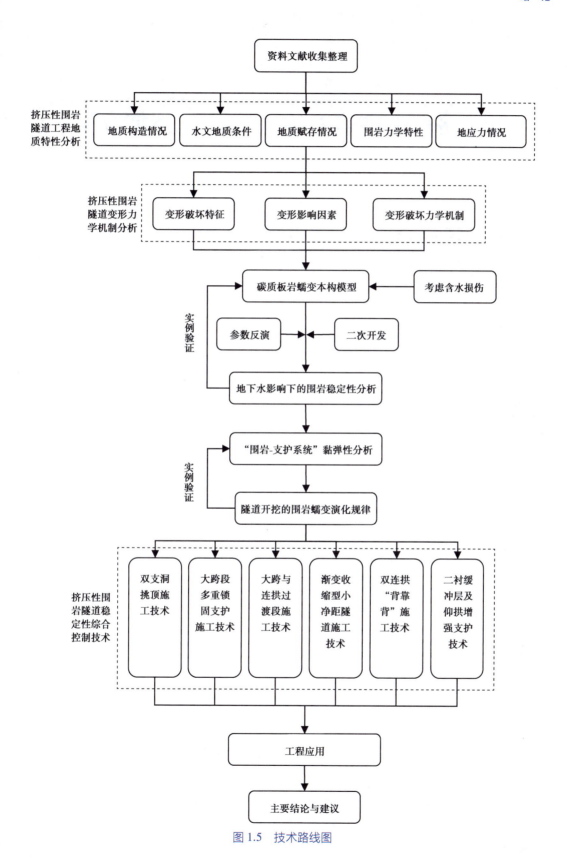

图 1.5 技术路线图

# 2 挤压性围岩隧道工程地质特征分析

兰渝铁路隧道施工过程中面临前所未有的支护难题,虽采用各种现有支护工艺,翻修多次仍然未实现成功支护。而围岩性质和应力状况是决定隧道支护条件和围岩稳定程度的主要因素,本章采用现场工程地质调查与测试、室内物理力学试验和理论分析等手段,从隧道围岩赋存状态、物理力学性质、地应力等几个方面对兰渝铁路挤压性围岩隧道工程地质条件进行综合分析,以期为挤压性围岩隧道围岩稳定性分析及支护对策提供基础数据和理论支持。

## 2.1 区域地质概况

兰渝铁路通过黄土高原区和秦岭高中山区,在区域地质上位于华北板块、扬子板块、青藏板块及塔里木板块四大板块相互汇集部位合围之隆起造山带,属青藏高原隆升区边缘地带,地质环境极为复杂特殊。尤其是新生代以来印度板块与欧亚板块碰撞,导致青藏高原隆升及其向北东的持续扩展挤压作用,造成本区域断裂、褶皱发育,初始地应力状态极其复杂,多为高-极高的地应力环境背景。

兰渝铁路纵贯甘肃省东南部、陕西省西南部和四川省东北部,属北亚热带湿润向暖温半湿润过渡的季风气候,受境内高山峡谷地形的影响,气候上有明显的区域特征,气候差异悬殊,垂直分带的差异性明显,河谷炎热,山地寒冷。

自 2008 年汶川地震以来,兰渝铁路沿线各地区降水强度、降水量、持续时间等方面都有不同程度的变化。如对照一次最大降水量发现,岷县、宕昌、青川和广元 2007 年至 2011 年间一次最大降水量都超过了 2000 年之前 30 年中的极值。

工程区域近年降雨量增加,各种地质灾害频发。2010 年 8 月 7 日,甘南藏族自治州舟曲县突发强降雨,持续了 9 h,降雨量达 96.3 mm,县城北面的罗家峪、三眼峪泥石流下泄,由北向南冲向县城,造成沿河房屋被冲毁,泥石流阻断白龙江、形成堰塞湖;2010 年 8 月 11 日,陇南市境内突发暴雨,引发泥石流、山体滑坡等地质灾害,致使多处交通路段堵塞;2012 年 5 月 10 日,甘肃省岷县发生特大冰雹、强降雨,引发大量洪灾、泥石流灾害等,降雨强度和持续时间都属历史罕见。

### 2.1.1　地质构造

兰渝铁路工程区段自前元古代时期以来,一直以南北向的持续挤压应力为主,北部古河西构造体系呈现东部向南、西部向北的顺时针相对扭动,南部华夏构造体系呈现东部向北、西部向南的逆时针相对扭动。两大构造体系相隔中部秦岭—昆仑纬向构造体系,从而推断出最大主应力方向为:古河西构造体系 NE-SW 向,华夏构造体系 NW-SE 向。秦岭—昆仑纬向构造体系在后期构造运动中产生的各种构造形迹组合成祁吕贺兰山字形构造体系(前弧西翼顺时针)、茶固滩帚状构造体系(逆时针)、青藏歹字形构造体系(顺时针)、武都山字形构造体系(前弧西翼顺时针)、文县山字形构造体系(逆时针),也分别拟合了上述顺时针与逆时针的构造运动,总体上反映了顺时针 NE-SW 和逆时针 NW-SE 的构造应力方向。

武都山字型构造体系前弧弧顶、前弧西翼和西翼反射弧(舟曲—金厂—石峡断裂带 F4 至白龙江断裂 F5)(DK301+300~DK379+900),改造了碌曲—宕昌—两当褶带南部与玛曲—迭部—武都褶带,二叠纪时开始发展形成,原纬向构造带弯曲成南凸弧形槽地,控制了海相三叠纪的沉积,晚白垩世末成熟定型,两侧盾地沉积第三系,西翼隆起东翼下陷,挽近仍有活动。

舟曲—金厂—石峡断裂带 F4 长 250 km,宽 4 km,由一系列向南或向北(向北为主)的断裂组成,金厂一带走向东西,向西转为 N60°~70°W,向东转向 N60°~70°E,倾角 70°左右,次级褶皱及断裂发育,并表明断裂带发生过反时针向扭动。断裂带切割了志留系—二叠系、白垩系和第三系地层。

白龙江—武都断裂带 F5 以黄鹿坝为界,以西为白龙江断裂带,属前弧西翼;以东为武都断裂带,属前弧弧顶。总长约 200 km,由 2~3 条平行的断裂组成,总体呈走向北西的反 S 状。断层面多北东倾,倾角 60°左右,发生反时针向扭动。断裂北侧的志留系逆冲到南侧石炭系、二叠系、三叠系之上,断距可能上万米。沿断裂带志留系变质程度加深,它控制并切割了白垩系沉积,说明其具多期活动性。

文县山字型构造体系前弧弧顶(白龙江断裂 F5 至白马—贾昌—临江—康县断裂带 F6)(DK379+900~DK402+900),改造了文县—康县褶带,与武都山字型构造体系的生成过程基本相同。

白马—贾昌—临江—康县断裂带 F6 位于文县山字型构造体系前弧弧顶最南侧,为一条区域性断裂带,原属华夏构造体系碧口褶带的北边界,后被本构造体系复合归并。总体走向 N55°~75°E,倾向 NW,倾角 60°~70°。因受北西向及近东西向断裂的破坏,分成南北两段,南段为白马—贾昌断裂带,北段为范家坝—临江—天字山及瓦房坝—康县两条断裂带,次级断裂和小褶曲比较发育。

华夏构造体系(白马—贾昌—临江—康县断裂带 F6 至广元)(DK402+900~DK486+220),包括碧口褶带和龙门山构造带,长城纪以前已经形成了北东向的坳陷及规模较大的断裂,并控制了长城系碧口群、震旦系临江组和关家沟组的分布,在整个古生代表现为一个北东向的隆起带。由于长期受南北向反时针向水平直扭的应力作用而不断上升,其北侧不断下降,控制了晚古生代的沉积,不仅加里东期、华力西期、印支期活动不断,而且挽近时期活动也很明显。

碧口—燕子砭断裂带 F7 位于该褶带最南侧的摩天岭—碧口—姚渡—太平川—阳平关一线,走向 N70°E,倾向 NW,总长约 160 km。断层面呈舒缓波状,两侧岩石挤压破碎强烈,糜棱岩化、角砾岩化现象普遍,次一级褶皱发育。

### 2.1.2　水文地质条件

兰渝铁路沿线地下水类型主要为第四系松散岩类孔隙水、基岩裂隙水及岩溶裂隙水,来源于大气降水及地表水补给,向当地侵蚀基准面排泄;黄土高原区为半干旱缺水地区,地下水水量较小,且受季节影响大;秦岭高中山区降雨量充沛,地下水水量较丰富。

## 2.2　隧道围岩地质赋存情况

兰渝铁路地形地貌复杂,山高谷深,高程为 1 000~3 300 m。隧道场址区普遍山势陡峻,人迹罕至,交通不便。沿线不良地质发育,主要包括滑坡、泥石流等。兰渝线隧道地层条件复杂,按时代由新到老分别包括了第四系、第三系、二叠系、石炭系、泥盆系的地层。围岩岩性复杂多变,以板岩及炭质板岩、灰岩、千枚岩、砂岩为主,多有互层。隧道洞身通过软岩地层包括第三系(N)砂岩,三叠系(T)、二叠系(P)板岩、炭质板岩,志留系(S)千枚岩、炭质千枚岩及其断层破碎带。部分隧道水文情况复杂,突涌水较多,多以节理裂隙水为主,围岩遇水软化,自稳能力差,千枚岩、板岩等薄层状岩体尤为突出。

## 2.3　围岩物理力学性质

围岩的力学特性是影响隧道稳定性的主要因素,兰渝铁路众多隧道开挖过程中均出现挤压大变形,其中岩性多以板岩、板岩夹砂岩、千枚岩等为主,尤以薄层或薄层夹中的厚层变形更为剧烈。地下水的存在及活动往往也是影响围岩稳定性的重要因素,它在围岩洞周围产生的水力学的、力学的、物理及化学的作用几乎都不利于洞室的稳定性。现场监测资料表明,炭质板岩层理、节理十分发育,易风化,亲水性较强,遇水易软化碎裂,具有一定的流变性,其中蠕变性较为明显。炭质板岩的这些性质对隧道初期支护结构的效果及隧道的长期稳定性具有重要影响。

鉴于此,本节以兰渝铁路新城子隧道变形剧烈段炭质板岩为试验样本,采用现场原位测试与室内试验相结合的方法研究炭质板岩的力学特性。对中厚层炭质板岩现场取样后,通过室内单轴、三轴压缩试验以及三轴蠕变试验,研究在不同围压及泡水时间条件下炭质板岩的瞬时力学特性与蠕变特性。对薄层炭质板岩采用现场原位直剪试验与刚性承压板变形试验,研究薄层炭质板岩力学与变形特性,获得准确的岩体力学参数。

### 2.3.1 中厚层炭质板岩力学特性

#### 1)试验方案

(1)试验系统

岩石单轴与三轴压缩试验在美国 MTS 公司生产的 MTS 815 岩石材料力学试验机(图2.1)上进行。

(2)试件制备

在隧道中厚层炭质板岩段,待围岩开挖后选取厚约18 cm 的长方形完整块体。由于板岩具有显著各向异性,所以钻芯取样时应垂直层里面方向取样。加工成 $\phi$50 mm×100 mm 的标准圆柱体试件,尺寸误差为±0.3 mm。

图 2.1　MTS 815 液压伺服系统

(3)试验方案

为研究不同围压和不同含水条件下的炭质板岩力学特性,将试件分为3组,试验方案设计如下:

①A 组试件,保持天然状态,进行单轴与三轴压缩试验;

②B 组试件,先烘干测定其平均天然含水率,然后对干燥试样进行单轴与三轴压缩试验;

③C 组试件,烘干后分别泡水5 d、15 d、25 d,并测定其不同泡水时间下的含水率,然后选取部分试样进行单轴与三轴压缩试验。

#### 2)干燥炭质板岩力学特性

(1)全应力-应变曲线

对干燥状态炭质板岩试件在 MTS 815 上进行单轴压缩与常规三轴压缩试验,试验围压分别设置为5 MPa、10 MPa、15 MPa、20 MPa、25 MPa。单轴试验以0.5 MPa/s 的速率施加轴向应力,在比例极限后、峰值应力前改变加载控制方式为环向(横向)应变控制,直至试验结束。三轴试验以每秒0.05 MPa/s 的速率施加到设定围压,待围压稳定后,以0.5 MPa/s 的力控制加载速率,施加轴向荷载至岩样峰值荷载的70%左右,之后转为环向引伸计控制,得到全过程曲线,直至岩石试件破坏。试验加载如图2.2所示,试验全过程的应力-应变曲线如图2.3所示。

从图2.3可以看出,干燥状态炭质板岩,抗压强度随围压增加而增大,初始无明显微裂隙闭合阶段,应力-应变曲线近似直线。随着轴向荷载增加,变形持续增加,达到峰值强度后,试件突然破坏,无明显屈服阶段。峰值后轴向应变变化较小,应力近似垂直状迅速跌落,侧向应变增加较大,说明破坏是由横向扩容引起的,呈现脆性破坏的特征。

(2)试验结果

根据单轴与三轴压缩试验,干燥状态下炭质板岩力学参数见表2.1。其中岩石的抗剪强度参数 $c、\varphi$ 是通过绘制摩尔应力圆得到的。

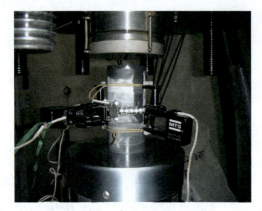

图 2.2　单轴与三轴压缩试验

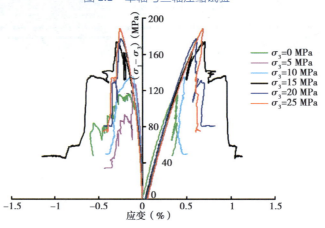

图 2.3　单轴与三轴压缩应力-应变曲线

表 2.1　干燥状态炭质板岩三轴压缩试验结果

| 试件编号 | 围压(MPa) | 弹性模量（GPa） | 抗压强度（MPa） | 泊松比 | 抗剪强度 | |
|---|---|---|---|---|---|---|
| | | | | | $c$(MPa) | $\varphi$(°) |
| 1 | 0 | 34.98 | 116.11 | 0.27 | 20.1 | 36.6 |
| 2 | 5 | 33.47 | 128.48 | 0.24 | | |
| 3 | 10 | 28.46 | 146.77 | 0.29 | | |
| 4 | 15 | 33.65 | 178.59 | 0.29 | | |
| 5 | 20 | 35.94 | 197.42 | 0.31 | | |
| 6 | 25 | 33.70 | 213.03 | 0.30 | | |

　　板岩具有明显的各向异性特征,其力学参数随结构面倾角的不同而变化较大。G.Tao 与 F.Homand 通过试验,计算出板岩弹性模量、泊松比等随着倾角在 35°~50° 范围内时其值最小,在 0°、90°时其值最大。在相同围压条件下,板岩随结构面倾角由 0°变化到 90°时,抗压强度由大变小再变大。板岩的强度变化近似呈抛物线型,以倾角 51.7°为对称点时由小变大

再变大。由表 2.1 可知,围压对炭质板岩强度影响较大,不同围压下抗压强度变化曲线如图2.4所示。从图中可见,干燥状态下炭质板岩强度随围压增加而增加,呈线性增加趋势。

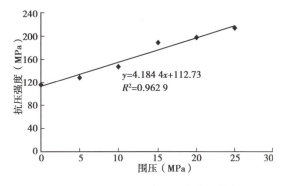

图 2.4 不同围压下抗压强度变化曲线

（3）破坏特征

不同围压下炭质板岩岩样的单轴与三轴压缩破坏形式,如图 2.5 所示。

由图 2.5 可见,试件破坏以剪切破坏为主,低围压时局部出现劈裂破坏。随着围压的增加,主破裂面与最大主应力的夹角逐渐增大,且破裂面越来越平整光滑。单轴时破裂面与垂直应力夹角约为18°;围压 15 MPa 时夹角约为35°;围压 25 MPa 时夹角约为41°。板岩的破坏模式随层理面的倾角不同而不同,主要有三种破坏模式:顺层理面滑移破坏、剪切破坏与混合破坏,随围压增加,破坏模式有由滑移破坏向剪切破坏转化的趋势。由于本书试验所用试件均由垂直于层里面方向取样,所以试件主要是剪切破坏引起的。

单轴 　　　5 MPa　　　　　10 MPa　　　　　15 MPa　　　　　20 MPa　　　　　25 MPa

图 2.5 炭质板岩单轴与三轴压缩破坏形式

### 3) 不同含水状态炭质板岩力学特性

（1）试验结果

为研究地下水对炭质板岩强度的影响,将干燥状态试件泡水 5 d、泡水 15 d、泡水 25 d,分别测定其含水率。对制备好的试件与天然状态试件进行单轴与三轴压缩试验,试验结果见表 2.2。

表 2.2 不同泡水时间炭质板岩三轴压缩试验结果

| 试件分组 | 围压（MPa） | 泡水时间 | 含水率(%) | 弹性模量（GPa） | 抗压强度（MPa） | 泊松比 |
|---|---|---|---|---|---|---|
| A | 0 | 自然 | 0.336 | 31.46 | 78.39 | 0.31 |
| | 0 | 5 | 0.34 | 28.73 | 65.18 | 0.31 |
| C | 25 | 5 | 0.347 | 29.05 | 153.62 | 0.32 |
| | 25 | 15 | 0.78 | 24.38 | 142.17 | 0.34 |
| | 25 | 25 | 1.24 | 21.62 | 114.35 | 0.35 |

由表 2.2 可知,随着泡水时间的增加,炭质板岩的抗压强度、弹性模量均有不同程度的降低,而泊松比则呈增加趋势。与干燥状态相比,自然状态下单轴压缩强度为 78.39 MPa,降低 32.48%,试件泡水 5 d 降低 43.86%;围压 25 MPa 下,泡水 5 d、15 d、25 d 抗压强度比干燥状态分别下降 28.83%、36.07%、44.91%。由图 2.6 可见,抗压强度随泡水时间的增加呈直线下降趋势。

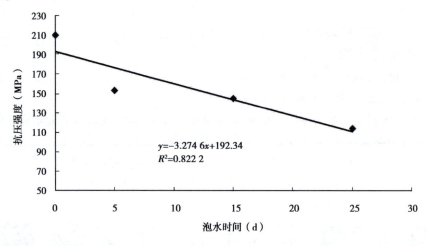

图 2.6　围压 25 MPa 不同泡水时间与抗压强度的关系

上述试验分析表明,炭质板岩遇水强度损失大。由于受水的物理、化学作用,岩石的黏聚力和内摩擦角减小,造成岩石承载能力显著降低。弹性模量随泡水时间的增加而降低,使得围岩抵抗弹性变形能力减弱,从而导致隧道围岩变形量增大,围岩稳定性降低。

泡水时间越长,炭质板岩的含水率越大。干燥试件泡水 5 d 含水率为 0.344%,泡水 15 d 含水率增大到 0.78%,泡水 25 d 时含水率达到 1.24%。试验过程中发现,含水率在泡水 25 d 后基本不变,可以认为此时试件达到饱和状态。泡水 5 d 试件含水率与自然状态近似相等,为后续研究方便,将其视作自然试件。

(2)应力-应变曲线

图 2.7 为围压 25 MPa 下,泡水 5 d、15 d、25 d 的炭质板岩应力-应变曲线。从图上可以看出,泡水后的应力-应变曲线峰值前存在一定的塑形屈服段,峰后出现应变软化段,且随着泡水时间的增加,峰前塑形屈服与峰后应变软化段更加明显。与干燥状态的峰后脆性跌落及突然破坏不同,泡水试件在峰值强度之后,随着应变的增加,应力下降,岩石发生应变软化,轴向压力使试件形成破裂面,强度降低,应变增长,表现出软岩渐进破坏的特征,且泡水时间越长,软岩特征越明显。与干燥状态相比,泡水后炭质板岩的峰前与峰后应变显著增加,充分反映了水对炭质板岩的弱化作用,水显著降低了炭质板岩抵抗变形的能力。

### 2.3.2　中厚层炭质板岩蠕变特性

#### 1)三轴蠕变试验方案

#### (1)试验仪器

岩石三轴蠕变试验在 RLW-2000 型微机控制岩石三轴蠕变试验机上进行(图 2.8),试验机主要由主机(轴向加载框架)、压力室、轴向力加载装置、围压加载装置、充液油源、气泵、计算机测控系统等部分组成。试验机的最大轴向试验力为 2 000 kN,最大围压为 80 MPa,试验力测量精度在±1%以内,位移测量精度在±0.5%以内,围压测量精度在±2%以内。试验机稳压效果良好,连续工作时间最长达 1 000 h,试验力、围压长时稳定度在±2%以内,框架刚度为 5 000 kN/mm。

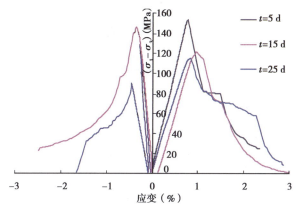

图 2.7　围压 25 MPa 不同泡水时间的三轴压缩应力-应变曲线

图 2.8　RLW-2000 岩石三轴蠕变试验机

（2）试验方案与方法

为研究炭质板岩的流变特性以及水对炭质板岩流变特性的影响,采用分级加载法,分别对不同泡水时间下的炭质板岩进行三轴蠕变试验。试验采用固定围压,以轴向压力分级加载方式进行,加载应力水平按瞬时抗压强度综合考虑。试验过程采用应力控制,保持轴向压力稳定误差为 0.5%,侧向压力稳定为 0.5 MPa,采样点为 1 个/min。具体试验方案见表 2.3。试验数据处理采用陈氏加载处理法。

表 2.3　三轴蠕变试验方案

| 分组 | 围压 $\sigma_3$（MPa） | 泡水时间（h） | 加载应力水平 $\sigma_1$（MPa） | 每级荷载持续时间（h） |
|---|---|---|---|---|
| 1 | 10 | 0 | 50,70,90,100,110,120,130 | 48/24 |
| 2 | 25 | 5 | 40,60,80,100 | 48 |
| 3 | 25 | 15 | 40,60,80,100 | 48 |
| 4 | 25 | 25 | 40,60,80,100 | 48 |

**2）干燥状态下的蠕变特性**

（1）轴向与侧向蠕变规律

干燥状态炭质板岩在恒围压分级加载下的轴向应变与侧向应变曲线如图 2.9 所示。轴向变形和侧向变形规律既有相同之处,也有各自不同的特点:

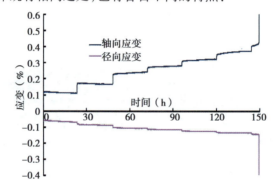

图 2.9　干燥状态分级加载时轴向应变与侧向应变曲线

①每级荷载作用下,轴向和侧向都有瞬时应变与蠕变应变产生,轴向变形比侧向变形大,为侧向变形的 2～3 倍。

②随着加载应力水平的提高,轴向变形和侧向变形均依次出现衰减蠕变、稳定蠕变和加速蠕变。

③轴向与侧向蠕变明显存在有蠕变起始应力阈值 $\sigma_k$。当加载应力水平小于 $\sigma_k$ 时,蠕变很快衰减趋于零,只出现衰减蠕变。当加载应力水平大于 $\sigma_k$ 时,才产生蠕变速率为常量的稳定蠕变。当前围压下,轴向蠕变应力阈值 $\sigma_k = 90$ MPa,约为同围压下瞬时抗压强度的 42.3%,侧向蠕变应力阈值 $\sigma_k' = 50$ MPa,小于轴向蠕变应力阈值 $\sigma_k'$,且有 $\sigma_k' = 0.55\sigma_k$。

表 2.4 为炭质板岩三轴蠕变试验的蠕变指标,分析可知:

①随着荷载水平提高,轴向瞬时应变与蠕变应变增大,且蠕变应变占总变形量比例逐渐增大。破坏应力水平达 130 MPa 时,加速破坏前,蠕变应变占总变形量的比例达到 49.59%。

②随着荷载水平提高,侧向瞬时应变增大,侧向蠕变应变呈现出增大—减小—增大的复杂趋势,反映了岩石内部微裂纹扩展形成宏观主裂纹的非线性过程。

③轴向瞬时应变、蠕变应变量值均比侧向应变、蠕变应变量大。侧向蠕变应变占侧向总变形的比例较大,侧向的蠕变发展要较轴向的快。如应力水平为 50 MPa 时,轴向和侧向的

蠕变量分别占各自总变形量的0.74%和12.99%;应力水平为90 MPa时,轴向和侧向蠕变量分别占各自总变形量的23.32%和35.28%。

表2.4 三轴蠕变试验数据统计

| 应力水平 | 瞬时应变(mε) | | 蠕变应变(mε) | | 蠕变应变/总变形 | |
|---|---|---|---|---|---|---|
| | 轴向 | 侧向 | 轴向 | 侧向 | 轴向 | 侧向 |
| 50 | 1.135 5 | 0.615 8 | 0.008 5 | 0.127 5 | 0.007 4 | 0.129 9 |
| 70 | 1.681 1 | 0.828 1 | 0.004 4 | 0.088 4 | 0.008 1 | 0.413 5 |
| 90 | 2.24 | 1.029 7 | 0.168 6 | 0.074 3 | 0.233 2 | 0.352 8 |
| 100 | 2.674 7 | 1.143 0 | 0.124 2 | 0.092 0 | 0.318 2 | 0.439 4 |
| 110 | 3.069 4 | 1.235 0 | 0.150 9 | 0.113 2 | 0.358 09 | 0.499 7 |
| 120 | 3.482 | 1.348 2 | 0.226 2 | 0.081 5 | 0.463 6 | 0.370 9 |
| 130 | 3.983 2 | 1.436 7 | 0.270 6 | 0.092 | 0.495 9 | 0.464 5 |

由图2.10、图2.11轴向蠕变加速曲线与侧向蠕变加速曲线可见,当加载水平达到130 MPa时,轴向变形出现衰减蠕变、稳态蠕变及幂指数型的加速蠕变三阶段。侧向加速蠕变比轴向加速蠕变发生略早,侧向加载约5.18 h,轴向加载约5.34 h出现破坏。且侧向变形加速蠕变时应变呈线性急剧增长,试样破坏时侧向的反应要比轴向更为剧烈和明显。

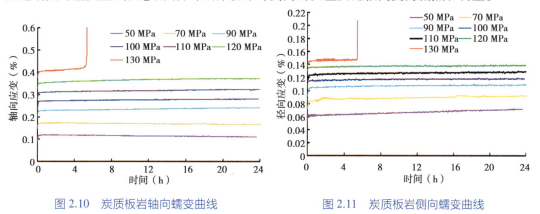

图2.10 炭质板岩轴向蠕变曲线　　　　图2.11 炭质板岩侧向蠕变曲线

(2)加载应力水平对侧向-轴向变形特性的影响

加载应力水平对岩石流变形特性有着重要影响,不同应力水平下侧向应变与轴向应变关系呈现不同的特征。图2.12为破坏应力水平90 MPa时侧向应变与轴向应变的关系曲线,可见,当加载应力水平小于屈服应力时,侧向变形与轴向变形近似成正线性关系且同步增加,即$\varepsilon_3 = a\varepsilon_1 + b$。文献[55]认为应力水平越大,$a$值也越大。图2.13为破坏应力水平130 MPa时侧向应变与轴向应变关系曲线,可见,侧向变形增加的速率高于轴向变形,且两者成幂指数关系$\varepsilon_3 = a\exp(b\varepsilon_1)$。由此可见,随着应力水平由低向高转变,岩石侧向应变与轴向应变之间的关系也由同步线性增加而向非线性增加转变。

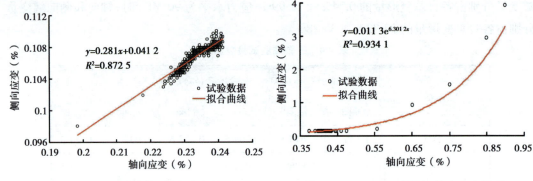

图 2.12　90 MPa 时侧向-轴向应变关系　　　图 2.13　130 MPa 时侧向-轴向应变关系

（3）蠕变速率规律

图 2.14（a）为加载 90 MPa 时轴向和侧向蠕变速率与时间的关系曲线。图 2.14（b）为加载至 130 MPa 蠕变破坏时轴向和侧向蠕变速率与时间的关系曲线。

由图 2.14（a）可知，蠕变速率随着应力水平的变化而变化，轴向蠕变速率大于侧向蠕变速率。破坏应力水平前，轴向和侧向蠕变速率均只表现为初期和稳态蠕变速率 2 个阶段。初期蠕变速率大，90 MPa 时轴向初期蠕变速率为 1.6 mε/h，随着时间增长，很快衰减至某一常量且基本保持不变。

由图 2.14（b）可见，加载至 130 MPa 时，6 h 内岩石轴向与侧向蠕变速率的变化经历了初期蠕变速率、稳态蠕变速率以及加速蠕变速率 3 个阶段。随着加载应力水平提高，蠕变速率亦增大，岩样破裂时，蠕变速率急剧增大，导致岩样迅速破裂并伴有显著的扩容与体积膨胀。

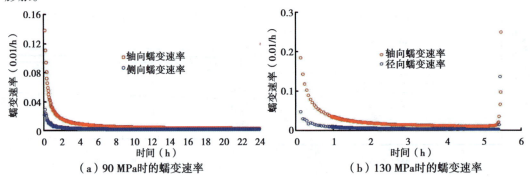

（a）90 MPa时的蠕变速率　　　　　　（b）130 MPa时的蠕变速率

图 2.14　不同荷载水平蠕变速率

### 3）不同泡水时间下的蠕变特性

分别对泡水 5 d、15 d、25 d 试件进行 25 MPa 围压下的三轴蠕变试验，蠕变试验曲线如图 2.15—图 2.18 所示。

由图可见，泡水 5 d、15 d 时随着加载应力水平的提高，轴向与侧向蠕变均只出现衰减蠕变、稳定蠕变两阶段。泡水 25 d，当加载水平达到 100 MPa 时，轴向与侧向在经历衰减蠕变与稳定蠕变后，很快出现加速蠕变，最终导致岩石破坏。不同泡水时间的四级荷载下试样应力值及蠕变特性指标列于表 2.5。

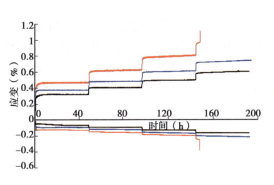

图 2.15 三轴压缩蠕变试验曲线

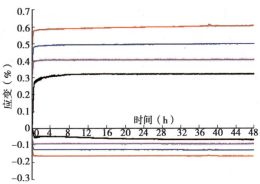

图 2.16 泡水 5 d 时三轴压缩蠕变试验曲线

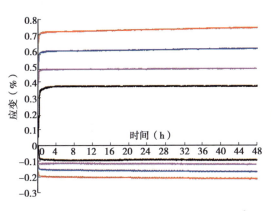

图 2.17 泡水 15 d 时三轴压缩蠕变试验曲线

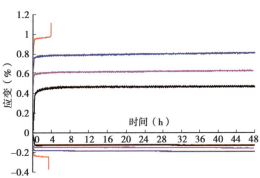

图 2.18 泡水 25 d 时三轴压缩蠕变试验曲线

表 2.5 不同泡水时间炭质板岩三轴蠕变特性指标

| 泡水时间(d) | 荷载水平(MPa) | 瞬时应变 10 mε | | 蠕变应变 10 mε | | 总变形 10 mε | | 蠕变应变/总变形 | |
| --- | --- | --- | --- | --- | --- | --- | --- | --- | --- |
| | | 轴向 | 侧向 | 轴向 | 侧向 | 轴向 | 侧向 | 轴向 | 侧向 |
| 5 | 40 | 0.274 64 | 0.046 | 0.000 49 | 0.015 59 | 0.319 89 | 0.067 63 | 0.001 53 | 0.230 52 |
| | 60 | 0.392 7 | 0.092 1 | 0.002 6 | 0.001 416 | 0.084 61 | 0.025 146 | 0.030 73 | 0.056 31 |
| | 80 | 0.476 8 | 0.123 9 | 0.008 8 | 0.003 19 | 0.093 1 | 0.036 844 | 0.094 52 | 0.086 6 |
| | 100 | 0.573 4 | 0.158 7 | 0.017 4 | 0.002 84 | 0.105 5 | 0.036 82 | 0.164 93 | 0.077 1 |
| 15 | 40 | 0.344 7 | 0.086 4 | 0.000 88 | 0.002 25 | 0.371 2 | 0.097 18 | 0.002 37 | 0.023 15 |
| | 60 | 0.468 | 0.091 | 0.005 8 | 0.010 28 | 0.111 1 | 0.030 7 | 0.052 21 | 0.334 85 |
| | 80 | 0.577 7 | 0.150 5 | 0.020 6 | 0.012 39 | 0.126 7 | 0.045 25 | 0.162 59 | 0.273 81 |
| | 100 | 0.701 9 | 0.195 2 | 0.025 22 | 0.012 06 | 0.132 92 | 0.045 27 | 0.189 74 | 0.266 40 |
| 25 | 40 | 0.428 5 | 0.125 87 | 0.012 24 | 0.005 33 | 0.467 3 | 0.134 73 | 0.026 19 | 0.039 56 |
| | 60 | 0.582 5 | 0.169 | 0.020 7 | 0.009 57 | 0.156 34 | 0.029 73 | 0.132 40 | 0.321 89 |
| | 80 | 0.750 3 | 0.184 28 | 0.040 99 | 0.008 85 | 0.187 19 | 0.035 04 | 0.218 97 | 0.252 57 |
| | 100 | 0.946 3 | 0.238 54 | 0.049 7 | 0.010 5 | 0.178 87 | 0.056 9 | 0.277 85 | 0.184 53 |

（1）轴向与侧向蠕变

①相同泡水时间，轴向与侧向初始瞬间应变均随着应力水平的增加而增大。如当试件泡水 5 d 时，荷载水平 40 MPa 下轴向瞬间应变为 2.746 4 mε，侧向瞬间应变为 0.46 mε；应力水平为 60 MPa 时，轴向瞬间应变量达到 3.927 mε，侧向瞬间应变为 0.921 mε；应力水平为 80 MPa 时，轴向瞬间应变量达到 4.768 mε，侧向瞬间应变为 1.239 mε；应力水平为 100 MPa 时，轴向瞬间应变量达到 5.734 mε，侧向瞬间应变为 1.587 mε。

②随着泡水时间增长，同级荷载水平轴向与侧向瞬间应变均增大。如荷载水平 40 MPa 下，试件泡水 5 d 时瞬间应变为 2.746 4 mε，试件泡水 15 d 时瞬间应变为 3.447 mε，试件泡水 25 d 时瞬间应变量达到 4.285 mε。

③随着泡水时间增长，轴向与侧向蠕变极限变形量显著增加。如泡水 5 d 试件轴向与侧向极限变形量分别为 6.031 mε 和 1.664 mε；泡水 15 d 试件轴向与侧向极限变形量分别为 7.419 mε 和 2.184 mε；泡水 25 d 试件发生加速蠕变破坏前轴向与侧向极限变形量分别为 9.897 mε 和 2.564 mε。泡水 15 d、25 d 轴向、侧向极限变形量与泡水 5 d 极限变形量相比，分别增加 23.014%、31.25% 和 64.1%、54.09%。

④相同泡水时间，随着加载应力水平的提高，轴向蠕变应变量（即总应变减去初始瞬间应变）随之增大，蠕变应变占同级荷载下总变形量的比例逐渐增加。随泡水时间增长，同级荷载下蠕变应变量越大，蠕变应变占同级荷载下总变形量的比例也逐渐增加。如泡水 15 d，荷载水平 60 MPa 时蠕变应变量为 0.058 mε，占该级总变形量的 5.221%；荷载水平 80 MPa 时蠕变应变量为 0.206 mε，占该级总变形量的 16.259%；荷载水平 100 MPa 时蠕变应变量为 0.252 mε，占该级总变形量的 18.974%。如泡水 25 d，荷载水平 60 MPa 时蠕变应变量为 0.207 mε，占该级总变形量的 13.24%；荷载水平 80 MPa 时蠕变应变量为 0.409 9 mε，占该级总变形量的 21.897%；荷载水平 100 MPa 时蠕变应变量为 0.497 mε，占该级总变形量的 27.785%。

⑤相同状态，轴向瞬时应变、蠕变量值均较侧向大，瞬时应变约为侧向量值的 3~4 倍，蠕变量值为 2~6 倍。

⑥不同泡水时间，侧向蠕变总体上随泡水时间的增加而呈增大趋势。

⑦随泡水时间增加，起始蠕变应力阈值降低，出现非零常数的稳定蠕变速率时间提前。随着应力水平的提高，稳定蠕变速率由零逐渐向非零常数变化。蠕变经历衰减蠕变进入稳定蠕变阶段所需时间随着泡水的增长而减少。

（2）蠕变速率

炭质板岩在破坏应力水平前，轴向与侧向蠕变均出现衰减蠕变速率与稳定蠕变速率两个阶段，当加载水平达到破坏应力水平时，还将出现加速蠕变速率阶段。随泡水时间的增加，同级荷载水平下，轴向衰减蠕变速率与稳定蠕变速率总体呈增大趋势，侧向稳定蠕变速率总体呈增大趋势，而衰减蠕变速率初始值变化不大，如图 2.19 所示。

泡水 5 d、15 d 第一级应力水平 40 MPa 时，轴向稳定蠕变速率为 0，侧向稳定蠕变速率分别为 0.003 9 mε/h、0.082 mε/h。泡水 5 d 应力水平 60 MPa 时，初始衰减蠕变速率为 0.45（单位为 0.01/h），泡水 15 d 为 0.5，泡水 25 d 达到 0.62，稳定蠕变速率分别为 0.003 9 mε/h、0.082 mε/h、0.12 mε/h，呈增加趋势。当应力水平达到 100 MPa 时，轴向蠕变速率由 0.7 迅速衰减至稳定蠕变速率,加载3.889 h轴向出现加速蠕变破坏,侧向加速蠕变破坏较轴向时间略早,约为 0.375 h,且呈线性急剧增长,增长速率较轴向快,与干燥状态围压 10 MPa 相比,泡水后蠕变速率显著增加,初始衰减蠕变速率与稳态蠕变速率增大 2~3 倍。

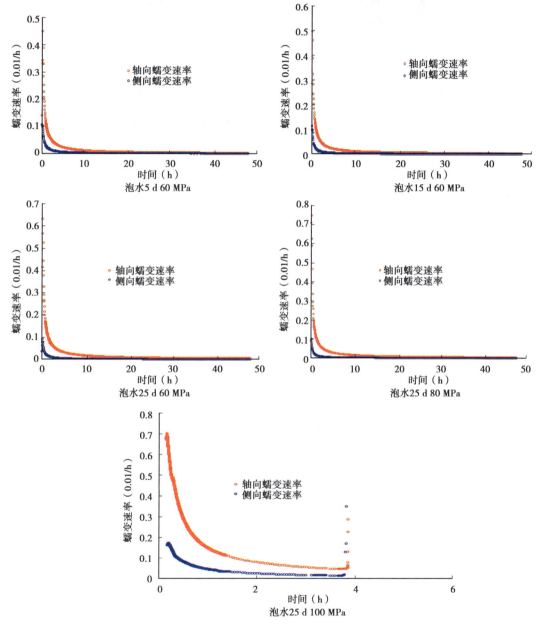

图 2.19　不同泡水时间各级应力水平下轴向与侧向蠕变速率曲线

（3）破坏特征

由图 2.20 不同泡水时间试件的蠕变破坏情况可见,干燥状态围压为 10 MPa 的情况下,试件呈剪切破坏,碎裂块体基本可循。围压为 25 MPa 时,试件破坏呈现剪切与劈裂破坏以及两者的复合形式,而且泡水时间越长,试件破坏时碎裂越完全,碎裂块体越小,碎屑状越多。

干燥状态围压10 MPa　　　　　　　　泡水5 d围压25 MPa

泡水15 d围压25 MPa　　　　　　　　泡水25 d围压25 MPa

图 2.20　不同含水状态试件蠕变破坏情况

### 2.3.3　薄层炭质板岩力学特性

薄层炭质板岩层厚 1~5 cm,软弱破碎,无法钻芯取样,只能通过岩体原位测试来研究岩体的力学特性与变形特性。本次岩体大型试验位于新城子隧道出口大变形段,试验开挖支洞断面尺寸为 2 m×2 m,洞深 15 m,洞向与主洞轴线垂直。试验洞室开挖后,现场按相关规范要求刻凿试体,其中大剪试验 1 组,共 5 块矩形体,尺寸为 60 cm×60 cm×30 cm;变形试验 2 组,试体直径 $D=70$ cm。图 2.21 为试验洞室开挖与试体制作照片。

#### 1)岩体抗剪(断)试验

（1）试体加工与试验过程

岩体抗剪试验采用平推法,液压千斤顶加荷,其中法向荷载加荷方向位于试体中心并垂直于预定剪切面,剪切荷载加荷方向平行于预定剪切面并通过试体中心。

图 2.21　试验洞室开挖与试体制作

加荷时法向荷载分两次施加完毕,其最大正应力最初预估为 1.0 MPa,则 5 个试件正应力应分别按照 1.0 MPa、0.8 MPa、0.6 MPa、0.4 MPa、0.2 MPa 由大到小施加,然而在试验过程中,受围岩稳定性及岩体强度影响,在正应力施加到 0.55 MPa 时试件的垂直应变已达到0.5 cm。为了不影响试件的结构,随即停止继续施加正应力而按照 0.55 MPa 为最大正应力进行试验,受此影响,该组试验最大正应力取值为 0.55 MPa,其余 4 个试件的正应力依次为0.45 MPa、0.36 MPa、0.27 MPa、0.18 MPa,而第 3 块试件由于实际剪切面面积为 3 025 cm$^2$,所以其实际正应力为 0.43 MPa。按照内聚力 0.5 MPa、内摩擦角 25° 分别预估最大剪切荷载,并将预估的最大剪应力分为 8~12 等份,然后每 5 min 一次逐级施加。剪断后继续施加直到测出残余值为止。抗剪(断)试验完成后再按照以上程序进行抗剪(摩擦)试验。

(2)岩体直剪试验结果与分析

图 2.22 为岩体抗剪试验现场照片。试验完成后绘制 $\tau$-$\varepsilon$ 曲线,根据曲线确定出抗剪(断)的比例极限(直线阶段)、屈服极限(屈服阶段)、峰值(破坏阶段)、残余值及抗剪(摩擦)试验的峰值,然后分别按照各点的正应力 $\sigma$ 绘制各阶段的 $\tau$-$\varepsilon$ 曲线,最后由库伦公式:

$$\tau = \tan \varphi \cdot \sigma + c \tag{2.1}$$

确定出岩体抗剪(断)过程中各阶段的内摩擦角 $\varphi$ 及内聚力 $c$。

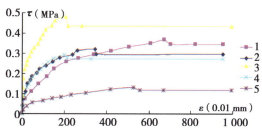

图 2.22　岩体抗剪试验　　　　图 2.23　岩体抗剪试验 $\tau$-$\varepsilon$ 曲线

从图 2.23 来看,5 个试件的 $\tau$-$\varepsilon$ 曲线基本呈抛物线形,说明岩体的抗剪断破坏形式基本以塑性破坏为主。在剪应力施加初期,试件结构尚未破坏,$\tau$-$\varepsilon$ 曲线近似直线,变形主要是弹性变形,该阶段即为直线阶段;随着剪应力的增加,软弱结构面逐渐延伸、贯通,形成剪断面,试件缓慢地沿剪断面蠕滑,试件逐渐破坏,$\tau$-$\varepsilon$ 曲线也沿一定弧度发展,当变形达到一定程度,剪断面上积聚的应力迅速释放,试件变形迅速增大,此时的剪应力值即对应于屈服值,该阶段为屈服阶段;剪应力值继续增大,试件蠕滑速度增快,当达到峰值后,剪应力值不再增大,而试件变形继续发展,试件彻底遭到破坏,此段变形即为破坏阶段。

由图 2.24 围岩体抗剪(断)试验 $\tau$-$\sigma$ 曲线可见,5 个试件对应的$(\sigma,\tau)$点离散性虽较大,但基本能以直线形态发展,反映出试件岩体结构和强度差异较大,根据剪断后剪断面处岩体形态的观察,5 个试件剪断面处岩体裂隙发育程度、泥化程度均存在较大差异,其中 2 号试件已基本泥化,3 号试件仅局部裂隙面处存在泥膜,其余 3 个试件介于 2、3 号之间。

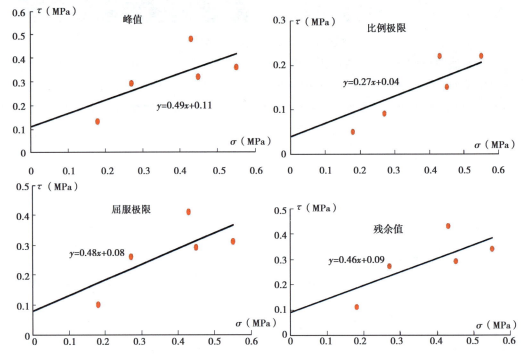

图 2.24　围岩体抗剪(断)试验 $\tau$-$\sigma$ 曲线

由图 2.25 试件大剪试验前后对比图,可见:

试件 1 沿预定剪切面上部 10 cm 处剪断。剪断面处岩体极为破碎,其中约 2/5 部分基本为原岩,但基本均为岩屑、岩块;3/5 部分已完全泥化。剪断面处基岩含水率为 3.8%~5.7%。

（a）1号试件试验前　　　　　　　　　　（b）1号试件试验后

（c）2号试件试验前　　　　　　　　　　（d）2号试件试验后

（e）3号试件试验前　　　　　　　　　　（f）3号试件试验后

（g）4号试件试验前　　　　　　　　　　（h）4号试件试验后

（i）5号试件试验前　　　　　　　　　　（j）5号试件试验后

图 2.25　试件大剪试验前后对比图

　　试件 2 沿预定剪切面上部约 10 cm 处剪断。剪断面处岩体已基本泥化,其中仅有个别破碎岩块、岩屑存在。剪断面处基岩含水率为 2.8%~9.5%。

　　试件 3 基本沿预定剪切面剪断。剪断面处岩体较为破碎,大部分为岩块,少部分为岩屑,局部裂隙面处有泥膜存在;剪断面凹凸不平,由沿剪应力方向的裂隙延伸、贯通发展形成。剪断面处基岩含水率为 1.0%～1.5%。

试件 4 基本沿预定剪切面剪断。剪断面处岩体极为破碎,基本均被错动成松动的岩块、岩屑,裂隙面处有泥膜存在;剪断面凹凸不平,由沿剪应力方向的裂隙延伸、贯通发展形成。剪断面处基岩含水率为 1.8%～2.0%。

试件 5 沿预定剪切面上部 10 cm 处剪断。剪断面处岩体极为破碎,已被错动成松动的岩屑,局部泥化,有个别松动岩块分布。剪断面处基岩含水率为 4.2%～5.9%。

从剪切面形态和破坏过程及其成果看,试验具有下面几个特点:

①试体很少有沿预计的剪切面剪断,其破坏面均由追踪裂隙或层理的组合弱面而破坏,且弱面起着一定的控制作用,并沿裂隙或层理面在将要剪断时有明显的"爬坡"现象。剪切破裂断口呈锯齿-上凸状,多在预估剪切面上部断开,并导致试件的抬升现象。

②在剪切过程中,表现为明显的渐进性破坏特征,主要是试件部位的裂隙或岩层"弱面"导致传递介质的非连续性和非均一性,与水平剪切力的力矩效应以及岩层产状共同起作用的结果。

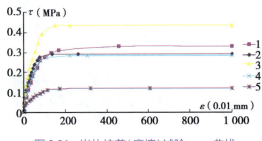

图 2.26　岩体抗剪(摩擦)试验 $\tau$-$\varepsilon$ 曲线

③抗剪强度指标一般同试验岩体的风化程度和深度有关。

在岩体的抗剪(摩擦)试验过程中,试件沿已有的剪断面滑移,受剪断面的影响,试件变形不同程度地产生"爬坡"现象。其变形较之抗剪(断)阶段反而有所减小(见图 2.26),但其变形规律基本与抗剪(断)阶段相同,说明岩体本身强度较低,因此在破坏后各项抗剪指标值降低程度较小,其变化规律基本相同。

总之,薄层状围岩体抗剪(断)试验强度值较低,其试验成果从客观上反映出了岩体的抗剪(断)强度指标。表 2.6 是围岩体抗剪(断)试验正应力与剪应力的关系表,表 2.7 是围岩体抗剪(断)强度试验的成果汇总表。

表 2.6　围岩体抗剪(断)试验正应力与剪应力的关系表

| 试验编号 | 试件编号 | 正应力 $\sigma$ 与剪应力 $\tau$ 对应值(MPa) | | | | | |
|---|---|---|---|---|---|---|---|
| | | 正应力 | 剪应力 | | | | |
| | | | 抗剪(断) | | | | 抗剪(摩擦) |
| | | | 峰值 | 直线段 | 屈服值 | 残余值 | 峰值 |
| 新城子围岩体抗剪断试验 | 5 | 0.18 | 0.13 | 0.05 | 0.10 | 0.11 | 0.12 |
| | 4 | 0.27 | 0.29 | 0.09 | 0.26 | 0.27 | 0.28 |
| | 3 | 0.43 | 0.48 | 0.22 | 0.41 | 0.43 | 0.43 |
| | 2 | 0.45 | 0.32 | 0.15 | 0.29 | 0.29 | 0.29 |
| | 1 | 0.55 | 0.36 | 0.22 | 0.31 | 0.34 | 0.33 |

表 2.7　围岩体抗剪(断)强度试验成果汇总表

| 试验编号 | 岩性及风化程度 | 试验位置 | 抗剪(断)强度指标 | | | | |
|---|---|---|---|---|---|---|---|
| | | | 项目 | 抗剪(断) | | 抗剪(摩擦) | |
| | | | | $\varphi'(°)$ | $c'(MPa)$ | $\varphi(°)$ | $c(MPa)$ |
| 新城子围岩体抗剪断试验 | 薄层板岩(弱风化) | 新城子隧道试验硐 | 峰　值 | 26.1 | 0.11 | 25.2 | 0.07 |
| | | | 直线段 | 15.1 | 0.04 | | |
| | | | 屈服值 | 25.6 | 0.08 | | |
| | | | 残余值 | 24.7 | 0.07 | | |

因为围岩体抗剪(断)试验指标值中直线阶段时围岩体结构尚未遭到破坏,峰值阶段时岩体结构已经被破坏,所以围岩体的抗剪(断)试验指标值建议以抗剪(断)阶段中岩体由整体变形到逐渐破坏时过渡的屈服阶段的指标值提供,即:内摩擦角 $\varphi'$ 值为 25.6°,内聚力 $c'$ 值为 0.08 MPa。

### 2)岩体变形试验

#### (1)试体加工与试验过程

岩体变形试验采用刚性圆形承压板(静力)法进行,图 2.27 位岩体变形试验照片。试件均采用手工刻凿的方式进行加工。首先将试验点范围 2 m×2 m 的边界岩面的松动岩石清除,并使其大致平整,然后在新鲜基岩上加工出规格为 $\phi70$ cm 的岩面,岩面起伏差小于 5 mm。

图 2.27　岩体变形试验

采用油压千斤顶施加压力,通过圆形承压板(直径 45 cm)将压力传递到岩体上,观测岩体变形,并按均匀、连续各向同性的半无限弹性体表面受局部荷载的公式来计算岩体变形特性指标。加荷方式为逐级一次循环法,加压采用时间控制,即加压后立即读数一次,此后每隔 10 min 读数一次,当所有承压板上测表相邻两次读数之差 $\Delta W_0$ 与同级压力下第一次变形读数差 $(W_2-W_1)$ 之比的绝对值 $|\Delta W_0/(W_2-W_1)|$ 小于 5% 时,认为变形稳定,可施加下一级压力,此次试验最大压应力为 3.263 MPa。

（2）岩体变形试验结果与分析

由于岩体本身是非弹性体，其弹性变形和塑性变形同时存在，岩体变形试验是对岩体进行反复加卸荷，得到的 $P$-$W$ 关系曲线出现塑性回滞环。根据现场变形试验原始记录，绘制出岩体应力与应变 $P$-$W$ 关系曲线，按下式计算岩体的变形模量或弹性模量：

$$E = I_0 \frac{(1 - \mu^2)PD}{W} \tag{2.2}$$

式中：$E$——以全变形代入时为变形模量，以弹性变形代入时为弹性模量；

$I_0$——刚性承压板的形状系数，圆形承压板取 0.785；

$P$——压力；

$D$——承压板直径，取 45 cm；

$\mu$——岩体泊松比，取 0.30；

$W$——全变形或弹性变形。

岩体变形试验成果见汇总表 2.8。

表 2.8　岩体变形试验成果汇总表

| 编号位置 | 岩性及风化程度 | 应力循环 | 应力（MPa） | 变形 | | 模量 | | 平均模量 | | 应力方向 | 泊松比 |
| --- | --- | --- | --- | --- | --- | --- | --- | --- | --- | --- | --- |
| | | | | 全变形（$10^{-3}$ cm） | 弹性变形（$10^{-3}$ cm） | 变形模量（MPa） | 弹性模量（MPa） | 变形模量（MPa） | 弹性模量（MPa） | | |
| E₁ 硐底 | 薄层板岩（弱风化） | I | 0.653 | 71 | 45 | 295.65 | 466.47 | 184.58 | 588.18 | 铅直 | 0.30 |
| | | II | 1.305 | 222 | 78 | 188.96 | 537.82 | | | | |
| | | III | 1.958 | 413 | 115 | 152.40 | 547.32 | | | | |
| | | IV | 2.610 | 576 | 130 | 145.66 | 645.39 | | | | |
| | | V | 3.263 | 748 | 141 | 140.23 | 743.91 | | | | |
| E₂ 硐口 | 薄层板岩（弱风化） | I | 0.653 | 45 | 9 | 466.47 | 2 332.35 | 舍去 | | 铅直 | 0.30 |
| | | II | 1.305 | 160 | 80 | 262.19 | 524.38 | 164.98 | 503.34 | | |
| | | III | 1.958 | 373 | 132 | 168.74 | 476.83 | | | | |
| | | IV | 2.610 | 665 | 166 | 126.17 | 505.42 | | | | |
| | | V | 3.263 | 1 020 | 207 | 102.83 | 506.72 | | | | |

注：承压板直径：45 cm；泊松比：0.30。

本次试验岩层岩体破碎，呈薄层状或薄片状、碎块状，岩质软弱，变形基本以塑性变形为主，仅有少量的弹性变形伴随。从图 2.28 试体 E₁、E₂ 的 $P$-$W$ 关系曲线可以看出，曲线外包络线形态大体上呈现下凹形。

下凹形（弹-塑）：此类曲线反映岩体在荷载初期，原岩结构尚未遭到破坏，具有一定的抗变形能力，围岩体表现为整体性的变形，此时岩体变形以弹性体变形为主；由于岩质软弱，岩体本身强度较低,又受构造影响,岩体极为破碎,基本呈碎块状、薄片状,所以此次试验外包络线形态中的直线阶段(弹性阶段)只占很小的比例,该阶段岩体的模量值较高。随着压力的加大,岩体原有结构很快遭到破坏,岩体沿裂隙蠕滑错动,变形增大,此时岩体的变形已由整体性变形向局部岩体沿裂隙、层面等结构面相互剪切破坏发展,该阶段的变形以塑性变形为主,所以模量逐渐减小,外包络线逐渐变缓。

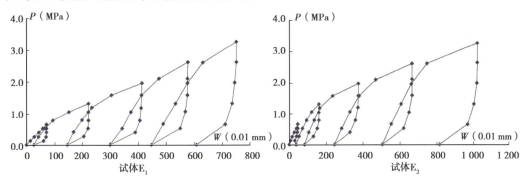

图 2.28　变形试验 P-W 曲线

由此可见,本次岩体变形试验在施加应力初期,岩体原有结构尚未遭到破坏,岩体以整体形式提供阻抗能力,岩体变形以弹性变形为主;但由于围岩岩质软弱,岩体本身强度较低,又受构造影响,岩体极为破碎,基本呈碎块状、薄片状,所以岩体原有结构随着应力的加大而很快遭到破坏,岩体沿裂隙、层面等结构面相互剪切错动,岩体变形中不可逆变形部分增大,回弹变形减小,此时岩体变形以塑性为主。所以本组岩体变形试验为先弹性后塑性变形形式,变形 P-W 关系曲线为下凹形。反映在模量值上,因为岩体整体变形(即全变形)较大,所以岩体的变形模量较小,同时因为岩体变形以不可逆变形为主,回弹较小,所以岩体的弹性模量较大。由于 $E_2$ 试验点第一级循环的变形模量值与第二级循环模量值差异较大,且不符合整体趋势,所以在模量值的平均指标中剔除了第一个循环的模量值。图 2.29 为变形试验 $E_2$ 点试验前后的对比图。

（a）试验前　　　　　　　　　　　（b）试验后

图 2.29　变形试验 $E_2$ 点前后对比图

试验得到 $E_1$ 岩体变形平均指标为:弹性模量 $E_S = 588.18$ MPa,变形模量 $E_0 = 184.58$ MPa;$E_2$ 岩体变形平均指标为:弹性模量 $E_S = 503.34$ MPa;变形模量 $E_0 = 164.98$ MPa。

岩体变形试验中因为岩体只有在应力很小时以弹性变形为主,随着应力逐渐增大,变形很快就转换为以塑性变形为主,仅有少量的弹性变形伴随,故回滞环很小。因此,建议岩体变形试验指标值取五个循环中剔除了第一级循环后的其余四级的平均值,即:弹性模量 $E_s$ 为 546 MPa,变形模量 $E_0$ 为 175 MPa。

### 3)岩体物理指标

采用室内试验与现场点荷载试验得到了岩体物理指标,表 2.9 为岩块密度及比重试验成果汇总表,表 2.10 为岩块含水率成果汇总表,表 2.11 为岩块点荷载强度试验成果表。

表 2.9　岩块密度及比重试验成果汇总表

| 编号 | 含水率<br>(%) | 密度<br>(g/cm³) | 干密度<br>(g/cm³) | 比重 | 孔隙率<br>(%) | 孔隙比 | 备注 |
|---|---|---|---|---|---|---|---|
| 1 | 0.8 | 2.70 | 2.67 | 2.81 | 4.07 | 0.051 | |
| 2 | 0.9 | 2.68 | 2.66 | 2.78 | 3.47 | 0.045 | |
| 3 | 1.2 | 2.69 | 2.65 | 2.78 | 3.41 | 0.048 | |
| 4 | 1.5 | 2.73 | 2.69 | 2.81 | 2.90 | 0.045 | |
| 5 | 1.4 | 2.70 | 2.67 | 2.81 | 3.77 | 0.054 | 岩块来源于<br>剪切试验<br>支硐 |
| 6 | 1.1 | 2.69 | 2.66 | 2.78 | 3.27 | 0.045 | |
| 最大值 | 1.50 | 2.73 | 2.69 | 2.81 | 4.07 | 0.054 | |
| 最小值 | 0.80 | 2.68 | 2.65 | 2.78 | 2.90 | 0.045 | |
| 平均值 | 1.15 | 2.70 | 2.67 | 2.80 | 3.48 | 0.048 | |

表 2.10　含水率试验成果汇总表　　　　　　　　单位:%

| 岩块点荷载抗压强度试块含水率 | | | | | | | | | |
|---|---|---|---|---|---|---|---|---|---|
| 编号 | 1 | 2 | 3 | 4 | 5 | 6 | 最大值 | 最小值 | 平均值 |
| 含水率 | 0.8 | 0.9 | 1.2 | 1.5 | 1.4 | 1.1 | 1.5 | 0.8 | 1.1 |
| 抗剪(断)试件含水率 | | | | | | | | | |
| 编号 | 1 | | 2 | | 3 | | 4 | | 5 |
| | 1-1 | 1-2 | 2-1 | 2-2 | 3-1 | 3-2 | 4-1 | 4-2 | 5-1 | 5-2 |
| 含水率 | 3.8 | 5.7 | 9.5 | 2.8 | 1.5 | 1.0 | 2.0 | 1.8 | 5.9 | 4.2 |
| 平均含水率 | 4.7 | | 6.1 | | 1.3 | | 1.9 | | 5.1 | |

表 2.11　岩块点荷载强度试验成果汇总表　　　　　　　　　单位:MPa

| 序号 | 1 | 2 | 3 | 4 | 5 | 6 | 7 | 8 |
|---|---|---|---|---|---|---|---|---|
| 点荷载强度 | 22 | 25 | 24 | 29 | 29 | 17 | 31 | 30 |
| 序号 | 9 | 10 | 11 | 12 | 13 | 14 | 15 | 16 |
| 点荷载强度 | 21 | 15 | 23 | 13 | 25 | 26 | 33 | 27 |
| 序号 | 17 | 18 | 19 | 20 | 21 | 22 | 23 | 24 |
| 点荷载强度 | 24 | 29 | 23 | 26 | 17 | 26 | 27 | 13 |
| 序号 | 25 | 26 | 27 | 28 | 29 | 30 | 31 | 32 |
| 点荷载强度 | 32 | 40 | 33 | 35 | 26 | 31 | 28 | 36 |
| 序号 | 33 | 34 | 35 | 36 | 37 | 38 | 39 | 40 |
| 点荷载强度 | 24 | 17 | 26 | 21 | 35 | 15 | 27 | 27 |
| 序号 | 41 | 42 | 43 | 44 | 45 | 46 | 47 | 48 |
| 点荷载强度 | 26 | 40 | 26 | 30 | 25 | 33 | 23 | 34 |
| 序号 | 49 | 50 | 51 | 52 | 53 | 54 | 55 | 56 |
| 点荷载强度 | 29 | 20 | 36 | 33 | 40 | 33 | 48 | 18 |
| 序号 | 57 | 58 | 59 | 60 | 61 | 62 | 63 | |
| 点荷载强度 | 38 | 24 | 33 | 43 | 33 | 21 | 37 | |
| 序号 | 最大值 | | | 最小值 | | | 平均值 | |
| 点荷载强度 | 48 | | | 13 | | | 28 | |

注:岩块点荷载试验试样均取自试验支硐中,其点荷载抗压强度试验均在试块天然含水状态下进行。

# 2.4　地应力测试方法及测试结果

地应力是由于岩体的自重和地壳因构造运动引起并残留至今的构造应力等因素而导致岩体具有的天然应力。可以认为主要是由自重应力和构造应力叠加而成,并被认为是引起隧道变形和破坏的根本作用力。

在我国,开展地应力实测,利用主应力的大小和方向特点进行隧道支护设计,尚不普遍。为揭示兰渝铁路蠕变挤压性隧道变形破坏的原因,以便今后隧道布置、支护设计和稳定性分析更加科学、可靠和经济,必须查明其地应力的大小、方向和分布规律。

国际岩石力学学会测试方法委员会 1987 年颁布了"测定岩石应力的建议方法",其中包括 USBM 型钻孔孔径变形计的钻孔孔径变形测量法、CSIR(CSIRO)型钻孔三轴应变计钻孔孔壁应变测量法、水压致裂法和岩体表面应力的应力恢复测量法。

与其他三种测量方法相比,水压致裂法具有以下优点:

①测量深度深;

②资料整理时不需要岩石弹性参数参与计算,可以避免因岩石弹性参数取值不准引起的误差;

③岩壁受力范围较广(钻孔承压段程度可达 1~2 m),可以避免因为"点"应力状态的局限性和地质条件不均匀性带来的影响;

④操作简单,测试周期短。

因此,水压致裂法广泛地应用于水电、交通、矿山等岩石工程以及地球动力学研究的各个领域。

### 2.4.1  水压致裂法基本原理

水压致裂法地应力测量是利用一对可膨胀的橡胶封隔器,在预定的测试深度内封隔一段钻孔,然后泵入液体对该段钻孔施压,根据压裂过程曲线的压力特征值计算地应力。水压致裂法地应力测量原理以弹性力学平面问题为基础,并引入了如下三个假设:

①围岩是线性、均匀、各向同性的弹性体;

②围岩为多孔介质时,注入的流体按达西定律在岩体孔隙中流动;

③岩体中地应力的一个主方向为铅垂方向,与铅垂向测孔一致,大小等于上覆岩层的压力。

根据弹性理论,当在具有应力场的岩体中钻一钻孔,钻孔周边岩体将产生二次应力场,水压致裂法地应力测量钻孔岩壁上的应力状态,是地应力二次应力场与液压引起的附加应力场的叠加,水压致裂法地应力测量的经典理论采用最大单轴拉应力破坏准则。水压致裂法地应力测量时,破裂缝产生在钻孔岩壁上拉应力最大的部位。在钻孔岩壁极角 $\theta = 0$ 或 $\pi$ 的位置上,也就是最大水平主应力方向,钻孔岩壁的切向应力最小(压应力为正),当液压增加时,钻孔岩壁切向应力逐渐下降为拉应力状态。随着液压的增加,拉应力也逐渐增加,当拉应力等于或大于围岩的抗拉强度时,钻孔岩壁出现裂缝。这时承压段的液压就是破裂压力。钻孔周壁围岩破裂以后,立即关闭压裂泵,这时维持裂缝张开的瞬时关闭压力与裂纹面相垂直的最小水平主应力得到的平衡(考虑到孔隙水压力)。当钻孔周边围岩第一次破裂以后,对钻孔进行重复注液压至破裂缝继续张开,这时的压力为重张压力。由于围岩已经破碎,它的抗拉强度近似为零。

综上所述,水压致裂法地应力测量中,可根据试验过程中得到的相关数据来确定钻孔最大、最小水平主应力大小,同时可以根据印模器记录的裂纹破裂方向确定最大水平主应力的方向。

### 2.4.2 水压致裂法测试的主要设备

水压致裂法地应力测量的主要设备由三个部分组成:一是钻孔承压段的封隔系统,它由串联在一起的两个封隔器组成。跨接封隔器座封之后,在两个封隔器之间形成一个钻孔承压段的空间,承受逐渐增大的液压。二是加压系统,包括大流量高压力的液压泵,对封隔器和钻孔承压段分别加压的管路系统以及地面上可以自由控制压力液体流向的推拉阀;三是测量和记录系统,包括函数记录仪、压力传感器、流量传感器、压力表等。

图 2.30 为本书采用的轻型封隔器示意图,总长约 3.4 m,胶筒长 1.2 m,座封后形成的液压段长度为 1 m。

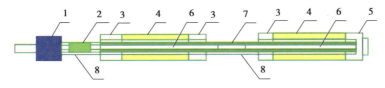

图 2.30　轻型封隔器示意图

1—推拉阀;2—连接杆;3—接头;4—封隔器;5—下封隔器接头;
6—中心拉杆;7—压裂段花杆;8—座封高压段

### 2.4.3 水压致裂法测试步骤

水压致裂法地应力测量的压力管路系统分双管加压系统和单管加压系统。双管加压系统的管路是高压油管和钻杆,试验过程中,通过高压油管和钻杆对封隔器和钻孔压力段加压。单管加压系统的管路是钻杆,试验过程中,依靠安装在钻孔孔口的推拉阀控制压力液体的流向,分别对封隔器和钻孔压裂段加压。本次试验中采用单管系统。

在进行正式水压致裂测试之前,必须对钻孔的透水率、钻孔倾斜度等进行检查,同时根据工程的需要选择合适的压裂段,并对每根加压钻杆进行密封检验。水压致裂法测试步骤如下:

①座封:通过钻杆将两个可膨胀的橡胶封隔器放置到选定的压裂段,加压使其膨胀、座封于孔壁上,形成承压段空间(本次试验中座封压力为 4 MPa)。

②注水加压:通过钻杆推动转换阀后,液压泵对压裂段注水加压(此时封隔器压力保持不变),钻孔孔壁承受逐渐增强的液压作用。

③岩壁致裂:在足够大的液压作用下,孔壁沿阻力最小的方向出现破裂,该破裂将在垂直于横截面上的最小主应力的平面内延伸。与之相应,当泵压上升到临界破裂压力 $P_b$ 后,由于岩石破裂导致压力值急剧下降。

④关泵:关闭压力泵后,泵压迅速下降,然后随着压裂液渗入到岩层,泵压缓慢下降。当压力降到使裂缝处于临界闭合状态时,即垂直于裂缝面的最小主应力与液压回路达到平衡时的压力,称为瞬时关闭压力 $P_s$。

⑤卸压:打开压力阀卸压,使裂缝完全闭合,泵压记录降为零。

⑥重张:按步骤 2 至步骤 5 连续进行多次加压循环,以便取得合理的压裂参数,以判断岩石破裂和裂缝延伸的过程。

⑦解封:压裂完毕后,通过钻杆拉动转换阀,使封隔器内的液体通过钻杆排出,此时封隔器收缩恢复原状,即封隔器解封。

⑧破裂缝方向记录:采用定向印模器,通过扩张印模胶筒外层的生橡胶和能自动定向的定向器记录破裂缝的长度和方向。

### 2.4.4　现场地应力测试结果

为确保兰渝铁路隧道工程的安全顺利施工,设计单位委托中国地震局地壳应力研究所对权子垭、西秦岭、天池坪、哈达铺、木寨岭、黑山共6个隧道采用水压致裂法开展了10次地应力测试。测试结果如图2.31所示。此外,后期还补充开展了新城子隧道的地应力测试。通过地应力测试基本掌握了该区域的地应力分布状况,确定了力源,为隧道掘进和支护提供了设计与施工的依据。

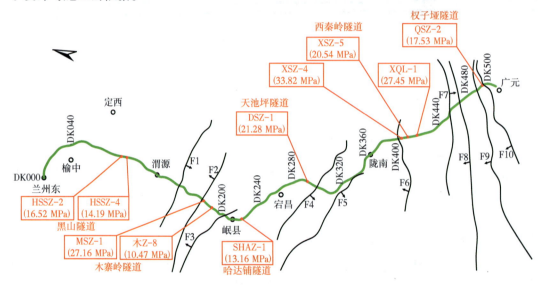

图 2.31　兰渝铁路地应分布及典型隧道地应力测试位置和结果

综合分析地应力测试结果得出:兰渝线隧道初始地应力水平高,范围为10~34 MPa。隧址区最大水平主应力普遍大于垂直应力,且以合作—岷县断裂构造带(F3)为界,F3断裂以北,最大水平主应力方向以北东向为主,即 N29°E~N68°E,最大水平主应力最大值为27.16 MPa,F3断裂以南,以北西向为主,即 N29°W~N75°W,最大水平主应力最大值为33.82 MPa。此外,最大水平主应力与隧道轴线以大夹角相交,因此地应力场分布状态对隧道围岩变形呈最不利影响。

其中新城子隧道出口 DYLZ-2 钻孔位于 DyK276+750 处,根据钻探进度于2013年11月底进行了地应力现场测试。该孔位于隧道洞内,隧道上覆地层厚大约295 m,钻孔设计孔深30 m,实际孔深35.4 m,静水位约1.0 m。

该孔岩性为泥质板岩,由钻探岩芯发现,该孔岩芯较为破碎,采取率较低,岩芯裂隙比较发育。

根据钻探岩芯完整度,在该钻孔的中部及下部成功进行水压致裂法地应力测量4个点,分别在孔深23.5 m、27.4 m、29.2 m、31.5 m 的位置进行了测量,应力方向测量3个点,分别在孔深 23.5 m、29.2 m、31.5 m 的位置进行了测量。测试曲线见图 2.32,测试结果见表2.12,印模见图 2.33,地应力深度曲线见图 2.34,图中均已将隧道上覆约 295 m 厚地层计算在内。

表 2.12　新城子隧道出口 DYLZ-2 钻孔水压致裂原地应力测量结果

| 序号 | 测段深度(m) | 压裂参数(MPa) | | | | | 主应力值(MPa) | | | 破裂方位(°) |
|---|---|---|---|---|---|---|---|---|---|---|
| | | $P_b$ | $P_r$ | $P_S$ | $P_0$ | $T$ | $S_H$ | $S_h$ | $S_V$ | |
| 1 | 318.5~319.1 | 8.11 | 6.35 | 5.11 | 0.24 | 1.76 | 8.75 | 5.11 | 8.27 | N48°W |
| 2 | 322.4~323.0 | 7.74 | 5.37 | 4.58 | 0.27 | 2.37 | 8.10 | 4.58 | 8.37 | — |
| 3 | 324.2~324.8 | 7.75 | 7.21 | 5.51 | 0.29 | 0.54 | 9.03 | 5.51 | 8.42 | N59°W |
| 4 | 326.5~327.1 | 9.27 | 7.14 | 5.47 | 0.32 | 2.13 | 8.96 | 5.47 | 8.48 | N57°W |

注:$P_b$ 为岩石破裂压力,$P_r$ 为裂缝重张压力,$P_S$ 为瞬时闭合压力,$P_0$ 为岩石孔隙压力,$T$ 为岩石抗张强度,$S_H$ 为最大水平主应力,$S_h$ 为最小水平主应力。计算 $S_V$ 垂直应力时,所用岩石容重为 2.65 g/cm³。

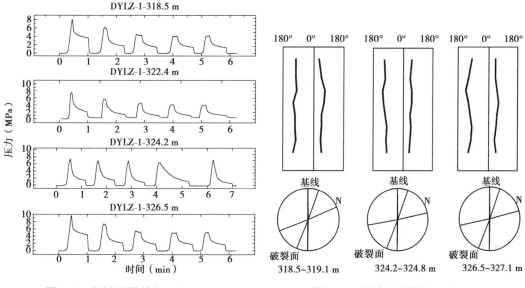

图 2.32　新城子隧道出口 DYLZ-2　　　　　图 2.33　新城子隧道出口 DYLZ-2
钻孔水压致裂压力时间记录曲线　　　　　　　　钻孔印模结果

由测试结果初步分析,新城子隧道出口 DYLZ-2 钻孔的地应力基本特征为:

①该孔全孔深水平最大主应力为 8~9.1 MPa,全孔深最小水平主应力为 4.5~5.5 MPa,用上覆岩层容重(约为 2.65 g/cm³)估算的垂直主应力为 8.27~8.48 MPa。

②三向主应力值的关系总体为 $S_H > S_V > S_h$。地应力状态以区域构造应力为主,主地应力值随深度分布如图 2.34 所示。由图可见,三向主应力具有随深度增加而增大的趋势。

③岩石原地抗拉强度一般为 1~2.5 MPa,个别测段约 0.54 MPa。

④该孔洞身附近的最大水平主应力优势方向近北西西向(即 N48°W~N59°W)。

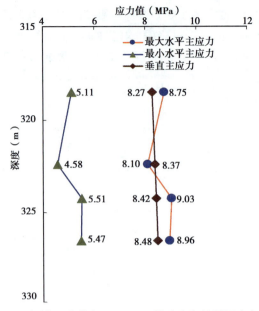

图 2.34 新城子隧道出口 DYLZ-2 钻孔应力值随深度变化图

# 2.5 隧道场址区地应力场分析

初始地应力是进行岩体工程设计和稳定性分析的重要依据。因此,利用有限的现场地应力测试结果,结合地形地貌条件和地质结构特征,采用合适的数学方法进行反分析计算,是获得更准确且适用范围较大的地应力场分布特征的有效途径。初始地应力场的模拟方法较多,有限元数学模型回归分析法能够反映地形地质条件和岩体的结构形态,是目前工程中较常用的方法。本节在有限的地应力实测资料基础上,采用有限元回归分析确定隧道三维应力分布,为研究隧道大变形机理提供地应力数据。

在毛羽山隧道工作前期尚无实测地应力资料时,可参考紧邻的天池坪隧道地应力实测资料,见表 2.13。

表 2.13 天池坪隧道实测地应力

| 序号 | 测段深度（m） | 主应力值（MPa） | | | 破裂方位（°） |
|---|---|---|---|---|---|
| | | $S_H$ | $S_h$ | $S_V$ | |
| 1 | 124.43~125.23 | 12.87 | 8.72 | 3.24 | N29°W |
| 2 | 132.93~133.73 | 11.45 | 6.81 | 3.46 | N30°W |
| 3 | 140.63~141.43 | 14.52 | 8.38 | 3.66 | N31°W |
| 4 | 195.57~196.37 | 20.66 | 11.92 | 5.09 | N37°W |
| 5 | 213.88~214.68 | 14.84 | 8.70 | 5.56 | N35°W |

| 序号 | 测段深度（m） | 主应力值（MPa） | | | 破裂方位 |
|---|---|---|---|---|---|
| | | $S_H$ | $S_h$ | $S_V$ | （°） |
| 6 | 218.10~218.90 | 21.28 | 12.14 | 5.67 | N35°W |

最大水平主应力为11.45~21.28 MPa，最小水平主应力为6.81~12.14 MPa。采用洞身部位的最大水平主应力测值21.28 MPa，与该处板岩单轴抗压强度30 MPa（估计值）比较，$R_b/S_H=1.41$，属于极高地应力状态，三项主应力的关系为：$S_H>S_h>S_V$。从应力与深度的关系看，应力随深度变化有增加的趋势。根据6测点主应力测值进行线性回归，结果如下（深度域：120~220 m）：

$S_H=3.32+0.074D$　　相关系数：0.772

$S_h=3.45+0.035D$　　相关系数：0.707

天池坪隧道最大水平主应力优势方向为北西向（即N29°~35°W），与隧道线路走向南偏西8度（N8°E）夹角约43°，对洞室围岩的稳定有一定影响。

### 2.5.1　多元回归分析原理

（1）回归分析原理

回归分析方法的基本思想是基于地形地质资料，结合对考察域地应力场产生条件的认识，建立考察域三维有限元模型，计算各种基本影响因素独立作用下的有限元模型"观测值"，并结合一定量的实测值，展开回归计算分析，从而获得模拟整个考察域初始应力场的回归方程。

将地应力回归计算值 $\hat{\sigma}_k$ 作为因变量，把有限元计算求得的自重应力场和构造应力场相应于实测点的应力计算值作为自变量，则回归方程的形式为

$$\hat{\sigma}_k = \sum_{i=1}^{n} L_i \sigma_k^i \tag{2.3}$$

假定有 $m$ 个观测点，则最小二乘法的残差平方和为

$$S_{残} = \sum_{k=1}^{m} \sum_{j=1}^{6} \left( \sigma_{jk}^* - \sum_{i=1}^{n} L_i \sigma_{jk}^i \right)^2 \tag{2.4}$$

式中：$\sigma_{jk}^*$ 为 $k$ 观测点 $j$ 应力分量的观测值。

根据最小二乘法原理，使得 $S_{残}$ 为最小值的法方程式为

$$
\begin{bmatrix}
\sum_{k=1}^{m}\sum_{j=1}^{6}(\sigma_{jk}^1)^2 & \sum_{k=1}^{m}\sum_{j=1}^{6}\sigma_{jk}^1\sigma_{jk}^2 & \cdots & \sum_{k=1}^{m}\sum_{j=1}^{6}\sigma_{jk}^1\sigma_{jk}^n \\
 & \sum_{k=1}^{m}\sum_{j=1}^{6}(\sigma_{jk}^2)^2 & \cdots & \sum_{k=1}^{m}\sum_{j=1}^{6}\sigma_{jk}^2\sigma_{jk}^n \\
对 & & \ddots & \vdots \\
称 & & & \sum_{k=1}^{m}\sum_{j=1}^{6}(\sigma_{jk}^n)^2
\end{bmatrix}
\begin{Bmatrix} L_1 \\ L_2 \\ \vdots \\ L_n \end{Bmatrix}
=
\begin{Bmatrix}
\sum_{k=1}^{m}\sum_{j=1}^{6}\sigma_{jk}^*\sigma_{jk}^1 \\
\sum_{k=1}^{m}\sum_{j=1}^{6}\sigma_{jk}^*\sigma_{jk}^2 \\
\vdots \\
\sum_{k=1}^{m}\sum_{j=1}^{6}\sigma_{jk}^*\sigma_{jk}^n
\end{Bmatrix}
\tag{2.5}
$$

通过求解方程（2.5），得 $n$ 个待定回归系数 $L=(L_1,L_2,\cdots,L_n)^T$，则计算域内任一点 $p$ 的

回归初始应力,可由该点各工况有限元计算值叠加而得:

$$\sigma_{jp} = \sum_{i=1}^{n} L_i \sigma_{jp}^i \tag{2.6}$$

式中:$j = 1, 2, \cdots, 6$。

(2)回归效果评价方法

为衡量回归效果,可通过计算复相关系数 $r$ 进行检查;并通过计算偏相关系数 $V_i (i = 1, 2, \cdots, n)$,检查每个子构造应力场的显著性。

复相关系数可表达为

$$r = \sqrt{1 - S_残 / S_T} \tag{2.7}$$

其中:

$$S_T = \sum_{k=1}^{m} \sum_{j=1}^{6} (\sigma_{jk}^* - \bar{\sigma}) \tag{2.8}$$

复相关系数 $r$ 介于 0 与 1 之间,$r$ 值越接近于 1,说明回归效果越好。

偏相关系数 $V_i$ 可表示为

$$V_i = \sqrt{1 - S_残 / Q_i} \tag{2.9}$$

其中:

$$Q_i = \sum_{k=1}^{m} \sum_{j=1}^{6} \left( \sigma_{jk}^* - \sum_{\substack{l=1 \\ l \neq i}}^{n} L_i \sigma_{jk}^l \right)^2 \tag{2.10}$$

由于各子构造应力场之间是相容的,其中一个因素的引入必将造成其余因素的退化,因此,需根据偏相关系数将不显著因素剔除。某种工况的偏相关系数越小,说明对实测值的影响越不显著。

### 2.5.2　地应力反演数值模拟

由于毛羽山隧道前期没有进行现场地应力实测,而最近的地应力测量孔位于相邻的天池坪隧道。为了查明毛羽山隧道岩体地应力的大小及方向,参照天池坪隧道的地应力测量结果,进行地应力反演计算。

(1)三维地质模型

天池坪隧道轴线走向即线路走向为北偏西 N82°W(E8°S),与最大水平主应力夹角约 48°;毛羽山隧道轴线走向为北偏东 58°(W32°S)。毛羽山隧道与天池坪隧道平面位置关系如图 2.35 所示,图 2.36 为隧道走向方位。

图 2.35　毛羽山隧道与天池坪隧道平面位置关系图

从图中可以看出,两隧道轴线的夹角约 40°,模型图复杂且不规则,直接进行毛羽山隧道地应力反演困难且不准确,为了便于准确分析毛羽山隧道的地应力,将毛羽山隧道和天池坪隧道分别建成两个地质模型,通过建立参考点两次反演计算进行分析。因此,在模型相交位置处选取 4 组参考点即 DK286+100、DK286+200、DK286+300 和 DK286+400，每组位置上设有 6 个不同高程的参考点，各点高程与 SZ-1 钻孔中测点高程相同。

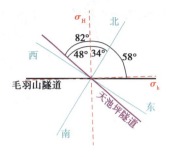

图 2.36　隧道走向方位图

地质模型 A：毛羽山隧道和部分天池坪隧道（DK277+400～DK286+400），模型平面尺寸为 9 100 m×1 200 m，起始高程为 1 200 m，实体单元682 012个，节点有 141 650 个；地质模型 B：为天池坪隧道（DK286～DK293+800），模型平面尺寸为 7 700 m×1 200 m，起始高程为 1 200 m，实体单元505 129 个，节点有 93 510 个。网格模型分别如图 2.37 和图 2.38 所示。

图 2.37　三维地质模型 A

图 2.38　三维地质模型 B

地质模型的计算坐标规定为：两地质模型取隧道轴线兰州至重庆方向为 $X$ 轴（模型 A 约 N82°W，模型 B 约 N58°E）正向，坐标系 $Z$ 轴向上，$Y$ 轴符合右手螺旋规则。数值计算线弹性材料本构模型，应用有限差分软件 FLAC3D 进行应力场分析求解，岩体力学参数由《毛羽山隧道工程地质勘察报告》以及《铁路隧道设计规范》进行确定，岩体力学参数见表 2.14。毛羽山隧道线路纵剖面及其围岩分级如图 2.39 所示。

表 2.14　岩体力学参数

| 围岩级别 | 弹性模量（GPa） | 泊松比 | 密度（kN/m³） |
|---|---|---|---|
| Ⅲ | 10.0 | 0.3 | 27.0 |
| Ⅳ | 3 | 0.35 | 23.0 |
| Ⅴ | 1.0 | 0.45 | 20.0 |

（2）边界条件及加载

根据参照点的地应力结果，将计算域内地应力场视为自重应力场和边界构造应力场的线性叠加，通过分解、模拟自重应力场及边界荷载应力场，组合成计算地应力场。计算选取自重应力场和 5 种构造应力场，具体边界条件设置：①自重应力场：采用岩体实际密度，计算自重作用下的应力场，在地质模型底面及侧面施加法向位移约束；②$X$、$Y$ 向挤压构造应力场：在 $XZ$ 和 $YZ$ 的其中一个平面分别施加法向位移约束，在另外一个面分别施加 0.01 m 的均匀挤压位移，底部施加法向位移约束；③水平面剪切构造应力场：在模型侧面上都施加大小相等、方向相反的沿水平方向的均匀剪切位移,模型底部施加三个方向的位移约束;④竖向剪切构造应力场:在两个相对侧面施加大小为 0.001 m、方向相反的沿竖向的均匀剪切位移,另两个侧面和底部施加法向位移约束。

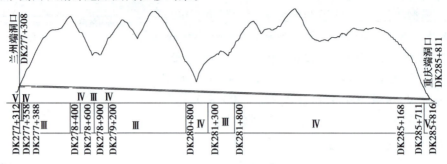

图 2.39　毛羽山隧道线路纵断面

(3)实测初始地应力数据整理

为对毛羽山隧道进行地应力回归分析,需根据图 2.16 的方位图将表 2.9 的水平主应力变换成为地质模型 B,即天池坪隧道模型坐标系下的应力分量。变换后的结果如表 2.15。

表 2.15　地质模型 B 坐标系下测点应力分量

| 序号 | 高程（m） | $\sigma_H$方位角（北偏西） | $\sigma_H$与 $x$ 轴夹角(°) | $\sigma_x$(MPa) | $\sigma_y$(MPa) | $\sigma_z$(MPa) | $\sigma_{xy}$(MPa) |
|---|---|---|---|---|---|---|---|
| 1 | 2 112.17 | N29°W | 53 | −10.22 | −11.37 | −1.99 | −3.24 |
| 2 | 2 103.67 | N30°W | 52 | −8.57 | −9.69 | −2.25 | −3.46 |
| 3 | 2 095.97 | N31°W | 51 | −10.81 | −12.09 | −3.00 | −3.66 |
| 4 | 2 041.03 | N37°W | 45 | −16.29 | −16.29 | −4.37 | −5.09 |
| 5 | 2 022.72 | N35°W | 46.6 | −11.60 | −11.94 | −3.07 | −5.56 |
| 6 | 2 018.5 | N35°W | 47 | −16.39 | −17.03 | −4.56 | −5.67 |

### 2.5.3　地应力反演结果分析

(1)天池坪隧道地应力反演结果

根据自重应力场和 5 种构造应力场的计算模拟结果,以表 2.13 为目标值进行线性回归分析。天池坪隧道模型的初始地应力场回归方程为

$$\sigma = 4.24\sigma_x + 33.9\sigma_y + 1.78\sigma_z - 12.49\sigma_{xy} + 56.15\sigma_{yz} - 902.8\sigma_{xz} \tag{2.11}$$

式中,$\sigma_x$、$\sigma_y$、$\sigma_z$、$\sigma_{xy}$、$\sigma_{yz}$ 和 $\sigma_{xz}$ 分别为 $X$ 向、$Y$ 向挤压、自重,$XY$ 水平剪切,$YZ$ 平面和 $XZ$ 平面的竖向剪切应力场中的应力值。回归方程的相关系数平方 $R^2 = 0.875$,均方差 $RMSE = 1.60$,残差平方和 $SSE = 61.8$,回归分析的相关性好,表 2.16 为地质模型 B 中测点的实测与回归计算应力分量对比。根据回归方程,可模拟计算得到地质模型 B 中 4 组参考点的应力分量,回归计算结果如表 2.17 所示。

表 2.16　地质模型 B 中测点的实测值与回归计算值对比　　　　　单位：MPa

| 序号 | 高程（m） | 实测值 | | | | 计算值 | | | |
|---|---|---|---|---|---|---|---|---|---|
| | | $\sigma_x$ | $\sigma_y$ | $\sigma_z$ | $\sigma_{xy}$ | $\sigma_x$ | $\sigma_y$ | $\sigma_z$ | $\sigma_{xy}$ |
| 1 | 2 112.17 | −10.22 | −11.37 | −1.99 | −3.24 | −9.29 | −10.01 | −1.99 | −3.45 |
| 2 | 2 103.67 | −8.57 | −9.69 | −2.25 | −3.46 | −10.51 | −10.56 | −2.25 | −3.55 |
| 3 | 2 095.97 | −10.81 | −12.09 | −3.00 | −3.66 | −11.42 | −11.66 | −3.00 | −3.48 |
| 4 | 2 041.03 | −16.29 | −16.29 | −4.37 | −5.09 | −14.38 | −15.84 | −4.37 | −2.95 |
| 5 | 2 022.72 | −11.60 | −11.94 | −3.07 | −5.56 | −13.95 | −14.91 | −3.07 | −2.89 |
| 6 | 2 018.5 | −16.39 | −17.03 | −4.56 | −5.67 | −14.32 | −15.49 | −4.56 | −2.95 |

表 2.17　地质模型 B 参考点回归计算值　　　　　单位：MPa

| 参考组 | 序号 | 高程（m） | 计算拟合值 | | | |
|---|---|---|---|---|---|---|
| | | | $\sigma_x$ | $\sigma_y$ | $\sigma_z$ | $\sigma_{xy}$ |
| 1 | 1 | 2 112.17 | −10.65 | −37.46 | −2.09 | −4.00 |
| | 2 | 2 103.67 | −10.60 | −36.85 | −2.31 | −4.24 |
| | 3 | 2 095.97 | −10.52 | −36.30 | −2.51 | −4.52 |
| | 4 | 2 041.03 | −10.95 | −38.73 | −3.94 | −5.41 |
| | 5 | 2 022.72 | −11.86 | −41.96 | −4.41 | −5.45 |
| | 6 | 2 018.50 | −11.89 | −42.22 | −4.52 | −5.47 |
| 2 | 1 | 2 112.17 | −11.52 | −16.73 | −2.97 | −4.36 |
| | 2 | 2 103.67 | −10.99 | −16.05 | −3.19 | −4.10 |
| | 3 | 2 095.97 | −10.46 | −15.29 | −3.39 | −3.84 |
| | 4 | 2 041.03 | −11.26 | −17.61 | −4.82 | −3.97 |
| | 5 | 2 022.72 | −10.93 | −18.02 | −5.29 | −3.81 |
| | 6 | 2 018.50 | −10.63 | −17.81 | −5.40 | −3.71 |

续表

| 参考组 | 序号 | 高程（m） | 计算拟合值 | | | |
|---|---|---|---|---|---|---|
| | | | $\sigma_x$ | $\sigma_y$ | $\sigma_z$ | $\sigma_{xy}$ |
| 3 | 1 | 2 112.17 | −11.61 | −16.59 | −3.73 | −3.59 |
| | 2 | 2 103.67 | −11.52 | −16.37 | −3.95 | −3.63 |
| | 3 | 2 095.97 | −11.52 | −16.24 | −4.15 | −3.63 |
| | 4 | 2 041.03 | −10.84 | −19.37 | −5.58 | −3.61 |
| | 5 | 2 022.72 | −10.49 | −20.02 | −6.05 | −3.57 |
| | 6 | 2 018.50 | −10.20 | −19.76 | −6.16 | −3.61 |
| 4 | 1 | 2 112.17 | −10.56 | −15.16 | −4.76 | −3.63 |
| | 2 | 2 103.67 | −10.56 | −15.53 | −4.98 | −3.36 |
| | 3 | 2 095.97 | −10.36 | −15.85 | −5.18 | −3.16 |
| | 4 | 2 041.03 | −10.76 | −19.66 | −6.61 | −3.65 |
| | 5 | 2 022.72 | −10.18 | −20.33 | −7.08 | −3.51 |
| | 6 | 2 018.50 | −10.07 | −20.51 | −7.19 | −3.34 |

（2）毛羽山隧道模型地应力反演结果

将地质模型 B 中拟合计算得到的参考点的应力分量作为地质模型 1 中的回归目标值，由于地质模型 A 与模型 B 坐标系不同（两坐标系夹角约 40°），需对参考点的应力分量进行坐标转换，参考点的应力分量坐标系转换结果如表 2.18 所示。

**表 2.18　参考点应力分量坐标转换结果**　　　　单位：MPa

| 参考组 | 序号 | 高程（m） | 地质模型 A 的坐标系 | | | | 地质模型 B 的坐标系 | | | |
|---|---|---|---|---|---|---|---|---|---|---|
| | | | $\sigma_x$ | $\sigma_y$ | $\sigma_z$ | $\sigma_{xy}$ | $\sigma_x$ | $\sigma_y$ | $\sigma_z$ | $\sigma_{xy}$ |
| 1 | 1 | 2 112.17 | −10.65 | −37.46 | −2.09 | −4.00 | −25.74 | −22.37 | −2.09 | −13.89 |
| | 2 | 2 103.67 | −10.60 | −36.85 | −2.31 | −4.24 | −25.68 | −21.76 | −2.31 | −13.65 |
| | 3 | 2 095.97 | −10.52 | −36.30 | −2.51 | −4.52 | −25.69 | −21.13 | −2.51 | −13.47 |
| | 4 | 2 041.03 | −10.95 | −38.73 | −3.94 | −5.41 | −27.83 | −21.85 | −3.94 | −14.60 |
| | 5 | 2 022.72 | −11.86 | −41.96 | −4.41 | −5.45 | −29.74 | −24.08 | −4.41 | −15.76 |
| | 6 | 2 018.50 | −11.89 | −42.22 | −4.52 | −5.47 | −29.89 | −24.22 | −4.52 | −15.87 |

| 参考组 | 序号 | 高程(m) | 地质模型 A 的坐标系 | | | | 地质模型 B 的坐标系 | | | |
|---|---|---|---|---|---|---|---|---|---|---|
| | | | $\sigma_x$ | $\sigma_y$ | $\sigma_z$ | $\sigma_{xy}$ | $\sigma_x$ | $\sigma_y$ | $\sigma_z$ | $\sigma_{xy}$ |
| 2 | 1 | 2 112.17 | −11.52 | −16.73 | −2.97 | −4.36 | −17.98 | −10.27 | −2.97 | −3.31 |
| | 2 | 2 103.67 | −10.99 | −16.05 | −3.19 | −4.10 | −17.13 | −9.90 | −3.19 | −3.18 |
| | 3 | 2 095.97 | −10.46 | −15.29 | −3.39 | −3.84 | −16.25 | −9.49 | −3.39 | −3.03 |
| | 4 | 2 041.03 | −11.26 | −17.61 | −4.82 | −3.97 | −17.81 | −11.06 | −4.82 | −3.80 |
| | 5 | 2 022.72 | −10.93 | −18.02 | −5.29 | −3.81 | −17.63 | −11.32 | −5.29 | −4.14 |
| | 6 | 2 018.50 | −10.63 | −17.81 | −5.40 | −3.71 | −17.27 | −11.18 | −5.40 | −4.16 |
| 3 | 1 | 2 112.17 | −11.61 | −16.59 | −3.73 | −3.59 | −17.22 | −10.99 | −3.73 | −3.06 |
| | 2 | 2 103.67 | −11.52 | −16.37 | −3.95 | −3.63 | −17.11 | −10.78 | −3.95 | −3.00 |
| | 3 | 2 095.97 | −11.52 | −16.24 | −4.15 | −3.63 | −17.06 | −10.70 | −4.15 | −2.94 |
| | 4 | 2 041.03 | −10.84 | −19.37 | −5.58 | −3.61 | −17.94 | −12.27 | −5.58 | −4.81 |
| | 5 | 2 022.72 | −10.49 | −20.02 | −6.05 | −3.57 | −17.97 | −12.54 | −6.05 | −5.30 |
| | 6 | 2 018.50 | −10.20 | −19.76 | −6.16 | −3.61 | −17.73 | −12.24 | −6.16 | −5.32 |
| 4 | 1 | 2 112.17 | −10.56 | −15.16 | −4.76 | −3.63 | −16.05 | −9.67 | −4.76 | −2.88 |
| | 2 | 2 103.67 | −10.56 | −15.53 | −4.98 | −3.36 | −15.94 | −10.15 | −4.98 | −3.01 |
| | 3 | 2 095.97 | −10.36 | −15.85 | −5.18 | −3.16 | −15.75 | −10.46 | −5.18 | −3.24 |
| | 4 | 2 041.03 | −10.76 | −19.66 | −6.61 | −3.65 | −18.05 | −12.36 | −6.61 | −5.01 |
| | 5 | 2 022.72 | −10.18 | −20.33 | −7.08 | −3.51 | −17.86 | −12.65 | −7.08 | −5.60 |
| | 6 | 2 018.50 | −10.07 | −20.51 | −7.19 | −3.34 | −17.70 | −12.88 | −7.19 | −5.71 |

毛羽山隧道的初始地应力场回归方程为

$$\sigma = 37.95\sigma_x + 3.09\sigma_y + 1.89\sigma_z - 0.12\sigma_{xy} + 1.81\sigma_{yz} - 1.28\sigma_{xz} \tag{2.12}$$

回归方程的相关系数平方 $R^2 = 0.89$,均方差 $RMSE = 0.87$,残差平方和 $SSE = 72.6$,表2.19 为地质模型 1 中参考点的参考值与回归计算应力分量对比。由表可见,参考点应力回归分量与目标值都比较接近,误差较小,回归效果较好。

表 2.19　地质模型 A 中测点的参考值与回归计算值对比　　　　　　单位：MPa

| 参考组 | 序号 | 高程(m) | 参考值 | | | | 计算值 | | | |
|---|---|---|---|---|---|---|---|---|---|---|
| | | | $\sigma_x$ | $\sigma_y$ | $\sigma_z$ | $\sigma_{xy}$ | $\sigma_x$ | $\sigma_y$ | $\sigma_z$ | $\sigma_{xy}$ |
| 1 | 1 | 2 112.17 | −25.74 | −22.37 | −2.09 | −13.89 | −15.60 | −12.10 | −4.22 | 0.78 |
| | 2 | 2 103.67 | −25.68 | −21.76 | −2.31 | −13.65 | −16.70 | −12.30 | −4.50 | 0.66 |
| | 3 | 2 095.97 | −25.69 | −21.13 | −2.51 | −13.47 | −17.60 | −12.40 | −4.80 | 0.58 |
| | 4 | 2 041.03 | −27.83 | −21.85 | −3.94 | −14.60 | −22.10 | −13.40 | −6.19 | 0.39 |
| | 5 | 2 022.72 | −29.74 | −24.08 | −4.41 | −15.76 | −22.90 | −13.50 | −7.00 | 0.41 |
| | 6 | 2 018.50 | −29.89 | −24.22 | −4.52 | −15.87 | −23.10 | −13.50 | −7.25 | 0.44 |
| 2 | 1 | 2 112.17 | −17.98 | −10.27 | −2.97 | −3.31 | −16.60 | −12.60 | −4.65 | 0.53 |
| | 2 | 2 103.67 | −17.13 | −9.90 | −3.19 | −3.18 | −17.00 | −12.70 | −4.98 | 0.08 |
| | 3 | 2 095.97 | −16.25 | −9.49 | −3.39 | −3.03 | −17.30 | −12.70 | −5.31 | −0.28 |
| | 4 | 2 041.03 | −17.81 | −11.06 | −4.82 | −3.80 | −19.60 | −13.20 | −6.66 | 0.55 |
| | 5 | 2 022.72 | −17.63 | −11.32 | −5.29 | −4.14 | −20.20 | −13.30 | −7.29 | 0.53 |
| | 6 | 2 018.50 | −17.27 | −11.18 | −5.40 | −4.16 | −20.30 | −13.30 | −7.43 | 0.67 |
| 3 | 1 | 2 112.17 | −17.22 | −10.99 | −3.73 | −3.06 | −16.10 | −12.70 | −5.38 | 0.49 |
| | 2 | 2 103.67 | −17.11 | −10.78 | −3.95 | −3.00 | −16.30 | −12.80 | −5.55 | 0.26 |
| | 3 | 2 095.97 | −17.06 | −10.70 | −4.15 | −2.94 | −16.50 | −12.80 | −5.67 | 0.48 |
| | 4 | 2 041.03 | −17.94 | −12.27 | −5.58 | −4.81 | −18.50 | −12.90 | −6.83 | −0.37 |
| | 5 | 2 022.72 | −17.97 | −12.54 | −6.05 | −5.30 | −18.80 | −13.00 | −7.09 | 0.35 |
| | 6 | 2 018.50 | −17.73 | −12.24 | −6.16 | −5.32 | −18.90 | −13.10 | −7.50 | −0.35 |
| 4 | 1 | 2 112.17 | −16.05 | −9.67 | −4.76 | −2.88 | −14.70 | −13.10 | −4.48 | 0.17 |
| | 2 | 2 103.67 | −15.94 | −10.15 | −4.98 | −3.01 | −15.40 | −13.00 | −4.67 | −0.04 |
| | 3 | 2 095.97 | −15.75 | −10.46 | −5.18 | −3.24 | −15.40 | −13.00 | −4.64 | 0.09 |
| | 4 | 2 041.03 | −18.05 | −12.36 | −6.61 | −5.01 | −18.30 | −12.70 | −5.95 | 0.14 |
| | 5 | 2 022.72 | −17.86 | −12.65 | −7.08 | −5.60 | −18.10 | −12.80 | −6.54 | 0.66 |
| | 6 | 2 018.50 | −17.70 | −12.88 | −7.19 | −5.71 | −17.80 | −12.60 | −6.58 | 0.93 |

　　将由方程得到的各应力场的应力值施加到模型中进行平衡计算后,可得到毛羽山隧道轴线上沿里程分布的应力分量和水平主应力及其方向。图 2.40 至图 2.42 分别是沿隧道轴线里程分布的最大、最小水平主应力曲线图及应力分量曲线图。从图中可知,毛羽山隧道轴线上最大水平主应力范围为 12~25 MPa,整个图形近似呈"山"形分布,在里程 DK281 附近位置及毛羽山隧道进出口处有较高的水平主应力,其中隧道出口处(里程 DK285~里程

DK286)最大水平主应力随着里程的增加而迅速增大;最小水平主应力范围为 10～13 MPa,整条隧道轴线上最小主应力变化不大,隧道在出口处有较大的最小水平主应力;从应力分量分布图中可知,在 $Y$ 方向(即垂直隧道轴线方向)的应力分量近似呈直线分布,而 $X$ 方向(即隧道轴线方向)的应力分量呈"山"形分布,而 $Z$ 向应力分量分布与 $X$ 方向应力分量方向相反,呈"M"形分布。

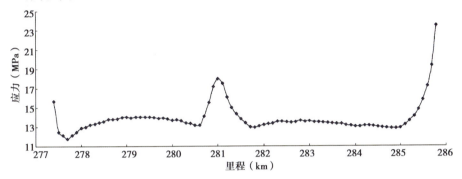

图 2.40　毛羽山隧道轴线的最大水平主应力随里程变化的曲线图

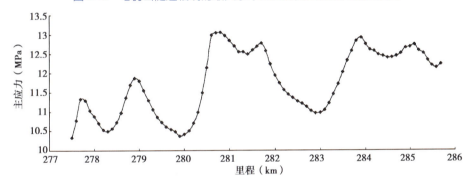

图 2.41　毛羽山隧道轴线的最小水平主应力随里程变化的曲线图

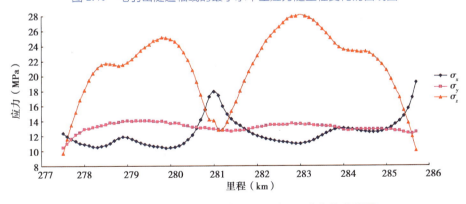

图 2.42　毛羽山隧道轴线应力分量随里程变化的曲线图

　　最大水平主应力与隧道轴线的夹角沿隧道轴线的里程分布曲线图如图 2.45 所示。从图中可知,最大水平主应力与隧道轴线走向的夹角为 45°～90°,与隧道的走向呈大夹角,对隧道有不利影响。根据图 2.46 中毛羽山隧道的走向方位,通过计算可得,地质模型 A 中隧道洞身附近的最大水平主应力优势方向约为 N34°W。这与地应力实测资料中最大水平主应力方向近似,进一步说明了地应力场反演效果好。

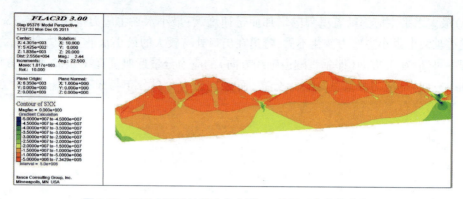

图 2.43　毛羽山隧道轴线应力分量 $S_{XX}$ 随里程变化的曲线图

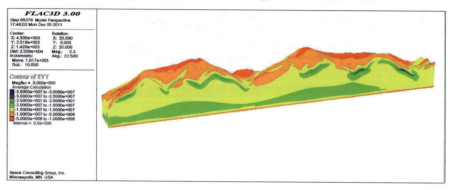

图 2.44　毛羽山隧道轴线应力分量 $S_{YY}$ 随里程变化的曲线图

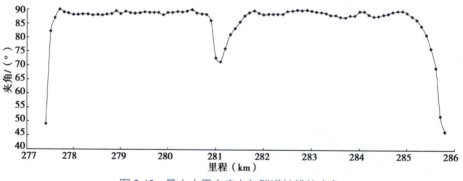

图 2.45　最大水平主应力与隧道轴线的夹角

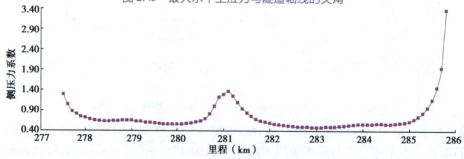

图 2.46　$\sigma_H / \sigma_V$ 随隧道轴线里程变化曲线图

　　为进一步从量值上分析隧道位置的地应力状况及随里程的变化规律,图 2.46 和图 2.47 分别给出了最大主应力方向和最小主应力方向的侧压力系数($\sigma_H / \sigma_V$ 和 $\sigma_h / \sigma_V$)随里程变化曲线。两方向的侧压力系数曲线整体都呈"山"字形,最大水平主应力方向(垂直隧道轴线方向)的侧压力系数值的范围在0.5~3.4,最大的侧压力系数出现在隧道的进出口段,其值在1.0以上;最小水平主应力方向(隧道轴线方向)的侧压力系数值的范围在0.4~1.8,最大的侧压力系数出现在隧道出口段(DK285~DK286),侧压力系数值都大于1.0。

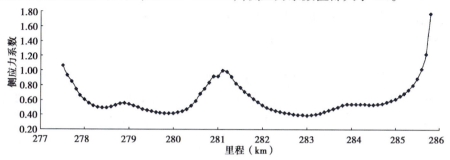

图2.47 $\sigma_h / \sigma_v$随隧道轴线里程变化曲线图

图2.48、图2.49分别为$R_c / \sigma_H$、$R_c / \sigma_h$随隧道轴线里程变化曲线图,按照《工程岩体分级标准》(GB 50218—1994),当$4 < \dfrac{R_C}{\sigma_H} < 7$时,为高应力状态;当$\dfrac{R_C}{\sigma_H} < 4$时,为极高应力状态。用洞身部位的最大水平主应力$\sigma_H$(12~25 MPa)与该处板岩单轴抗压强度30 MPa(估计值)比较,$\dfrac{R_C}{\sigma_H}$值为1.2~2.5,远远小于4,属于极高地应力状态。

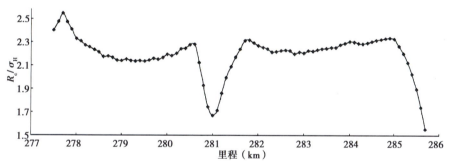

图2.48 $R_c / \sigma_H$随隧道轴线里程变化曲线图

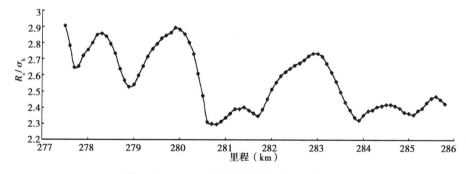

图2.49 $R_c / \sigma_h$随隧道轴线里程变化曲线图

通过对毛羽山隧道的整体模型进行宏观地应力场的拓展分析,结论如下:

①拓展得到的宏观地应力场云图的宏观规律比较清晰,应力值随深度增加而增大,且受围岩级别和地表起伏变化的影响较为显著。隧道轴线的横向应力和竖向应力受围岩级别和

地表起伏变化的影响较为显著,在隧道的设计和施工中应予以关注。

②最大水平主应力与隧道轴线方向呈大夹角,对隧道稳定性有显著的不利影响。从宏观上讲,整座隧道的横向应力和竖向应力都较大,尤其在山岭地表明显且高低起伏的地段,隧道轴线处的地应力随里程变化明显。拓展得到宏观地应力场隧道轴线方向的侧压力系数在 0.4~1.8,垂直隧道轴线方向的侧压力系数值的范围在 0.5~3.4。除山岭地表明显高低起伏的地段外,其他地段的侧压力系数偏差不大,印证了宏观地应力场拓展结果较好。

③整座隧道轴线位置的最大水平主应力 $\sigma_H$ 处于 12~25 MPa,最小水平主应力 $\sigma_h$ 处于 10~13 MPa。按照《工程岩体分级标准》,其属于高-极高地应力状态。

④最大水平主应力大小、方向与隧道轴线走向在里程 DK278~DK285 之间变化不大,值为 12~14 MPa,夹角在 80°~89°,近似垂直于隧道轴向。在隧道进出口段,与隧道轴线夹角逐渐减小,但最大主应力呈急剧增加趋势,因此在隧道进出口围岩变形受最大水平主应力的影响显著。

# 2.6 小 结

本章采用现场工程地质调查与测试、室内物理力学试验和理论分析等手段,从隧道围岩赋存状态、物理力学性质、地应力等几个方面对兰渝铁路蠕变挤压性隧道工程地质条件进行了综合分析,取得了以下主要的研究结论:

①兰渝线隧道地层条件复杂,围岩岩性复杂多变,以板岩及炭质板岩、灰岩、千枚岩、砂岩为主,多有互层。隧道洞身通过软岩地层包括第三系(N)砂岩,三叠系(T)、二叠系(P)板岩、炭质板岩,志留系(S)千枚岩、炭质千枚岩及其断层破碎带。部分隧道水文情况复杂,突涌水较多,多以节理裂隙水为主,围岩遇水软化,自稳能力差,千枚岩、板岩等薄层状岩体尤为突出。

②室内岩石力学试验结果表明,干燥状态炭质板岩强度较高,峰前应变占总应变大,峰后应力迅速跌落,变形小,呈现出脆性岩石的破坏特征,主要为剪切破坏。随着泡水时间的增加,炭质板岩的抗压强度、弹性模量均有不同程度的降低,而泊松比则呈增加趋势。此外,干燥状态三轴蠕变试验表明,当加载水平达到 130 MPa 时,轴向变形出现衰减蠕变、稳态蠕变及幂指数型的加速蠕变三阶段。且侧向变形加速蠕变时应变呈线性急剧增长,试样破坏时侧向的反应要比轴向更为剧烈和明显。而随泡水时间增加,蠕变变形量显著增大。岩体力学原位测试表明,薄层炭质板岩抗剪(断)试验强度值较低。岩体变形试验中随着应力逐渐增大,变形很快就转换为塑性变形为主,仅有少量的弹性变形伴随。

③综合分析地应力测试结果得出:兰渝线隧道初始地应力水平高,范围为 10~34 MPa。此外,隧址区最大水平主应力普遍大于垂直应力,且与隧道轴线以大夹角相交,因此地应力场分布状态对隧道围岩变形呈最不利影响。

④地应力反演分析表明,毛羽山隧道场区最大水平主应力与隧道轴线在主体段近似垂直,在出口段最大水平主应力与隧道轴线夹角逐渐减小,但仍呈大夹角,最小水平主应力近

似与隧道轴线平行,地应力场分布状态对隧道围岩变形呈最不利影响。

⑤隧道轴线位置的最大水平主应力 $\sigma_H$ 为 12~25 MPa,最小水平主应力 $\sigma_h$ 为 10~13 MPa。拓展得到宏观地应力场垂直隧道轴线方向的侧压力系数值的范围为 0.5~3.4,隧道轴线方向的侧压力系数值的范围为 0.4~1.8,场区应力水平属于高-极高地应力状态。

⑥兰渝线大变形隧道影响因素统计分析表明,地应力值、最大水平主应力与隧道轴线夹角是产生大变形的关键因素,岩层强度是导致高地应力条件下隧道大变形的地质因素。岩体层厚是产生大变形的主要因素,薄层岩体大变形出现频率为 82.1%,中厚层为 17.9%,厚层及以上一般不会出现大变形。岩层产状与隧道轴线呈大夹角和小夹角两种情况,围岩发生大变形的频率都是 50%。有无褶皱属于引起大变形的次要因素。

# 3 挤压性围岩隧道变形力学机制分析

本章首先通过现场工程地质调查,归纳总结兰渝铁路蠕变挤压性软弱隧道变形破坏情况,分析其隧道变形破坏的特征。并统计分析兰渝线隧道大变形灾害影响因素以及其影响程度,通过建立遍布节理模型,利用数值模拟对侧压力系数、节理倾角、层厚等影响层状岩体稳定性的因素进行规律分析。同时,以岩石流变基本理论为基础,结合炭质板岩三轴压缩蠕变试验曲线,建立考虑含水损伤的黏弹塑蠕变模型,分析炭质板岩隧道施工过程中围岩变形、应力的时空效应演化规律,为挤压性围岩隧道变形控制提供理论基础。最后,在此基础上以新城子隧道为例,探讨挤压性围岩隧道变形的力学机制。

## 3.1 挤压性围岩隧道变形破坏特征

### 3.1.1 变形破坏形式

围岩变形是评价隧道围岩稳定性的重要指标,隧道开挖后,围岩变形大致经历了三个阶段:①弹性变形阶段;②弹性变形和塑性变形共存阶段;③以蠕变为主,蠕变、塑性变形共存,同时围岩发生损伤、断裂、挤出及膨胀耦合作用阶段。坚硬围岩以弹性变形和塑性变形为主,而软弱围岩则以塑性变形和蠕变变形为主。

通过现场考察和调研可知,兰渝铁路蠕变挤压性软弱隧道由于构造应力大,且隧道围岩易遇水软化,在初期掘进过程中,就出现了喷射混凝土开裂,初支拱架扭曲破坏、二衬开裂掉块等现象,造成长段落的侵限。隧道变形、破坏主要表现以下几个方面:

### 3.1.2 变形破坏特征分析

由图 3.1 及现场调查结果显示,兰渝铁路蠕变挤压性软弱隧道的变形破坏以水平收敛为主,隧道围岩变形表现出空间分布不均匀和非对称变形的模式,且具有以下鲜明特征:

边墙内鼓（1）　　　　　　　　　　　　边墙内鼓（2）

喷射混凝土长段落的开裂、压碎、脱落　　　　　　钢拱架扭曲、剪切错断

溜塌　　　　　　　　　　　　　仰拱开裂上鼓

左挖右裂，右挖左裂　　　　　　　　　　二衬开裂、掉块

图 3.1　隧道变形、破坏

（1）变形量大，变形速率大，持续时间长

隧道开挖后，围岩变形非常强烈。监测资料表明，兰渝铁路新城子、毛羽山隧道围岩拱顶下沉达到 30~65 cm，水平收敛达 50~145 cm。围岩初期变形快和变形速率大，拱顶下沉最大 8 cm/d，水平收敛最大 14.3 cm/d；围岩变形持续时间长，在初期支护未封闭前，变形并未停止，而是等速持续发展，甚至加速发展，多有不收敛的趋势。隧道持续变形，并最终因变形过大而发生破坏，不得不拆换拱。

（2）变形空间分布不均匀和不对称

从变形量值上和隧道破坏程度上看，整个隧道变形均较严重，但不同洞段变形特征不同。在同一断面上，水平收敛变形远大于拱顶下沉，右侧边墙的水平收敛远大于左侧，不同断面变形差异较大。

（3）变形破坏力强

围岩大变形造成拱顶严重下沉开裂，边墙强烈内挤侵限，初期支护严重变形破坏。喷射混凝土大面积挤裂、压碎，钢拱架严重扭曲变形。部分洞段的二次衬砌出现环向、斜向和纵向裂缝。

## 3.2 挤压性围岩变形影响因素统计分析

### 3.2.1 变形分级标准

软岩隧道开挖过程中围岩发生显著塑性变形，变形量明显较一般条件下隧道围岩变形量大，超过了工程设计的允许变形值，并影响了工程的正常使用。目前，受隧道与地层作用的复杂性、地质条件变化的多样性、地层参数的变异性、理论计算的不完善性等因素的影响，国内尚未能提出统一的可操作的大变形分级标准。

铁路隧道设计规范（TB 10003—2005）采用隧道初期支护极限相对位移 $U/U_0$（初期支护实测位移 $U$ 与极限位移 $U_0$）之比，来判断不同条件隧道围岩的稳定性。刘志春等（2008）将大变形分级标准分为设计和施工两个阶段：在设计阶段，根据围岩力学参数及地应力测试结果，初步确定大变形的分级标准；施工阶段在考虑相对变形的基础上，引入综合系数 $\alpha$ 反映围岩抗压强度、地应力、弹性模量及侧压力系数影响，对大变形进行分级，如表 3.1 和表 3.2 所示。

表 3.1  设计阶段大变形分级标准

| 分级指标 | 大变形等级 | | |
|---|---|---|---|
| | Ⅰ | Ⅱ | Ⅲ |
| 强度应力比 | 0.5~0.25 | 0.25~0.15 | <0.15 |
| 初始应力（MPa） | 5~10 | 10~15 | >15 |

表 3.2　施工阶段大变形分级标准的综合指标判定法

| 分级指标 | 大变形等级 | | |
|---|---|---|---|
| | I | II | III |
| $u/r$ 相对变形(%) | 3~5 | 5~8 | >8 |
| 强度应力比 | 0.5~0.25 | 0.25~0.15 | <0.15 |
| 初始地应力(MPa) | 5~10 | 10~15 | >15 |
| 弹性模量(GPa) | 2~1.5 | 1.5~1 | <1 |
| 综合系数 $\alpha$ | 60~30 | 30~15 | <15 |

## 3.2.2　初期支护变形可接受准测

隧道围岩大变形会引起初期支护严重破坏,严重影响施工安全与工程质量。因此,制订大变形控制基准与相应的处置措施成为变形控制的根本前提。通过对大量现场量测数据进行统计分析,结合兰渝线相似隧道高地应力条件下初期支护变形与破坏情况,采用反映围岩变形量的绝对大小与变形快慢的累计变形量和变形速率两个指标,同时考虑围岩两侧的不对称变形,提出适合兰渝线高地应力大变形隧道的初期支护变形分级标准与可接受准则,并对不同变形等级下的初期支护结构质量与安全状态进行定性评价,见表3.3。

表 3.3　初期支护变形分级标准与可接受准则

| 等级 | 工程特征 | 量测数值特征 | | 安全及质量状态 | 施工措施 | 准则 |
|---|---|---|---|---|---|---|
| | | 累计变形量(cm) | 变形速率 | | | |
| I 级 | 无明显异常征兆 | 双侧≤15 cm 单侧≤10 cm | | 安全、结构质量可靠 | 正常施工 | 可接受 |
| II 级 | 喷层局部出现纵向开裂、掉块,环向裂缝进一步扩展 | 15<双侧<30 cm 10<单侧<20 cm | 最大变形速率达10 cm/d 或连续3 d 达5 cm/d 以上 | 有安全隐患,结构质量较可靠 | 增加套拱,并喷射混凝土 | 基本不可接受 |
| III 级 | 钢架扭曲、错段,喷层大面积开裂、掉块 | 双侧≥30 cm 单侧≥20 cm | 在 II 级措施加强后,变形速率仍然连续2 d 达5 cm/d 以上 | 有重大安全风险,结构质量已破坏,必须拆除更换 | 进行钢架拆换 | 不可接受 |

## 3.2.3　变形因素统计分析

(1)总体变形分析

按隧道的初期支护变形分级标准与可接受准则对兰渝线变形达到 I 级的隧道进行分类

梳理。共布设测点 157 处,量测结果表明:达到Ⅰ级可接受的测点 45 处,比例为 28.7%;达到Ⅱ级基本不可接受的测点 81 处,比例为 51.6%;达到Ⅲ级不可接受的测点 31 处,比例为 19.7%。

（2）变形影响因素的分类分析

引起隧道围岩变形的主要因素可概括为地质与地质结构、地应力、岩体力学性质、地下水、时间以及施工等,其中地质与地质结构包括围岩岩性、岩体结构及裂隙分布、特殊地质条件等。对 157 处的测点进行统计分析,表 3.4 为各因数对围岩变形的影响程度。

（3）结果分析

根据统计数据分析,各种因素对围岩变形产生的影响如下:

①地应力值、最大水平主应力与隧道轴线的夹角是产生大变形的关键因素。统计分析表明,当最大主应力与隧道轴线呈大夹角时,大变形出现的频率为 100%。

②岩层强度是导致高地应力条件下隧道大变形的地质因素。统计分析表明,软岩大变形发生频率为 64.3%,软岩夹中硬岩为 30.3%,因此岩层强度是产生大变形的主要因素。

③不同岩体结构面发育特征是产生大变形的主要因素,尤其对层状、互层状岩体。兰渝线大变形隧道的统计结果表明,薄层岩体大变形出现频率为 82.1%,中厚层为 17.9%,厚层及以上一般不会出现大变形。

④比较有无地下水对围岩变形的影响,有水时发生大变形频率为 64.3%,无水时为 35.7%,可见,地下水对围岩变形的影响不能忽略。

⑤比较岩层产状与隧道轴线的夹角呈大夹角和小夹角两种情况,围岩发生大变形的频率都是 50%,因此,结构面稳定性并不是引起大变形的因素。

⑥比较开挖断面有无褶皱两种条件,围岩发生大变形频率分别为 60.7% 和 39.3%,两者相差不大,可见,有无褶皱属于引起大变形的次要因素,可通过缩短钢架支护间距、加强支护强度等措施进行该因素的消除。

表 3.4　各因素对围岩变形的影响程度统计分析

| 影响因素 | | | 数据分析 | |
| --- | --- | --- | --- | --- |
| | | | 数量（个） | 比值（%） |
| 地应力 | 地应力值 | 高地应力 | 112 | 100 |
| | | 中等地应力 | — | — |
| | | 一般地应力 | — | — |
| | 地应力夹角 | 大角度（与隧道轴线的夹角≥45°） | 112 | 100 |
| | | 小角度（与隧道轴线的夹角<45°） | — | — |
| 岩石力学性质 | 岩性强度 | 软岩 | 78 | 69.7 |
| | | 软岩夹中硬岩 | 34 | 30.3 |

续表

| 影响因素 | | | 数据分析 | |
|---|---|---|---|---|
| | | | 数量(个) | 比值(%) |
| 地下水 | 地下水 | 有水 | 72 | 64.3 |
| | | 无水 | 40 | 35.7 |
| 地质结构 | 岩层厚度 | 薄层 | 92 | 82.1 |
| | | 中厚层 | 20 | 17.9 |
| | | 厚层及以上 | — | — |
| | 结构面稳定性 | 大角度 | 56 | 50 |
| | | 小角度 | 56 | 50 |
| | 褶皱 | 有褶皱 | 68 | 60.7 |
| | | 无褶皱 | 44 | 39.3 |
| 施工 | 施工方案 | 直接开挖支护 | — | — |
| | 支护刚度 | 采用I16等进行支护 | 112 | 100 |

## 3.3 挤压性围岩变形影响因素敏感性分析

兰渝线隧道围岩多以板岩等互层状岩体为主,板岩的强度与破坏特征随着层面倾角、层面间距等因素变化,呈现出明显的各向异性,对隧道围岩变形和稳定性产生显著影响,同时由于围岩赋存环境的复杂性,在地应力场、地下水、时间等因素作用下,使层状岩体隧道围岩稳定性问题异常复杂。

层状岩体在研究其受力引起的力学响应时,常将其简化为横观各向同性介质,采用 $FLAC^{3D}$ 的遍布节理模型(ubiquitous-joint),其本构关系虽然是各向同性的,但屈服破坏采用各向异性屈服准则,通过在 Mohr-Coulomb 准则中引入材料主方向上的抗剪强度(或抗拉强度)组成的张量,在一定的应力条件下寻找最可能的破坏面。根据应力状态、弱面产状以及模型体和弱面的材料特性的不同,屈服可能发生在岩体内,或者发生在弱面上,或者在两个部分都发生,在一定程度上反映了层状岩体的横观各向同性强度与变形特性。

本节采用遍布节理模型,研究不同侧压力系数 $k$、岩层倾角 $\alpha$ 对层状围岩地下洞室开挖变形的影响。分析不同层厚 $d$ 对围岩变形影响时,采用节理单元(Goodman 单元)按照显式节理模型进行模拟开挖。计算模型如图 3.2 所示。

### 3.3.1　侧压力系数

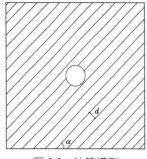

图 3.2　计算模型

侧压力系数反映了地应力场中的构造应力水平,采用遍布节理模型,取岩层倾角为 90°、45° 时,研究不同侧压力系数 $k=$ 0.5、0.8、1.0、1.5、2.0 时对层状岩体洞室开挖围岩变形与稳定性的影响。

图 3.3 是岩层倾角为 90° 时围岩位移随侧压力系数 $k$ 的变化曲线。由图可见,当 $k$ 小于 1 时,随着侧压力系数的增加,拱顶沉降先减小,当 $k$ 大于 1 时近似线性增大。而水平收敛则随侧压力系数的增加而一直呈线性增加趋势。

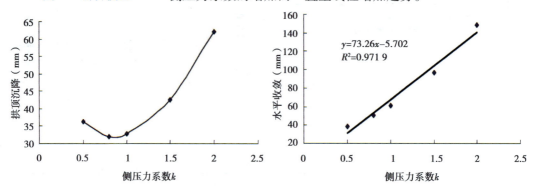

图 3.3　岩层倾角 90° 时围岩变形随侧压力系数变化曲线

图 3.4 是岩层倾角 45° 时围岩位移随侧压力系数 $k$ 的变化曲线。由图可见,当 $k$ 小于 0.8 时,随着侧压力系数的增加,拱顶沉降先减小,当 $k$ 大于 0.8 时近似线性增大。而水平收敛则随侧压力系数的增加而近似以指数形式增加。

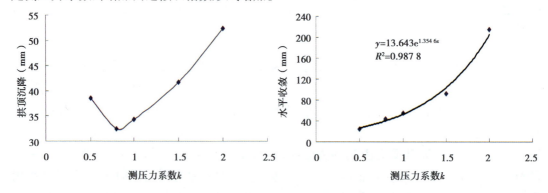

图 3.4　岩层倾角 45° 时围岩变形随侧压力系数变化曲线

图 3.5 是岩层倾角 90° 时围岩塑性区分布随侧压力系数 $k$ 的变化趋势。可见,不同的侧压力系数,围岩的塑形区分布并不相同。由于采用遍布节理模型,围岩屈服可能发生在岩体内,或者发生在弱面上,或者在两个部分都发生。通过分析可知,层状岩体洞周围岩主要是剪切破坏,没有出现张拉破坏,既有弱面的屈服又有岩体内的屈服。随着侧压力系数 $k$ 的增大,塑形屈服由节理面屈服主导向岩体剪切破坏转化。其主要原因是,随着 $k$ 的增大,岩体张开裂隙被压密,围岩性质逐渐趋同于均质围岩体。

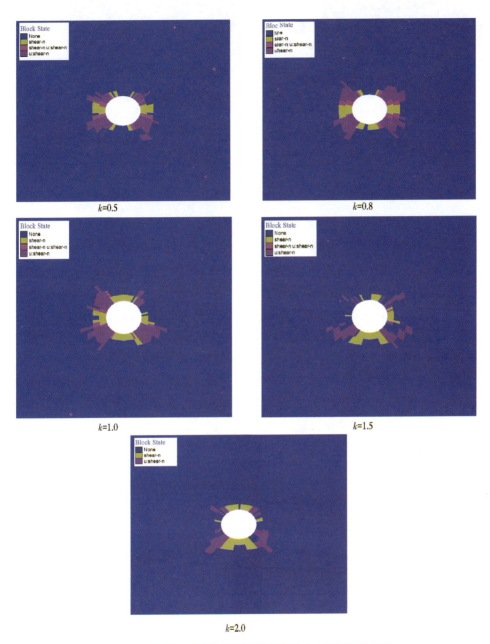

图3.5  不同侧压力系数时围岩塑性区分布（岩层倾角90°）

### 3.3.2  岩层倾角

图3.6是侧压力系数 $k=1$ 时，围岩变形随岩层倾角的变化曲线。由图可见，水平收敛和拱顶下沉的变化随岩层倾角的变化而表现出显著不同。当 $\alpha=0°$ 时，水平岩层的水平收敛最小，随岩层倾角增大，水平收敛平缓增加，当岩层倾角由60°增大到75°时，水平收敛急剧增加，达到最大值，当岩层倾角由75°继续增大到90°时，收敛呈下降趋势，但90°时的收敛变形值要明显高于0°~60°。拱顶下沉随岩层倾角增大，表现出先增大后减小的趋势。当水平岩层 $\alpha=0°$ 时，拱顶下沉较大，当岩层倾角增大到15°时，拱顶下沉达到最大，当岩层倾角持续增

大直至 90°时，拱顶下沉呈持续减小趋势，90°时拱顶下沉最小。

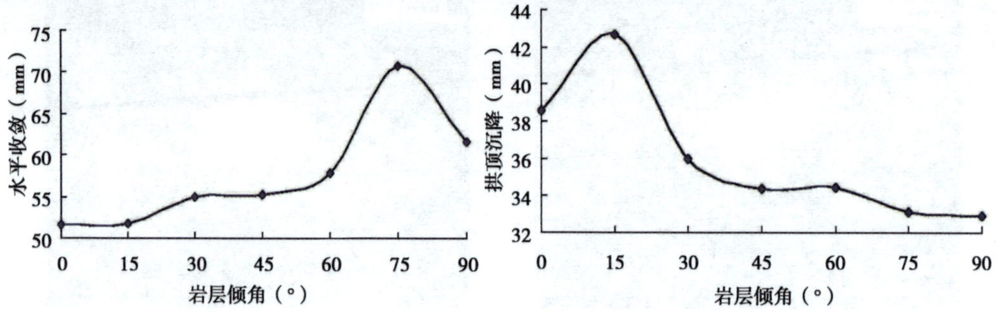

图 3.6　不同岩层倾角围岩变形曲线

图 3.7 是不同岩层倾角围岩塑形区分布。可见，岩层倾角对围岩塑性区大小及分布形状有明显影响。洞周围岩呈岩体内部与层理面剪切屈服的复合模式，没有出现张拉破坏。0°～15°缓倾角时，拱顶和墙中主要是岩体内的剪切屈服，弱面屈服出现在拱腰和墙角两侧。倾角为 45°～60°时，弱面屈服的范围逐渐增大，此时，拱顶与墙中由岩体内屈服向弱面屈服为主导转化，而拱腰与墙角则由弱面屈服向岩体内屈服为主导转化，反映了随着倾角的增大，岩体强度越来越低。倪国荣等人的文献指出：层状岩体内摩擦角和内聚力随岩层倾角变化，并在 45°左右达到最小值；75°倾角时，在弱面屈服与岩体内屈服的共同作用下，洞周围岩体屈服范围达到最大，90°倾角时，拱腰与边墙处的弱面屈服范围显著减少。综上研究可知，岩层倾角对隧道围岩稳定性存在明显影响（表 3.5）。

表 3.5　节理走向和岩层倾角对隧道开挖的影响

| 走向与隧道轴线垂直 | | | | 走向与隧道轴线平行 | | 与走向无关 |
|---|---|---|---|---|---|---|
| 沿倾向掘进 | | 反倾向掘进 | | 倾角 20°～45° | 倾角 45°～90° | 倾角 0°～20° |
| 倾角 45°～90° | 倾角 20°～45° | 倾角 45°～90° | 倾角 20°～45° | | | |
| 非常有利 | 有利 | 一般 | 不利 | 一般 | 非常不利 | 不利 |

### 3.3.3　层厚

采用接触面单元，将层面与岩层分开考虑，在倾角 90°情况下，研究层厚 $d = 0.1$ m、0.3 m、0.5 m、1 m 时隧道围岩变形及塑性区变化情况。

图 3.8 是围岩变形随层厚的变化曲线，可见，围岩水平收敛随层厚增加呈线性减小趋势，在 $d = 0.3$ m 时曲线出现拐点，减少趋势变缓。层厚 $d = 0.1$ m 时，水平收敛 74 mm，层厚 $d = 1$ m 时，水平收敛减小到 56 mm。拱顶下沉随层厚 $d$ 的增大变化不明显，可近似看作直线。层厚对洞周围岩水平收敛变形影响较大，对拱顶沉降影响不大。

图 3.9 是围岩塑性区随层厚的变化情况，由图可见，层厚对围岩塑性区大小和分布形状有影响，随层厚增加塑性范围减少，两侧边墙处的塑性区减少尤其明显。层厚 $d = 0.1$ m

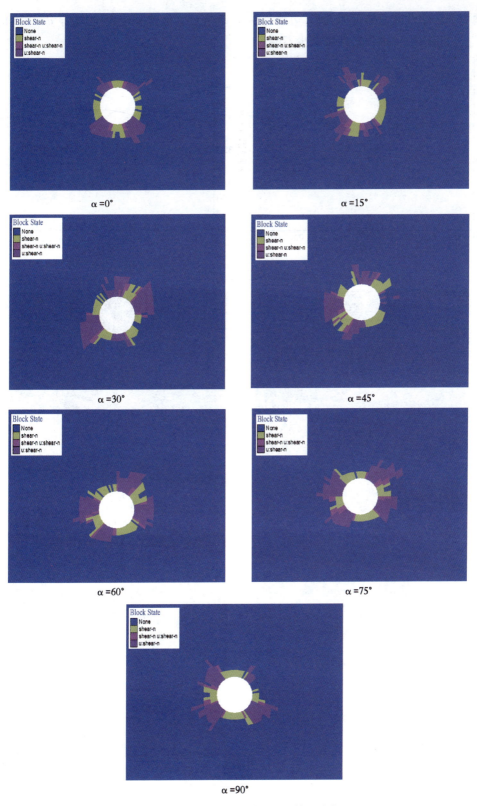

图 3.7 不同岩层倾角时围岩塑性区分布

时,洞周围岩塑性区分布近似圆形,边墙与拱顶、墙底塑性区范围较大;当层厚 $d = 1$ m 时,边墙塑性区显著减小,拱顶塑性区减少不明显。

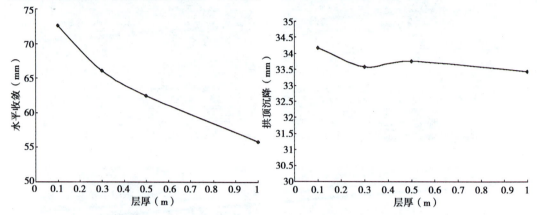

图 3.8　围岩变形随层厚的变化曲线

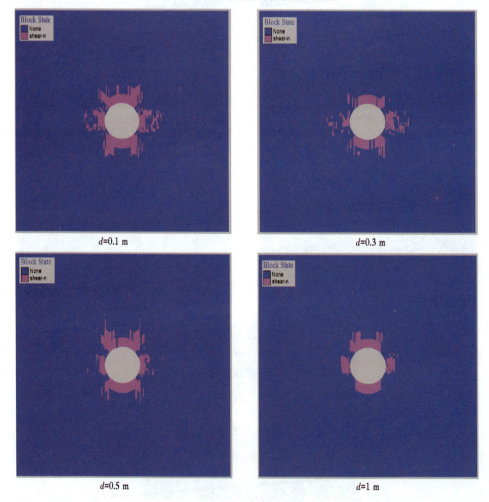

图 3.9　不同层厚围岩塑性区

　　层状岩体的破坏类型有 4 种:张拉断裂、剪切断裂、塑性滑移和剪张断裂。具体的破坏方式与岩层的倾角和地下洞室的边界几何切割关系有关,陡倾角层状岩体中大型地下洞室围岩在不同部位具有不同的破坏类型,主要有顶板弯折、斜顶弯折、边墙弯曲-溃曲、地板鼓起这 4 种破坏模式。

(1)张拉断裂

隧道开挖形成二次应力场,应力重分布使得洞周切向应力增大,径向应力减小,当拉应力过大时,拱顶和边墙部位出现张拉破坏,其结果是在垂直洞壁的方向出现张裂缝。

(2)塑性流动

软弱围岩抗剪强度低,易沿最可能破坏的剪切带发生塑性流动。层状软岩组成的塑性流动表现为岩体顺着下伏硬岩的层面发生滑移并伴以弯曲,弯曲过度时会在弯曲部位的内部出现层间拉裂。对软硬相间的互层状岩体,下伏软弱岩层的塑性流动还会导致上覆岩体的弯折拉裂,变形发展可以使上覆岩体解体或造成剪切破坏。

(3)顺层滑移

顺层滑移主要有岩体顺层面的剪切破坏和层面与其他不利产状的结构面组合形成的大块体沿层面向洞室滑动这两种形式,拱顶处围岩最为突出。根据平面应力分析,在层面不抗拉条件下,可以得到层面最不利夹角 $\beta$ 与层面内摩擦角 $\varphi_j$ 之间的关系:

$$\beta = 45° + \varphi_j/2 \tag{3.1}$$

式中:$\beta$——层面与最小主应力的夹角。

根据上式可知:当岩层倾角为($45°+\varphi_j/2$)时岩体强度最低,为最不利于围岩稳定的情况。如果知道层状岩体节理面的内摩擦角,则可根据公式(3.1)计算最有可能使岩体沿层面滑动的倾角。

(4)弯曲-溃曲破坏

孙广忠(1998)把层状岩体归为板裂介质,其主要变形破坏方式是倾倒变形、溃屈破坏及层体弯折等。

## 3.4 挤压性围岩隧道变形破坏力学机制分析

隧道围岩大变形是围岩体在地应力、工程扰动和地下水活动等环境条件下,围岩岩体的一种变形破坏现象,其实质是由于围岩开挖引起的地应力重分布超过岩体的屈服强度而使其发生塑性变形,围岩自承能力丧失或部分丧失,变形得不到有效的约束,围岩发生塑性变形破坏,从而使围岩支护遭到不同程度的破坏。

目前,关于软岩挤压大变形发生的力学机理解释还不尽一致,为更好地克服高地应力条件下的挤压大变形地质灾害,软岩大变形描述及其预测呼唤新理论。本节通过对其发生大变形的主要力学机理进行剖析,以弄清其挤压变形的机制和规律,进而有效实施控制。

陈宗基教授认为围岩收敛变形机理应包括塑性楔体、流动变形、围岩膨胀、扩容、挠曲五个方面。何满潮等将深部软岩(深度大于 500 m)按变形力学机制归为 3 类,即物化膨胀类(Ⅰ)、应力扩容型类(Ⅱ)和结构变形类(Ⅲ),共 13 个亚类。刘高则提出了围岩结构性流变的观点,认为高应力区完整性差的坚硬或较坚硬岩体内,由于工程开挖,结构面依应力状态而发生一系列复杂的时间相关性力学行为和力学响应,使工程岩体表现出显著的流变现象或过程。

Andan 等对挤出与膨胀进行了区分,认为挤出现象在力学上可以看成在原地应力作用下围岩介质的弹、黏、塑性的表现,只发生在随着隧道开挖地应力重分布使围岩发生屈服的时候,是一种物理过程,并包含岩石的膨胀过程。而膨胀现象则是化学过程,包含矿物质与水之间的离子交换,膨胀现象的发生与挤出情况相比要花费更长的时间。挤压现象可能导致的隧道围岩破坏模式概分为以下 3 种,如图 3.10 所示。

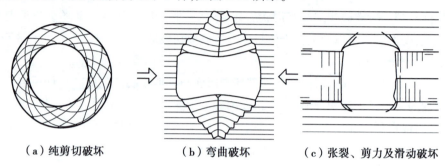

（a）纯剪切破坏　　　　（b）弯曲破坏　　　　（c）张裂、剪力及滑动破坏

图 3.10　蠕变挤压性隧道破坏模式

（1）纯剪切破坏［图 3.10（a）］

隧道洞周岩体因受过大剪应力作用而破坏,剪切破坏区形成环形塑性区,其中剪切过程的产生伴随有围岩的滑移和突然分离。在连续的塑性岩体或有大间隙的不连续岩体中都可看到这种现象。典型例子是 Orizume 隧道挤出区段,其围岩是泥岩,单轴抗压强度为 0.7~1.2 MPa,隧道埋深 100 m,围岩坚固系数为 0.3~0.5,隧道向内闭合量达 1 600 mm。

（2）弯曲破坏［图 3.10（b）］

具有节理或层状岩石的弯曲破坏,此种破坏常发生于变质岩(如千枚岩云母片岩)及薄层状且具有延性的沉积岩(如泥岩、页岩、砂岩、粉岩及蒸发岩)。Enrei 隧道挤出段岩层变形严重,围岩是薄层泥岩,单轴强度为 4~4.2 MPa,隧道埋深 110~130 m,围岩坚固系数为 1.3~1.6,隧道向内闭合量达 1 000 mm 以上。

毛羽山隧道出口围岩变形剧烈段为薄层状炭质板岩,［图 3.11（a）］层厚 1~5 cm,层面平直光滑,层间结合较差,岩层倾角 70°~90°,走向与隧道轴线平行,是一个典型的陡倾层状岩体洞室稳定问题。在层状岩体,特别是高地应力区的薄层状岩体,开挖洞室导致围岩的径向应力降低而切向应力增高,层状岩体以板的方式在横弯或纵弯作用下发生挠曲变形以至破坏。因此,层状岩体洞室围岩的变形破坏机制多用挠曲加以解释。

从图 3.11（b）层状岩体洞室围岩变形情况可以看出,在工程开挖后,边墙直立层状岩体在洞室临空面法线方向失去支撑力,由三维应力变为二维应力。边墙围岩受水平径向卸荷回弹和顶部围岩卸荷应力回弹在直立方向被压缩,使边墙板层状岩体向巷道临空方向弯曲鼓出。

（3）张裂、剪力及滑动破坏［图 3.10（c）］

此种破坏模式主要发生于厚层沉积岩中,隧道两侧岩壁因受挤压而沿层面产生滑动现象,进而导致张裂破坏;顶部及仰拱部分岩体则因承受过大剪应力而破坏。在开挖 Navajo

Irrigation 3 号引水隧洞期间以及煤层中开挖隧道的模拟试验中都曾报道过这种破坏。

（a）层厚1~5 cm

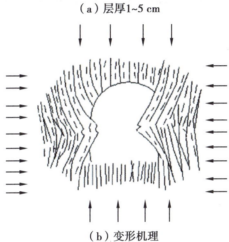

（b）变形机理

图 3.11　薄层炭质板岩及其变形示意图

本节以兰渝铁路挤压性围岩典型隧道——新城子隧道为例对其变形破坏力学机制从以下几个主要方面进行如下初步探索。

①高地应力、软岩是挤压性变形的内因。

兰渝铁路深埋隧道的一个主要特征就是高地应力，由于隧道埋深较大，其上覆岩体自重应力随深度增加而增加，而且深部岩体在地质构造中也蕴含了较高的封闭构造应力于岩体中，开挖扰动引起岩体中原有的较高应变能被快速释放，对于坚硬的围岩体会发生岩爆现象，对于软岩则表现为挤压变形。另外，软岩由于具有较低的岩体抗压强度和弹性模量等物理力学参数，层理比较发育，长期强度低等特点，泥质成分和结构面控制了软岩工程力学特性，受力容易产生显著黏塑性大变形。隧道的开挖，使变形能以变形的形式释放，宏观上表现为围岩的应力扩容。兰渝铁路新城子隧道经历了复杂的地质构造运动，岩松散破碎，岩性软弱，属于软岩或极软岩，在高地应力作用下会发生挤压性变形。

②工程扰动力是挤压性变形的外因。

隧道开挖前，岩体处于三向受力的高地应力环境，处于稳定平衡状态。隧道开挖以后，岩体原有天然应力状态遭到破坏，引起围岩应力状态重新分布，一部分地应力以变形能的形式释放，另一部分则向围岩深部转移，发生应力重分布和局部区域应力集中，并不断调整以期达到与当前环境相适应的新平衡状态。开挖卸荷导致洞壁围压急剧降低,无论从弹性理论还是黏弹塑性理论上分析,洞室开挖后,切向应力增大而径向应力减小,引起应力集中,并在洞壁上达到极限值。当应力水平超过岩体屈服强度和流变下限阀值时,引起围岩塑性和黏性流动,产生随时间增长的变形,随着变形不断增加而围岩进入黏塑性应变软化阶段,长期强度值降低,又进一步加剧了隧道变形。

③挤压现象实质是一种变形速率快而收敛速率慢的岩体非线性流变。

新城子隧道和兰渝铁路其他典型挤压性围岩隧道的现场量测和室内试验都表明,其流变属性是非常显著的。挤压性岩体的典型蠕变曲线如图 3.12 所示,蠕变变形随时间而增长,蠕变曲线的形态与应力水平有很大关系。除弹性应变外,阶段 I 为衰减蠕变 $\varepsilon_{\mathrm{I}}$,蠕变速率由于材料硬化而随时间逐渐减缓;阶段 II 为定常蠕变 $\varepsilon_{\mathrm{II}}$,蠕变速率近似且保持常值不变;阶段 III 为加速蠕变 $\varepsilon_{\mathrm{III}}$,此时蠕变速率随时间急剧增大,并最终导致材料破坏。但是,并非任何材料在任何应力水平都存在蠕变三个阶段。不同应力水平,岩体蠕变曲线将呈现不同的形态,当应力幅值低于阀值 $\sigma \leqslant \sigma_1$ 时,蠕变变形将不会发展。蠕变速率与作用荷载间具有很大的相关性。如图 3.13 所示,$b$ 点为起始流变应力点,$c$ 点为等速流变起始应力点,$d$ 点为加速流变起始点,$e$ 点称为瞬间破坏应力点。

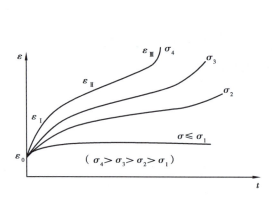

图 3.12　典型蠕变曲线

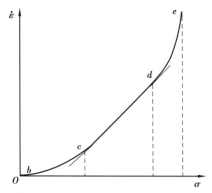

图 3.13　流变速度与作用荷载的关系

在研究岩石流变时,常采用线性流变理论进行研究。然而,对于挤压性岩体而言,其并非是一种线性流变体,而是一种非线性流变体,它的应力和应变呈非线性关系。此时,黏滞系数就不再仅仅是时间的函数,它还与应力水平和应力状态(承压、承剪、承弯)有关,即 $\eta = \eta[t, \sigma(\tau), \Omega]$,呈非线性。

新城子隧道高地应力软岩地段,在初始地应力场和工程扰动力的共同作用下,洞周围岩体应力水平超过岩体流变下限,引起挤压性软弱岩体流变。而且,初始地应力水平高,开挖后洞周应力集中程度严重,围岩二次应力水平较高,导致变形速率较快,变形发展较大,持续时间较长,如不及时支护,流变变形将最终引起洞室失稳。尤其对于断层带挤压性岩体,其流变性态主要受到围岩中泥质成分和岩体结构面控制,岩体单轴抗压强度低,相应围岩流变下限也很低,开挖卸载产生的应力集中会引起挤压性岩体塑性状态下的高速流变,即挤压变形为黏塑性变形。同时,需要指出的是,实际中发生的是岩体流变而不是岩石流变,变形包括软岩本身随时间而发展的变形,以及软岩节理面填充材料流变变形和节理面间的张闭、错动变形三部分,而且三者在变形过程中相互影响、相互制约。

应该说,固体静力学所研究的软岩的弹性、弹塑性及塑性变形并不是挤压性岩体大变形的核心问题。软岩变形基本可以分为弹性、塑性和流变三个阶段。显然,弹、塑性理论只能涉及其中的弹性和塑性阶段,但软岩的弹性和塑性变形量相对较小,而流变产生的变形才是最主要的。因此,高地应力挤压大变形可归属于一种变形速率快而收敛速率慢的岩体非线性蠕变研究范畴。

④黏塑性变形导致应变软化,岩体长期强度值降低。

挤压性围岩隧道变形破坏经验表明,挤压性岩体塑性应变软化是其黏塑性变形发展到一定阶段后才开始出现的,并且导致岩体屈服强度降低。

隧道开挖后,围岩随时间变形的过程中,岩体内部颗粒相互间的剪切滑移减小了原先的静止内摩擦系数和黏聚力,引起岩体长期强度不断降低。此外,开挖形成洞周临空面,原来岩体的三向应力状态蜕变为单向或双向应力状态,岩体的有效强度也将比原先的值进一步降低。挤压性围岩黏塑性变形发展导致其抗剪强度参数取值减小,即黏塑性应变软化或强度恶化,从而使其后继屈服强度(长期强度)值不断降低,反过来又加剧了挤压性围岩黏塑性位移的发展。

⑤高地应力软岩应力扩容膨胀是挤压变性的重要组成部分。

事实上,软岩发生挤压性大变形应满足两个基本条件:第一,重分布后的地应力足以引起围岩的屈服流动;第二,围岩屈服伴随有显著剪胀。对于大多数深埋软岩,尤其是深埋极软岩,第一个条件一般都是能够被满足的,但是屈服与塑性软化并不一定伴随显著的剪胀,这也许就是隧道工程中,软岩常见,但挤压性大变形却不多见的根本原因。当软岩发生屈服,但无剪胀或无明显剪胀发生时,高应力承载环向外扩展到一定程度后,其扩展速度会显著降低,甚至从工程的角度看,可以认为已经停止扩展。这时,围岩不仅不会发生大变形,而且可能处于(相对)稳定状态。因此,只有具有剪胀特性的深埋软岩才会发生挤压性变形。

高地应力区挤压性围岩,岩体节理、裂隙等结构面在初始应力状态下压缩紧密,随着开挖卸荷,部分节理裂隙张开,在剪应力作用下岩体结构面表现出张开、滑移、剪切、爬坡错动等扩容现象,岩石内部晶粒也随着应力的逐步释放而重新分布、组合,晶粒内部之间发生滑移、转动、错动等运动,宏观表现为挤压性围岩体积随时间而膨胀的应力扩容现象。同时,应力扩容随时间的发展,导致围岩强度进一步恶化,从而引发更深的应力膨胀。

⑥水的弱化作用不可忽视。

水能够对挤压性岩体起到软化效应。第2章中厚层炭质板岩在不同含水量条件下的试验结果,其规律性表现为含水量越多,力学性质越差。在挤压性地层中开挖隧道,改变了地层中渗流路径,而且施工作业用水也改变了围岩含水量,随着洞周汇水效应的加强,软弱岩体含水量增加,岩石抗压强度和弹性模量呈指数形式降低,而泊松比则增长,表现出岩体被软化,相应承载能力降低,挤压性变形增大的趋势。

⑦支护强度不足、施工方法不当是产生挤压大变形的直接原因。

国内外许多工程实例表明,由于设计施工初期对高地应力条件下软岩挤压性变形认识不足,导致了许多工程变形超限,甚至大变形引起坍塌失稳,而不得不重新进行拆换初支、扩挖等处理。新城子隧道工程施工中,由于前期对挤压性围岩特性和变形规律认识不足,采用的传统锚喷复合式衬砌结构导致围岩变形发展大,致使初期支护在支护强度不足情形下产生大变形,这也是产生挤压大变形的直接原因。

## 3.5 小 结

本章首先通过现场工程地质调查,归纳总结了兰渝铁路蠕变挤压性软弱隧道变形破坏情况,分析其隧道变形破坏的特征,并统计分析了兰渝线隧道大变形灾害影响因素以及其影响程度,通过建立遍布节理模型,利用数值模拟对侧压力系数、倾角、层厚等影响层状岩体稳定性的因素进行了规律分析。同时,建立考虑含水损伤的黏弹塑蠕变模型,获得了炭质板岩隧道施工过程中围岩变形、应力的时空效应演化规律,为挤压性围岩隧道变形控制提供了理论基础。最后,在此基础上以新城子隧道为例,探讨挤压性围岩隧道变形的力学机制。

①现场调查结果显示,兰渝铁路蠕变挤压性软弱隧道的变形破坏具有变形量大,变形速率大,持续时间长,变形破坏力强的特征,且以水平收敛为主,隧道围岩变形表现出空间分布不均匀和非对称变形的模式。

②兰渝线挤压性围岩隧道变形影响因素统计分析表明,地应力值、最大水平主应力与隧道轴线夹角是产生大变形的关键因素,岩层强度是导致高地应力条件下隧道大变形的地质因素。岩体层厚是产生大变形的主要因素,薄层岩体大变形出现频率为82.1%,中厚层为17.9%,厚层及以上一般不会出现大变形。岩层产状与隧道轴线呈大夹角和小夹角两种情况,围岩发生大变形的频率都是50%。有无褶皱属于引起大变形的次要因素,可通过缩短钢架支护间距和加强支护强度等措施将该因素消除。

③围岩变形影响因素数值模拟计算分析表明:当侧压力系数小于1时,随着侧压力系数的增加,拱顶沉降先减小,当侧压力系数大于1时,变形近似线性增大,而水平收敛则随侧压力系数一直呈线性增加趋势;水平收敛和拱顶下沉的变化随倾角的变化表现出显著的不同,水平岩层时水平收敛最小,随岩层倾角增大,水平收敛平缓增加,倾角60°~75°时达到最大值,随后呈下降趋势,拱顶下沉随倾角增大表现出先增大后减小的趋势;洞周围岩的变形随层面间距的增大而减小,收敛变形对层厚变化较拱顶下沉更为敏感。

④隧道围岩变形表现出明显的时空效应,空间效应影响范围为掌子面前后$1d~1.5d$,该范围内围岩变形是时间和空间效应的耦合,范围以外主要是软岩蠕变变形。最大、最小主应力在掌子面到达前先增加后减小,在开挖面到达前5 m达到峰值,掌子面到达时由于洞室开挖导致洞周围岩临空,最大主应力、最小主应力急剧下降,初支闭合后逐渐恢复,并最终基本趋于稳定。初期支护的及时封闭,不仅能有效控制围岩变形持续发展,还能对围岩的应力重分布调整起到促进作用,加快围岩-支护系统的平衡。

⑤分析了挤压性围岩隧道变形的力学机理,主要有高地应力、软岩、工程扰动作用、岩体非线性流变、应变软化与长期强度值降低、岩体应力扩容、水的弱化效应以及支护强度不足、施工方法不当等主客观因素。

# 4 炭质板岩蠕变本构模型

## 4.1 引　言

地下洞室围岩的应力调整和变形破坏是随时间变化发展的,尤其是软岩工程围岩稳定性分析中必须考虑岩石的流变特性。在长期的恶劣环境中,特别是在长期地下水浸泡下呈饱和状态,或者由于水位的变化致使含水饱和度发生改变时,岩石的强度会与自然状态下的长期强度不同,其流变特征也会不同,随着含水量的增加,岩石的流变更为明显,在一定的条件下导致洞室围岩稳定性降低直至破坏,因此研究岩石流变过程中水的作用具有很大的实际意义。

本章将以岩石流变基本理论为基础,结合炭质板岩三轴压缩蠕变试验曲线,建立一种能够反映软岩蠕变全过程的黏弹塑性应变软化蠕变力学模型,推导相应的三维蠕变本构方程,并给出模型参数辨识的方法。在考虑地下水对炭质板岩影响的基础上,引入瞬时损伤因子和长期蠕变损伤因子,建立考虑含水损伤的黏弹塑蠕变模型,实现模型的 FLAC$^{3D}$ 二次开发,在验证模型正确性的基础上,对不同含水状态隧道围岩稳定性进行分析。

## 4.2　岩石流变基本力学模型

岩石蠕变本构模型是用来描述岩石应力-应变-时间关系的数学物理模型,主要有三类:经验公式、组合模型、积分形式的模型。目前常采用的组合模型是将弹性元件、塑性元件、黏性元件以及塑性元件等串联或并联组合而成。

### 4.2.1 岩石流变元件模型

（1）弹性元件-虎克体

虎克（Hooke）体，简称 H 体，用一弹性元件（弹簧）来表示，应力-应变关系如图 4.1 所示，本构关系服从虎克定律表达式：

$$\sigma = E\varepsilon \tag{4.1}$$

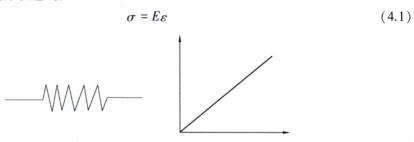

图 4.1　弹性元件

（2）黏性元件-牛顿体

黏性元件即牛顿体，简称 N 体，用一黏壶表示，应力-应变关系如图 4.2 所示，本构关系为：

$$\sigma = \eta\dot{\varepsilon} \tag{4.2}$$

式中：$\sigma$——正应力；

　　$\dot{\varepsilon}$——正蠕变速率；

　　$\eta$——黏滞系数。

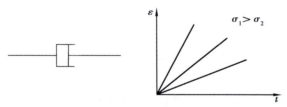

图 4.2　黏性元件

（3）塑性元件-塑性体

塑性体又称为 St.Venant 体，用相互接触的摩擦滑块表示，代表符号为 V，应力-应变关系如图 4.3 所示，本构关系为：

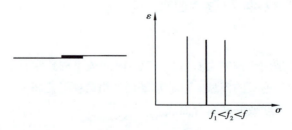

图 4.3　塑性元件

$$\begin{cases} \sigma < f, & \varepsilon = 0 \\ \sigma \geq f, & \varepsilon \to \infty \end{cases} \tag{4.3}$$

将 H 体、N 体、St.Venant 体通过串联、并联以及混合组合,可以得到大多数常用的蠕变组合模型,串联用符号"-"表示,并联用符号"|"表示。串联时任何元件的应力等于组合体总应力,所有元件应变之和等于组合体总应变;并联时所有元件应力之和等于组合体总应力,任何元件的应变等于组合体总应变。常用蠕变模型及其本构方程如表 4.1 所示。

表 4.1  常用蠕变模型及其本构方程

| 蠕变模型 | 本构方程 |
|---|---|
| Maxwell 模型 | $\sigma + \dfrac{\eta_2}{E}\dot{\sigma} = \eta_2\dot{\varepsilon}$ |
| Kelvin 模型 | $\sigma = E_1\varepsilon + \eta_1\dot{\varepsilon}$ |
| H-K 模型 | $\sigma + \dfrac{\eta_1}{E+E_1}\dot{\sigma} = \dfrac{EE_1}{E+E_1}\varepsilon + \dfrac{E\eta_1}{E+E_1}\dot{\varepsilon}$ |
| H \| M 模型 | $\sigma + \dfrac{\eta_1}{E_1}\dot{\sigma} = E_2\varepsilon + \dfrac{E\eta}{E+E_1}\dot{\varepsilon}$ |
| Burgers 模型 | $\sigma + \left(\dfrac{\eta_2}{E_1} + \dfrac{\eta_1+\eta_2}{E_2}\right)\dot{\sigma} + \dfrac{\eta_1\eta_2}{E_1E_2}\ddot{\sigma} = \eta_2\dot{\varepsilon} + \dfrac{\eta_1\eta_2}{E_1}\ddot{\varepsilon}$ |
| 黏塑性模型 | 当 $\sigma < \sigma_s$ 时,$\varepsilon = 0$<br>当 $\sigma \geq \sigma_s$ 时,$\dot{\varepsilon} = (\sigma - \sigma_s) / \eta_2$ |
| Bingham 模型 | 当 $\sigma < \sigma_s$ 时,$\dot{\varepsilon} = \dfrac{\dot{\sigma}}{E}$<br>当 $\sigma \geq \sigma_s$ 时,$\dot{\varepsilon} = \dfrac{\dot{\sigma}}{E} + \dfrac{\sigma - \sigma_s}{\eta_2}$ |
| 西原模型 | 当 $\sigma < \sigma_s$ 时,$\sigma + \dfrac{\eta_1}{E+E_1}\dot{\sigma} = \dfrac{EE_1}{E+E_1}\varepsilon + \dfrac{E\eta_1}{E+E_1}\dot{\varepsilon}$<br>当 $\sigma \geq \sigma_s$ 时,$1 + \dfrac{\eta_2}{E}D(\sigma - \sigma_s) + \left(\dfrac{\eta_2}{E} + \dfrac{\eta_1+\eta_2}{E_1}\right)\dot{\sigma} + \dfrac{\eta_1\eta_2}{EE_1}\ddot{\sigma} = \eta_2\dot{\varepsilon} + \dfrac{\eta_1\eta_2}{E_1}\dot{\varepsilon}$ |

上述本构关系可用微分算子形式进行表示,一维状态下可表示为:

$$P(D)\sigma = Q(D)\varepsilon \tag{4.4}$$

式中:$P(D) = \sum\limits_{k=0}^{m} p_k \dfrac{\partial^k}{\partial t^k}$,$Q(D) = \sum\limits_{k=0}^{m} q_k \dfrac{\partial^k}{\partial t^k}$,$D = \dfrac{\partial}{\partial t}$ 为对时间的微分算子。

三维应力状态下,由弹性理论可知,弹性本构关系的三维张量形式为:

$$S_{ij} = 2G_0 e_{ij}; \quad \sigma_{ii} = 3K\varepsilon_{ii} \tag{4.5}$$

式中,$S_{ij}$、$e_{ij}$、$\sigma_{ii}$、$\varepsilon_{ii}$ 分别为应力偏量、应变偏量以及应力与应变第一不变量的张量形式,有:

$$S_{ij} = \sigma_{ij} - \sigma_m\delta_{ij} = \begin{pmatrix} \sigma_{xx} - \sigma_m & \tau_{xy} & \tau_{xz} \\ \tau_{yx} & \sigma_{yy} - \sigma_m & \tau_{yz} \\ \tau_{zx} & \tau_{zy} & \sigma_{zz} - \sigma_m \end{pmatrix} \quad (i,j = x,y,z) \tag{4.6}$$

$$e_{ij} = \varepsilon_{ij} - \varepsilon_m\delta_{ij} = \begin{pmatrix} \varepsilon_{xx} - \varepsilon_m & \dfrac{1}{2}\gamma_{xy} & \dfrac{1}{2}\gamma_{xz} \\ \dfrac{1}{2}\gamma_{yx} & \varepsilon_{yy} - \varepsilon_m & \dfrac{1}{2}\gamma_{yz} \\ \dfrac{1}{2}\gamma_{zx} & \dfrac{1}{2}\gamma_{zy} & \varepsilon_{zz} - \varepsilon_m \end{pmatrix} \quad (i,j = x,y,z) \tag{4.7}$$

$$\sigma_{ii} = \sigma_1 + \sigma_2 + \sigma_3 = \sigma_{xx} + \sigma_{yy} + \sigma_{zz} = 3\sigma_m$$
$$\varepsilon_{ii} = \varepsilon_1 + \varepsilon_2 + \varepsilon_3 = \varepsilon_{xx} + \varepsilon_{yy} + \varepsilon_{zz} = 3\varepsilon_m \tag{4.8}$$

其中,$G_0$、$K$、$E_0$、$\mu$ 之间的关系表达式为:

$$E_0 = \frac{9G_0K}{3K + G_0} \qquad \mu = \frac{3K - 2G_0}{2(3K + G_0)} \tag{4.9}$$

因此,将式(4.5)推广到三维有:

$$P'(D)S_{ij} = Q'(D)e_{ij} \qquad P''(D)\sigma_{ii} = Q''(D)\varepsilon_{ii} \tag{4.10}$$

### 4.2.2　岩石非线性流变模型

许多岩石都具有非线性蠕变特性,在应力-应变关系曲线图上,应力-应变曲线不再是直线或折线而表现为不同时刻下的一簇曲线(图4.4)。对于岩石的非线性蠕变特征,可以采用如下表达式进行描述:

$$\dot{\varepsilon} = \frac{1}{\eta(\sigma,\Omega,t)}\sigma \tag{4.11}$$

式中:$\eta$——黏滞系数;

　　　$\sigma$——应力水平;

　　　$\Omega$——应力-应变状态和 $t$ 的非线性函数。

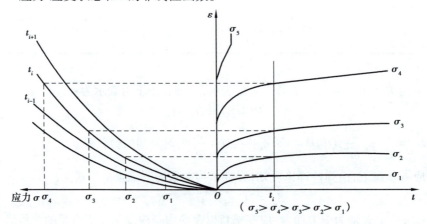

图4.4　非线性蠕变曲线簇

岩石的非线性蠕变特征,可以采用如下表达式进行描述:

$$\dot{\varepsilon} = \frac{1}{\eta(\sigma, \Omega, t)}\sigma \tag{4.12}$$

式中:$\eta$——黏滞系数;

$\quad\sigma$——应力水平;

$\quad\Omega$——应力-应变状态和 $t$ 的非线性函数。

目前,建立岩石非线性蠕变模型主要有 4 种方法:

①在线性蠕变模型的基础上,串加一项非线性的经验黏性元件作为对线性蠕变模型的修正,非线性黏性元件的经验系数可由相应的蠕变试验确定。

②根据室内试验与现场试验的结果,提出一个经验模型。

③用非线性元件替代线性元件,也就是蠕变参数由定常变为非定常,进而建立能描述岩石非线性流变的蠕变模型。

④采用断裂及损伤力学理论、内时理论等新的理论,建立岩石非线性蠕变本构模型。

## 4.3 炭质板岩蠕变模型

### 4.3.1 Burgers 模型

对不同泡水时间炭质板岩的三轴蠕变试验曲线分析可知:

①荷载施加后,岩石立即产生瞬时弹性应变,所以模型中应含有 H 体。

②当荷载保持恒定时,轴向应变与侧向应变随时间增加而增大,因此蠕变模型中应含有 N 体。

③当应力水平较低时,岩石衰减蠕变后,应变趋于恒定值,稳定蠕变速率为零;当应力水平较高时,应变随时间的增长逐渐增大,蠕变速率逐渐趋于非零恒定值。

④当应力水平达到岩石的屈服强度时,应变随时间的增加迅速增加,出现加速流变阶段,具有塑性特征。

炭质板岩的蠕变呈现出瞬弹性、黏弹性和黏塑性共存复杂特性。描述黏弹蠕变的元件组合模型有很多种,目前最常用的有广义 Kelvin 模型、Burgers 模型及西原模型等。其中 Burgers 模型能较好地反映岩体的瞬时弹性应变、衰减蠕变以及稳态蠕变。本书采用 Burgers 模型来描述炭质板岩黏弹性阶段的力学行为。

Burgers 模型由 Maxwell 模型与 Kelvin 模型串联组成(图 4.5),一维本构方程为:

$$\varepsilon(t) = \frac{\sigma}{E_M} + \frac{\sigma}{\eta_M}t + \frac{\sigma}{E_K}\left[1 - \exp\left(-\frac{E_K}{\eta_K}t\right)\right] \tag{4.13}$$

式中:$E_M, E_K$——模型的弹性模量和黏弹性模量;

$\quad\eta_M, \eta_K$——模型的黏性系数。

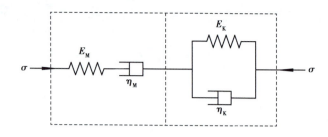

图 4.5　Burgers 蠕变模型

Burgers 模型三维本构方程可写为：

$$\begin{cases} e_{ij} = \dfrac{(S_{ij})_0}{2G_M} + \dfrac{(S_{ij})_0}{2\eta_M^G}t + \dfrac{(S_{ij})_0}{2G_K}\left[1 - \exp\left(-\dfrac{G_K}{\eta_K^G}t\right)\right] \\ \varepsilon_m = \dfrac{\sigma_m}{3K} \end{cases} \tag{4.14}$$

### 4.3.2　非线性黏弹塑性模型

#### 1) 非线性黏塑性体

试验可知，当泡水 5d、15d 时蠕变试验中应力水平总体上未达到炭质板岩的屈服极限强度，流变曲线没有出现第三阶段的加速蠕变段，Burgers 模型能较好地描述衰减蠕变与稳定蠕变阶段。干燥状态下，应力水平 130 MPa 时，炭质板岩加载约 5 h 后，出现加速蠕变；当泡水 25 d，蠕变加载至 100 MPa 时，出现加速蠕变，表现出明显的黏塑性变形特征。由于 Burgers 模型不包括塑形元件，因此无法描述炭质板岩加速蠕变阶段的黏塑性特征。

图 4.6(a)是干燥状态下围压为 10 MPa，荷载水平为 130 MPa 时轴向与侧向的加速蠕变曲线，图 4.6(b)是泡水 25 d，围压 25 MPa，荷载水平 100 MPa 时轴向与侧向的加速蠕变曲线。可见，炭质板岩在加速蠕变阶段，应变随时间的增加呈非线性变化，加速蠕变规律具有幂函数的特征，函数表达式可写为：

$$\varepsilon = \varepsilon_0 + At^n \tag{4.15}$$

式中：$\varepsilon_0$——加速蠕变之前的应变值；

　　　$t$——蠕变时间；

　　　$n$——加速蠕变参数；

　　　$A$——常数，代表应力历时状态。

对式(4.15)进行求导，有

$$\dot{\varepsilon} = nAt^{n-1} \tag{4.16}$$

令 $nA = \dfrac{\sigma}{\eta_0}$（$\eta_0$ 为常量，是加速蠕变初期的黏性系数），则式(4.16)可表示为：

$$\dot{\varepsilon} = \dfrac{\sigma}{\eta_0/t^{n-1}} \tag{4.17}$$

一般黏性元件本构表达式为：

$$\dot{\varepsilon} = \dfrac{\sigma}{\eta} \tag{4.18}$$

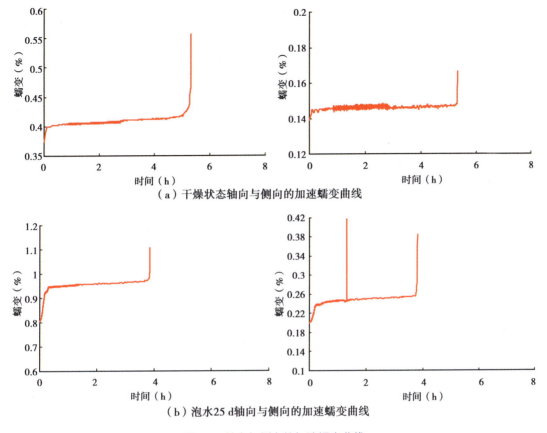

（a）干燥状态轴向与侧向的加速蠕变曲线

（b）泡水25 d轴向与侧向的加速蠕变曲线

图4.6　轴向与侧向的加速蠕变曲线

比较式（4.17）和式（4.18），可得到一个非线性黏性元件：

$$\eta(n,t) = \frac{\eta_0}{t^{n-1}} = \eta_0 \frac{t_0^{n-1}}{t^{n-1}} \tag{4.19}$$

式中：$t_0$——单位参考时间。

其本构方程可表示为：

$$\dot{\varepsilon} = \frac{\sigma}{\eta(n,t)} = \frac{\sigma}{\eta_0} \frac{t^{n-1}}{t_0^{n-1}} = \frac{\sigma}{\eta_0} t^{n-1} \tag{4.20}$$

将建立的非线性黏性元件与 Bingham 塑性体并联起来，构成一个能描述加速蠕变的非线性黏塑性模型，如图4.7 所示。

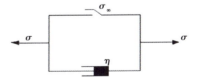

图4.7　非线性黏塑性体

非线性黏塑性体的蠕变方程可表示为：

$$\varepsilon(t) = \frac{H(\sigma - \sigma_\infty)}{\eta_{(n,t)}} t = \frac{H(\sigma - \sigma_\infty)}{\eta_0} \frac{t^n}{t_0^{n-1}} = \frac{H(\sigma - \sigma_\infty)}{\eta_0} t^n \tag{4.21}$$

式中：$t_0$——单位参考时间，设为 1；

　　$\sigma_\infty$——岩石的长期强度或者为岩石的屈服强度；

　　$H$——应力与强度相关的函数，其表达式如下：

$$H(\sigma - \sigma_\infty) = \begin{cases} 0 & \sigma \leqslant \sigma_\infty \\ \sigma - \sigma_\infty & \sigma > \sigma_\infty \end{cases} \tag{4.22}$$

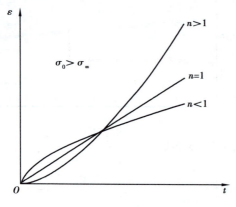

图 4.8 非线性黏塑性模型的蠕变曲线

图 4.8 为非线性黏塑性模型在恒定应力作用下的应变与时间的关系,随时间的增加,当 $n<1$ 时蠕变速率逐渐减小,当 $n>1$ 时蠕变速率逐渐增大,当 $n=1$ 时应变与时间呈线性关系。

2)非线性黏弹塑性蠕变模型

在 Burgers 模型串联上建立的非线性黏塑性体,就得到六元件非线性黏弹塑性蠕变模型,新模型能较好描述炭质板岩的衰减、稳定、加速蠕变阶段,如图 4.9 所示。

当 $\sigma \leqslant \sigma_\infty$ 时,非线性黏塑性体不起作用,模型退化为 Burgers 模型;当 $\sigma > \sigma_\infty$ 时,非线性

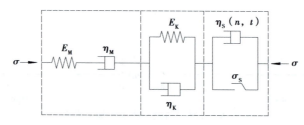

图 4.9 非线性蠕变模型

黏塑性体起作用,成为六元件非线性黏弹塑性模型。其微分型本构方程为:

$$\begin{cases} \sigma + \left(\dfrac{\eta_1}{E_1} + \dfrac{\eta_1 + \eta_2}{E_2}\right)\dot{\sigma} + \dfrac{\eta_1 \eta_2}{E_1 E_2}\ddot{\sigma} = \eta_1 \dot{\varepsilon} + \dfrac{\eta_1 \eta_2}{E_2}\ddot{\varepsilon} & (\sigma \leqslant \sigma_\infty) \\[3mm] \eta_1 \dot{\varepsilon} + \dfrac{\eta_1 \eta_2}{E_2}\ddot{\varepsilon} = \sigma + \left(\dfrac{\eta_1}{E_1} + \dfrac{\eta_1 + \eta_2}{E_2} + \dfrac{\eta_1}{\eta_3}t^n + \dfrac{2\eta_1 \eta_2 n t^{n-1}}{E_2 \eta_3}\right)\dot{\sigma} + \\[3mm] \left(\dfrac{\eta_1 \eta_2}{E_1 E_2} + \dfrac{\eta_1 \eta_2}{\eta_3 E_2}t^n\right)\ddot{\sigma} + \dfrac{(\sigma - \sigma_s)\,\eta_1 n t^{n-2}}{\eta_3}\left(t + \eta_2 \dfrac{n-1}{E_2}\right) & (\sigma > \sigma_\infty) \end{cases} \tag{4.23}$$

(1)一维蠕变方程

当 $\sigma \leqslant \sigma_\infty$ 时,模型退化为 Burgers 模型,当 $\sigma > \sigma_\infty$ 时,为六元件非线性黏弹塑性模型,其一维蠕变方程为:

$$\begin{cases} \varepsilon = \dfrac{\sigma_0}{E_1} + \dfrac{\sigma_0}{\eta_1}t + \dfrac{\sigma_0}{E_2}\left[1 - \exp\left(-\dfrac{E_2}{\eta_2}t\right)\right] & (\sigma \leqslant \sigma_\infty) \\[3mm] \varepsilon = \dfrac{\sigma_0}{E_1} + \dfrac{\sigma_0}{\eta_1}t + \dfrac{\sigma_0}{E_2}\left[1 - \exp\left(-\dfrac{E_2}{\eta_2}t\right)\right] + \dfrac{\sigma_0 - \sigma_\infty}{\eta_3}t^n & (\sigma > \sigma_\infty) \end{cases} \tag{4.24}$$

(2)三维蠕变方程

三维应力状态下,岩石内部的应力张量可分解为球应力张量 $\sigma_m$ 与偏应力张量 $S_{ij}$,其表达式分别如下所示:

$$\begin{cases} \sigma_{\mathrm{m}} = \dfrac{1}{3}(\sigma_1 + \sigma_2 + \sigma_3) = \dfrac{1}{3}\sigma_{kk} \\ S_{ij} = \sigma_{ij} - \delta_{ij}\sigma_{\mathrm{m}} = \sigma_{ij} - \dfrac{1}{3}\delta_{ij}\sigma_{kk} \end{cases} \tag{4.25}$$

可得:

$$\sigma_{ij} = S_{ij} + \delta_{ij}\sigma_{\mathrm{m}} \tag{4.26}$$

$\sigma_{ij}$ 为 Kronecker 函数,球应力张量 $\sigma_{\mathrm{m}}$ 只改变其体积,而不改变其形状;偏应力张量 $S_{ij}$ 只产生形状变化而不产生体积变化。因此,将应变张量同样分解成偏应变张量 $e_{ij}$ 和球应变张量 $\varepsilon_{\mathrm{m}}$:

$$\begin{cases} \varepsilon_{\mathrm{m}} = \dfrac{1}{3}(\varepsilon_1 + \varepsilon_2 + \varepsilon_3) = \dfrac{1}{3}\varepsilon_{kk} \\ e_{ij} = \varepsilon_{ij} - \delta_{ij}\varepsilon_{\mathrm{m}} = \varepsilon_{ij} - \dfrac{1}{3}\delta_{ij}\varepsilon_{kk} \end{cases} \tag{4.27}$$

于是有:

$$\varepsilon_{ij} = e_{ij} + \delta_{ij}\varepsilon_{\mathrm{m}} \tag{4.28}$$

在三维应力状态下,由虎克定律得:

$$\begin{cases} \sigma_{\mathrm{m}} = 3K\varepsilon_{\mathrm{m}} \\ e_{ij} = \dfrac{S_{ij}}{2G} \end{cases} \tag{4.29}$$

式中:$K$——体积模量,$K = \dfrac{E}{3(1-2\mu)}$ ;

　　　$G$——剪切模量,$G = \dfrac{E}{2(1+\mu)}$ 。

在满足材料各向同性的条件下,假设弹性应变由应力球张量引起,蠕变由应力偏张量引起,三维状态下的黏弹塑性蠕变模型的蠕变方程为:

$$\begin{cases} \varepsilon_{\mathrm{m}} = \dfrac{\sigma_{\mathrm{m}}}{3K} \\ e_{ij} = \dfrac{S_{ij}}{2G_1} + \dfrac{S_{ij}}{2\eta_1}t + \dfrac{S_{ij}}{2G_2}\left[1 - \exp\left(-\dfrac{G_2}{\eta_2}t\right)\right] & (S_{ij} \leqslant \sigma_\infty) \\ e_{ij} = \dfrac{S_{ij}}{2G_1} + \dfrac{S_{ij}}{2\eta_1}t + \dfrac{S_{ij}}{2G_2}\left[1 - \exp\left(-\dfrac{G_2}{\eta_2}t\right)\right] + \dfrac{S_{ij} - \sigma_\infty}{\eta_3}t^n & (S_{ij} > \sigma_\infty) \end{cases} \tag{4.30}$$

结合式(4.24)和式(4.31),得到等围压三轴压缩应力状态下,黏弹塑性蠕变模型轴向蠕变与侧向蠕变计算公式:

$$\begin{cases} \varepsilon_1(t) = \dfrac{\sigma_1 + 2\sigma_3}{9K} + \dfrac{\sigma_1 - \sigma_3}{3G_1} + \dfrac{\sigma_1 - \sigma_3}{3\eta_1}t + \\[2mm] \dfrac{\sigma_1 - \sigma_3}{3G_2}\left[1 - \exp\left(-\dfrac{G_2}{\eta_2}t\right)\right] \qquad\qquad (\sigma \leqslant \sigma_S) \\[4mm] \varepsilon_1(t) = \dfrac{\sigma_1 + 2\sigma_3}{9K} + \dfrac{\sigma_1 - \sigma_3}{3G_1} + \dfrac{\sigma_1 - \sigma_3}{3\eta_1} + \\[2mm] \dfrac{\sigma_1 - \sigma_3}{3G_2}\left[1 - \exp\left(-\dfrac{G_2}{\eta_2}t\right)\right] + \dfrac{\sigma_1 - \sigma_3 - \sigma_S}{3\eta_3}t^n \quad (\sigma > \sigma_S) \end{cases} \tag{4.31}$$

$$\begin{cases} \varepsilon_3(t) = \dfrac{\sigma_1 + 2\sigma_3}{9K} + \dfrac{\sigma_1 - \sigma_3}{6G_1} + \dfrac{\sigma_1 - \sigma_3}{6\eta_1}t + \\[2mm] \dfrac{\sigma_1 - \sigma_3}{6G_2}\left[1 - \exp\left(-\dfrac{G_2}{\eta_2}t\right)\right] \qquad\qquad (\sigma \leqslant \sigma_S) \\[4mm] \varepsilon_3(t) = \dfrac{\sigma_1 + 2\sigma_3}{9K} + \dfrac{\sigma_1 - \sigma_3}{6G_1} + \dfrac{\sigma_1 - \sigma_3}{6\eta_1} + \\[2mm] \dfrac{\sigma_1 - \sigma_3}{6G_2}\left[1 - \exp\left(-\dfrac{G_2}{\eta_2}t\right)\right] + \dfrac{\sigma_1 - \sigma_3 - \sigma_S}{6\eta_3}t^n \quad (\sigma > \sigma_S) \end{cases} \tag{4.32}$$

### 4.3.3　模型参数的确定

本次炭质板岩蠕变试验参数识别采用基于 1stOPT 程序的 Levenberg-Marquardt（L-M）算法的非线性最小二乘法进行。根据三轴蠕变试验得到的轴向应变 $\varepsilon_1$ 与侧向应变 $\varepsilon_3$，求出不同应力水平下的体积模量 $K$，在 1stOPT 程序中通过输入非线性黏弹塑蠕变本构方程，拟合确定出其他参数。不同泡水时间的炭质板岩蠕变参数反演结果见表 4.2—表 4.4，图 4.10 为泡水 25 d 轴向与侧向蠕变拟合曲线。

表 4.2　围压 10 MPa 炭质板岩蠕变参数

| 组别 | 荷载级别 | $K$ | $G_1$（GPa） | $\eta_1$（GPa·h） | $G_2$（GPa） | $\eta_2$（GPa·h） | $\eta_3$（GPa·h） | $n$ | $R^2$ |
|---|---|---|---|---|---|---|---|---|---|
| 轴向 | 50 | 36.150 4 | 48.353 | 25 517.1 | 120.594 | 3.692 | | | 0.982 |
| | 70 | 38.789 5 | 40.568 | 14 515.4 | 257.241 | 9.689 | | | 0.976 |
| | 90 | 37.628 5 | 40.282 | 7 259.296 | 277.699 | 14.094 | | | 0.994 |
| | 100 | 39.362 7 | 37.493 | 5 295.546 | 301.393 | 17.321 | | | 0.992 |
| | 110 | 41.592 1 | 35.730 | 7 356.848 | 333.002 | 20.277 | | | 0.988 |
| | 120 | 38.536 4 | 33.574 | 2 679.481 | 464.808 | 25.135 | | | 0.993 |
| | 130 | 42.398 0 | 31.989 | 6 275.847 | 434.001 | 29.604 | 12 583.19 | 25.659 | 0.923 2 |

| 组别 | 荷载级别 | $K$ | $G_1$ (GPa) | $\eta_1$ (GPa·h) | $G_2$ (GPa) | $\eta_2$ (GPa·h) | $\eta_3$ (GPa·h) | $n$ | $R^2$ |
|---|---|---|---|---|---|---|---|---|---|
| 侧向 | 50 | 36.150 4 | 71.489 | 9 275.067 | 773.248 | 22.849 | | | 0.979 |
| | 70 | 38.789 5 | 85.208 | 85 606.55 | 333.720 | 243.134 | | | 0.969 |
| | 90 | 37.628 5 | 81.279 | 9 275.101 | 1 300.469 | 112.179 | | | 0.954 |
| | 100 | 39.362 7 | 82.617 | 11 263.02 | 1 530.821 | 112.248 | | | 0.942 |
| | 110 | 41.592 1 | 84.976 | 11 964.6 | 1 459.013 | 114.519 | | | 0.953 |
| | 120 | 38.536 4 | 84.252 | 14 780.5 | 2 170.637 | 196.144 | | | 0.894 |
| | 130 | 42.398 0 | 86.321 | 1 870.622 | 2 203.82 | 102.122 | 8 563.761 | 16.742 | 0.906 4 |

**表 4.3  不同泡水时间的炭质板岩轴向蠕变参数**

| 组别 | 荷载级别 | $K$ | $G_1$ (GPa) | $\eta_1$ (GPa·h) | $G_2$ (GPa) | $\eta_2$ (GPa·h) | $\eta_3$ (GPa·h) | $n$ | $R^2$ |
|---|---|---|---|---|---|---|---|---|---|
| 泡水 5 d | 40 | 20.762 2 | 5.910 9 | 42 620.215 | 25.535 1 | 41.726 6 | | | 0.966 2 |
| | 60 | 20.552 8 | 11.252 8 | 27 108.587 | 38.108 2 | 6.507 5 | | | 0.941 7 |
| | 80 | 21.675 8 | 13.909 9 | 28 550.881 | 58.774 2 | 10.933 7 | | | 0.953 6 |
| | 100 | 21.587 3 | 15.187 6 | 15 777.109 | 84.408 3 | 13.337 6 | | | 0.984 9 |
| 泡水 15 d | 40 | 21.676 8 | 4.351 6 | 15 242.065 | 9.622 4 | 2.266 4 | | | 0.973 2 |
| | 60 | 19.864 0 | 9.156 3 | 13 802.850 | 37.298 5 | 7.700 4 | | | 0.886 8 |
| | 80 | 19.664 5 | 10.653 6 | 10 941.768 | 72.423 2 | 28.518 5 | | | 0.930 4 |
| | 100 | 19.118 1 | 11.346 3 | 9 552.370 2 | 143.455 3 | 61.874 7 | | | 0.964 7 |
| 泡水 25 d | 40 | 19.375 9 | 3.500 6 | 3 257.637 2 | 3.347 6 | 0.962 3 | | | 0.984 |
| | 60 | 15.268 7 | 6.765 8 | 6 016.605 8 | 42.990 2 | 14.669 0 | | | 0.900 8 |
| | 80 | 12.545 6 | 8.352 3 | 6 949.485 4 | 48.921 4 | 14.238 1 | | | 0.889 8 |
| | 100 | 12.231 7 | 11.346 3 | 1 401.828 5 | 28.082 6 | 2.449 02 | 5 893.476 1 | 15.63 | 0.913 4 |

表 4.4 不同泡水时间的炭质板岩侧向蠕变参数

| 组别 | 荷载级别 | $K$ | $G_1$ (GPa) | $\eta_1$ (GPa·h) | $G_2$ (GPa) | $\eta_2$ (GPa·h) | $\eta_3$ (GPa·h) | $n$ | $R^2$ |
|---|---|---|---|---|---|---|---|---|---|
| 泡水 5 d | 40 | 20.762 2 | 42.562 2 | 3 579.667 | 30.012 9 | 6.439 62 | | | 0.954 8 |
| | 60 | 20.552 8 | 55.101 2 | 56 422.9 | 127.487 8 | 13.920 8 | | | 0.830 7 |
| | 80 | 21.675 8 | 61.082 8 | 101 383.7 | 150.411 8 | 20.312 3 | | | 0.957 4 |
| | 100 | 21.587 3 | 59.278 7 | 139 227.4 | 205.081 4 | 27.708 3 | | | 0.957 4 |
| 泡水 15 d | 40 | 21.676 8 | 24.756 1 | 146 596.9 | 15.585 6 | 3.960 9 | | | 0.938 8 |
| | 60 | 19.864 0 | 36.906 6 | 28 619.21 | 138.641 9 | 11.982 5 | | | 0.967 0 |
| | 80 | 19.664 5 | 41.217 0 | 16 047.6 | 230.356 4 | 79.329 1 | | | 0.958 5 |
| | 100 | 19.118 1 | 41.969 5 | 21 904.69 | 314.266 2 | 108.317 9 | | | 0.959 2 |
| 泡水 25 d | 40 | 19.375 9 | 12.473 4 | 657 793.2 | 56.930 2 | 11.296 2 | | | 0.977 2 |
| | 60 | 15.268 7 | 26.203 48 | 15 920.91 | 173.158 7 | 18.122 3 | | | 0.979 4 |
| | 80 | 12.545 6 | 32.511 3 | 19 152.55 | 301.997 7 | 98.014 2 | | | 0.983 3 |
| | 100 | 12.231 7 | 44.424 9 | 1 698.516 | 103.249 7 | 11.574 6 | 4 957.694 2 | 19.74 | 0.896 2 |

由拟合结果可知,相同泡水时间下,轴向蠕变与侧向蠕变的瞬时剪切模量 $G_1$ 基本上是随着应力水平的提高而增大,轴向蠕变黏滞系数 $\eta_1$ 随着应力水平的提高而减小,侧向蠕变的黏滞系数无明显变化规律;相同泡水时间下,随着应力水平的提高,轴向蠕变与侧向蠕变的 $G_2$、$\eta_2$ 变化规律不明显。随泡水时间的增加,轴向蠕变与侧向蠕变的 $G_1$、$\eta_1$ 呈明显减小趋势,$G_2$、$\eta_2$ 呈先增大后减小趋势。

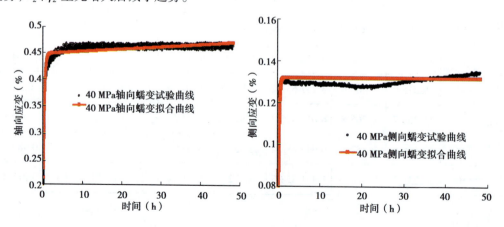

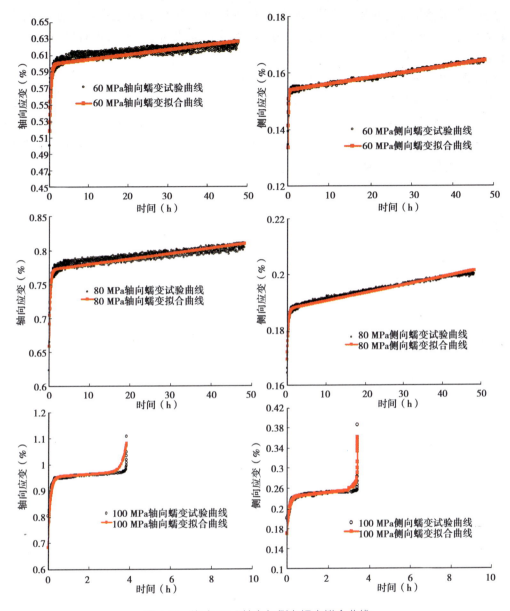

图 4.10　泡水 25 d 轴向与侧向蠕变拟合曲线

## 4.4　考虑含水损伤的非线性黏弹塑性模型

### 4.4.1　含水状态对蠕变参数的影响规律

本书前述的强度试验与蠕变试验已证实,炭质板岩随泡水时间的增加,其强度明显降低,蠕变变形显著增加。炭质板岩遇水强度损失可达 40% 以上,随着泡水时间的增加,岩石蠕变变形也显著增加,极限蠕变变形量约为天然状态的 4~6 倍。因此,水对炭质板岩的损伤在蠕变过程中必须予以考虑。

(1)瞬时变形模量 $G_1$ 随泡水时间的增加而减小

由试验可知,炭质板岩的瞬间弹性应变随含水率的增大而增大。针对不同泡水时间,取不同应力水平下的 $G_1$ 平均值进行分析,结果如图 4.11 所示。瞬时弹性模量 $G_1$ 随泡水时间增加而呈指数递减趋势,若采用含水率来表征不同泡水时间下的含水状态,瞬时弹性模量 $G_1$ 随含水率的增加也呈指数递减趋势,且拟合相关系数有一定提高。

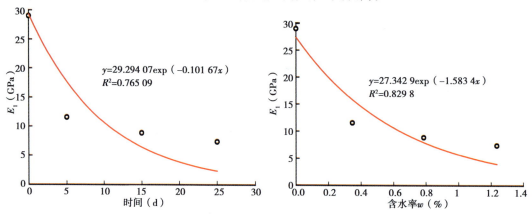

图 4.11 瞬间变形模量 $G_1$ 平均值与含水率 $w$ 的关系曲线

(2)蠕变黏滞系数 $\eta_1$ 随含水率增加而减小

水对岩石的力学性质有劣化作用,含水率越大或浸泡时间越长,岩石力学参数降低就越显著。图 4.12 为炭质板岩黏滞系数 $\eta_1$ 随泡水时间增加和黏滞系数 $\eta_1$ 随含水率增加的变化规律,由图可知,泡水时间越长,含水率越大,平均黏滞系数随泡水时间和含水率的增大呈指数递减趋势。

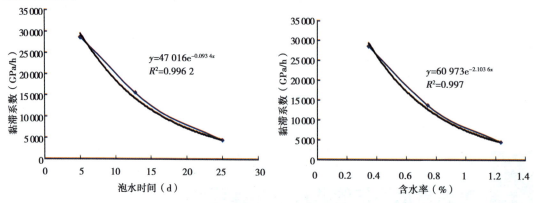

图 4.12 黏滞系数随泡水时间和含水率的变化规律

## 4.4.2 含水损伤变量的确定及演化方程

本书在研究水对炭质板岩蠕变过程中的损伤效应时,仅考虑含水率变化引起的炭质板岩的蠕变损伤,将其分为瞬间弹性损伤和长期蠕变损伤。

（1）瞬时弹性损伤 $D(w)$

$$D(w) = \frac{G_1(0) - G_1(w)}{G_1(0)} \tag{4.33}$$

式中：$G_1(0)$——干燥状态时的瞬间变形模量；

$G_1(w)$——任意含水状态下的瞬间变形模量。

饱和状态时 $G_1(w) \neq 0$，所以 $D(w) < 1$。同时假定：干燥状态损伤为 0，随着含水率的增加，损伤随含水率的变化具有连续性。对于泡水时间趋于无穷时的炭质板岩，由于其强度仍然存在，则 $D(w)$ 是小于 1 的某一极限值。

将不同含水率的 $G_1(w)$ 取平均后，代入式（4.33）计算得到表 4.5。采用最小二乘法拟合可得瞬间变形模量的损伤演化方程：

$$D(w) = 0.729\,6[1 - \exp(-3.851\,5w)] \tag{4.34}$$

由式（4.34）对含水率 $w$ 求偏导可得弹性损伤率计算公式：

$$\dot{D}(w) = 2.81\exp(-3.851\,5w) \tag{4.35}$$

表 4.5　不同含水率对应的瞬间弹性损伤

| 泡水时间 | 0 | 5 d | 15 d | 25 d |
|---|---|---|---|---|
| 含水率 $w$ | 0 | 0.35% | 0.79% | 1.24% |
| 损伤 $D(w)$ | 0 | 0.601 0 | 0.693 8 | 0.744 4 |
| 损伤率 $\dot{D}(w)$ | 2.81 | 0.738 4 | 0.136 1 | 0.024 2 |

不同泡水时间下试件含水率 $w$ 对应 $D(w)$ 之间的关系拟合曲线如图 4.13 所示。可见，损伤变量随含水率增加而增大，当含水率为 1.24%（泡水 25 d）时，$D(w)$ 达到 0.744 4；损伤率 $\dot{D}(w)$ 与含水率 $w$ 的关系曲线如图 4.14 所示，可知随着泡水时间而对应的含水率 $w$ 的变化，损伤率呈快速衰减趋势，泡水初期损伤率变化较快，当泡水时间达到 25 d 时损伤率衰减至 0.024 2。

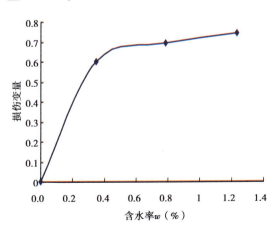
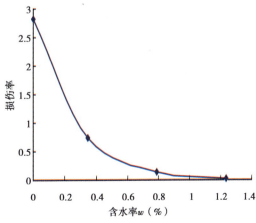

图 4.13　$D(w)$ 与 $w$ 的关系拟合曲线　　　　图 4.14　$\dot{D}(w)$ 与 $w$ 的关系曲线

（2）长期蠕变损伤

本书参照（褚卫江等，2005—2010）定义的蠕变模量 $\tilde{G}$，对同一荷载水平的不同时刻蠕变应变量求和平均，绘制不同含水状态应力-平均应变曲线，曲线上直线段的斜率即为 $\tilde{G}$。此处用一次线性函数来分别拟合 4 种含水状态下对应的 $\sigma_i$-$\bar{\varepsilon}_i$ 关系，结果如图 4.15 所示。

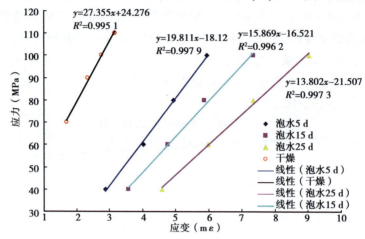

图 4.15　不同含水状态下的等时应力-平均应变关系拟合曲线

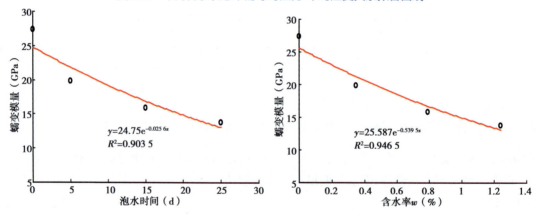

图 4.16　蠕变模量 $\tilde{G}$ 与含水率 $w$ 的关系拟合曲线

图 4.16 为蠕变模量 $\tilde{G}$ 与含水率 $w$ 的关系拟合曲线，蠕变模量 $\tilde{G}$ 随含水率的增大呈减小的趋势，说明考虑含水损伤时，$\tilde{G}$ 可作为含水损伤参量。定义长期蠕变损伤变量为：

$$D'(w) = \frac{\tilde{G}_0 - \tilde{G}(w)}{\tilde{G}_0} \tag{4.36}$$

由式（4.36）计算不同含水状态下的蠕变模量对应的损伤见表 4.6，利用式（4.11）作最小二乘拟合可得损伤演化方程：

$$D'(w) = 0.534\,6[1 - \exp(-1.841\,2w)] \tag{4.37}$$

对应的损伤率计算公式：

$$\dot{D}'(w) = 0.984\,2\exp(-1.841\,2w) \tag{4.38}$$

蠕变损伤 $D'(w)$、损伤率 $\dot{D}'(w)$ 与含水率 $w$ 的关系拟合曲线分别如图 4.17、图 4.18 所示，可见随着含水率的增大，长期蠕变损伤增大，且长期蠕变损伤的衰减速率要小于瞬时损伤。

表 4.6　不同含水率对应的长期蠕变损伤

| 泡水时间 | 0 | 5 d | 15 d | 25 d |
|---|---|---|---|---|
| 含水率 $w$ | 0 | 0.35% | 0.79% | 1.24% |
| 损伤 $D'(w)$ | 0 | 0.253 9 | 0.409 8 | 0.480 1 |
| 损伤率 $\dot{D}'(w)$ | 0.984 2 | 0.516 7 | 0.229 8 | 0.100 4 |

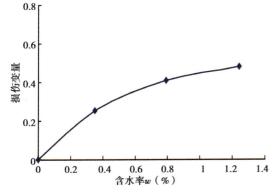

图 4.17　$D'(w)$ 与 $w$ 的关系拟合曲线

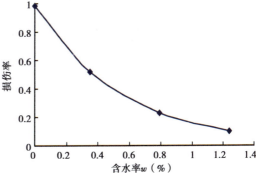

图 4.18　$\dot{D}'(w)$ 与 $w$ 的关系拟合曲线

### 4.4.3　含水损伤非线性黏弹塑性模型

因此，考虑含水损伤的非线性黏弹塑性蠕变模型的三维蠕变方程为：

$$
\begin{cases}
\varepsilon_{ij} = \dfrac{\sigma_{\mathrm{m}}}{3K^*} + \dfrac{S_{ij}}{2G_1[1-D(w)]} + \dfrac{S_{ij}}{2\eta_1[1-D'(w)]}t + \\[3mm]
\dfrac{S_{ij}}{2G_2[1-D'(w)]}\left[1 - \exp\left(-\dfrac{G_2}{\eta_2}t\right)\right] \qquad (S_{ij} \leqslant \sigma_s^*) \\[4mm]
\varepsilon_{ij} = \dfrac{\sigma_{\mathrm{m}}}{3K^*} + \dfrac{S_{ij}}{2G_1[1-D(w)]} + \dfrac{S_{ij}}{2\eta_1[1-D'(w)]}t + \\[3mm]
\dfrac{S_{ij}}{2G_2[1-D'(w)]}\left[1 - \exp\left(-\dfrac{G_2}{\eta_2}t\right)\right] + \dfrac{S_{ij} - \sigma_s^*}{\eta_3}t^n \qquad (S_{ij} > \sigma_s^*)
\end{cases}
\tag{4.39}
$$

式中：$G_1^* = G_1[1-D(w)]$；

$G_2^* = G_2[1-D'(w)]$；

$\eta_1^* = \eta_1[1-D'(w)]$；

$\eta_2^* = \eta_2[1-D'(w)]$；

$K^* = K(w)$，$\sigma_S^* = \sigma_S(w)$ 为不同含水状态下的体积模量与屈服应力，可根据试验确定。

对于含水损伤效应,存在含水率随时间恒定和含水率随时间变化两种情况,当含水率恒定或变化缓慢以及变化不大时,可以采用恒定含水率时的本构方程。若含水率是随时间变化的,通常假定含水率随时间的变化符合线性规律的简化处理。

## 4.5  非线性黏弹塑性模型二次开发与验证

### 4.5.1  模型有限差分形式

参考 FLAC[3D] 手册中 Burgers 蠕变模型阐述,对考虑含水损伤的非线性黏弹塑性蠕变模型进行有限差分形式的转化。数值实现中,需要将应力张量分解为球应力张量 $\sigma_m$ 和偏应力张量 $S_{ij}$:

$$\sigma_{ij} = \sigma_m \delta_{ij} + S_{ij} \tag{4.40}$$

式中:$\delta_{ij}$——Kronecker 符号。

对于 Hoek 体,偏应力 $S_{ij}^e$ 和偏应变 $e_{ij}^e$ 存在以下关系:

$$S_{ij}^e = 2 \widetilde{G}^M e_{ij}^e \tag{4.41}$$

式中:$\widetilde{G}^M$——Hoek 体剪切模量。

对于 Maxwell 体,偏应力 $S_{ij}$ 与偏蠕变速率 $\dot{e}_{ij}^M$ 关系如下:

$$\dot{e}_{ij}^M = \frac{S_{ij}}{2 \widetilde{G}^M} + \frac{S_{ij}}{2 \widetilde{\eta}^M} \tag{4.42}$$

式中:$\widetilde{G}^M$——Hoek 体剪切模量;

$\widetilde{\eta}^M$——黏性元件的黏滞系数。

对于 Kelvin 体,偏应变 $e_{ij}^k$ 和偏应力 $S_{ij}^k$ 的关系如下:

$$S_{ij} = 2 \widetilde{\eta}^k \dot{e}_{ij}^k + 2 \widetilde{G}^k e_{ij}^k \tag{4.43}$$

式中:$\widetilde{\eta}^k$——Kelvin 体黏性系数;

$\widetilde{G}^k$——Kelvin 体的剪切模量。

由于编程需要,可将式(4.41)写成增量形式,可得:

$$\bar{S}_{ij} \Delta t = 2 \widetilde{\eta}^k \Delta e_{ij}^k + 2 \widetilde{G}^k \bar{e}_{ij}^k \Delta t \tag{4.44}$$

式中:$\Delta e_{ij}^k = e_{ij}^{k,N} - e_{ij}^{k,O}$,$\bar{S}_{ij} = \dfrac{S_{ij}^N + S_{ij}^O}{2}$,$\bar{e}_{ij}^k = \dfrac{e_{ij}^{k,N} + e_{ij}^{k,O}}{2}$。其中,$\bar{S}_{ij}$、$\bar{e}_{ij}^k$ 为 Kelvin 体平均偏应力和平均偏应变;$S_{ij}^N$、$S_{ij}^O$ 为第 $i$ 步、第 $i-1$ 步的偏应力张量;$e_{ij}^{k,N}$、$e_{ij}^{k,O}$ 为第 $i$ 步、第 $i-1$ 步 Kelvin 体偏应变张量。

式(4.44)整理后,可得 Kelvin 体第 $i$ 步偏应变更新公式:

$$e_{ij}^{k,N} = \frac{1}{A}\left[ (S_{ij}^N + S_{ij}^O)\frac{\Delta t}{4\tilde{\eta}^k} - Be_{ij}^{k,O} \right] \tag{4.45}$$

式中:$A = 1 + \dfrac{\tilde{G}^k \Delta t}{2\tilde{\eta}^k}$,$B = \dfrac{\tilde{G}^k \Delta t}{2\tilde{\eta}^k} - 1$。

对于 Bingham 体有:

$$\dot{e}_{ij}^B = \frac{\{\phi(F)\}}{2\eta_{(n,t)}^B}\frac{\partial g}{\partial \sigma_{ij}} - \frac{1}{3}\dot{e}_{\text{vol}}^B \tag{4.46}$$

式中:$\phi(F)$——开关函数,$\phi(F) = \begin{cases} 0(F \leq 0) \\ F(F > 0) \end{cases}$,其中 $F$ 是屈服函数;

　　$g$——塑性势函数;

　　$\dot{e}_{\text{vol}}^B$——Bingham 体应变速率偏量;

　　$\eta_{(n,t)} = \eta_0/t^n$。

由于各元件相互串联,因此应力相等,应变相加,可得:

$$S_{ij} = S_{ij}^M = S_{ij}^k = S_{ij}^B \tag{4.47}$$

$$\Delta e_{ij} = \Delta e_{ij}^M + \Delta e_{ij}^k + \Delta e_{ij}^B \tag{4.48}$$

式中:$\Delta e_{ij}$——总偏应变增量;

　　$\Delta e_{ij}^M$——Maxwell 体偏应变增量;

　　$\Delta e_{ij}^k$——Kelvin 体偏应变增量;

　　$\Delta e_{ij}^B$——Bingham 体偏应变增量。

联立后可得第 $i$ 步应力更新公式:

$$S_{ij}^N = \frac{1}{a}\left[ \Delta e_{ij} - \Delta e_{ij}^B + \left(\frac{B}{A} + 1\right)e_{ij}^{k,O} + bS_{ij}^O \right] \tag{4.49}$$

式中:$a = \dfrac{1}{2\tilde{G}^M} + \dfrac{\Delta t}{4\tilde{\eta}^M} + \dfrac{\Delta t}{4A\tilde{\eta}^k}$,$b = \dfrac{1}{2\tilde{G}^M} - \dfrac{\Delta t}{4\tilde{\eta}^M} - \dfrac{\Delta t}{4A\tilde{\eta}^k}$。

球应力张量可用差分写成增量形式:

$$\sigma_{\text{m}}^N = \sigma_{\text{m}}^O + K_{\text{vol}}^e \Delta e_{\text{vol}}^e + K_{\text{vol}}^k \Delta e_{\text{vol}}^k \tag{4.50}$$

式中:$\sigma_{\text{m}}^N$——第 $i$ 步球应力张量;

　　$\sigma_{\text{m}}^O$——第 $i-1$ 步球应力张量;

　　$K_{\text{vol}}^e$——Hoek 体体积模量;

　　$K_{\text{vol}}^k$——Kelvin 体体积模量。

由于本模型可能产生塑性应变,因此 Kelvin 体球应变张量增量可用如下公式计算:

$$\varepsilon_{\text{m}}^{K,N} = \frac{1}{C}\left[ D\varepsilon_{\text{m}}^{K,O} + \frac{\Delta t}{6\tilde{K}^k}(\sigma_{\text{m}}^N + \sigma_{\text{m}}^O) \right] \tag{4.51}$$

式中:$C = 1 + \dfrac{\tilde{K}^k \Delta t}{2\tilde{\eta}^k}$,$D = 1 - \dfrac{\tilde{K}^k \Delta t}{2\tilde{\eta}^k}$。

综上,本蠕变模型的应力-应变关系可用式(4.13)和式(4.14)进行表征,以上差分形式可以和FLAC³ᴰ软件的指针相对应。

屈服函数实现的关键是如何让程序自动读取识别加载的应力水平,为此,本书引入应力强度概念:

$$q = \sigma_i = \frac{1}{\sqrt{2}} [(\sigma_1 - \sigma_2)^2 + (\sigma_2 - \sigma_3)^2 + (\sigma_3 - \sigma_1)^2]^{\frac{1}{2}} \tag{4.52}$$

由经典弹塑性力学知识可得:

$$q = \sqrt{\frac{3}{2} S_{ij} S_{ij}} \tag{4.53}$$

$$S_{ij} = \sigma_{ij} - \sigma_m \delta_{ij} \tag{4.54}$$

$$\sigma_m = \frac{1}{3} (\sigma_{11} + \sigma_{22} + \sigma_{33}) \tag{4.55}$$

式中: $\sigma_m$ ——应力球张量;

$\sigma_{ij}$ ——应力张量;

$S_{ij}$ ——应力偏张量。

通过相应指针读取应力张量的各个分量,根据公式(4.53)—式(4.55)则可求出应力强度 $q$。根据应力强度的定义,单轴试验时 $q = \sigma_1$;等围压三轴试验时 $q = \sigma_1 - \sigma_3$;实现读取应力强度后,通过相关屈服函数即可实现软件自动判别屈服状态。

由于 FLAC³ᴰ 软件中不能使用递归函数,因此,本书蠕变参数含水率的折减修正可通过设置中间变量参与计算实现。相应的 Bingham 元件黏性参数的折减,本书通过对 FLAC³ᴰ 软件内置的 ps->Creep 指针(表征蠕变时间增量 $\Delta t$)累加实现。

### 4.5.2　程序编写

FLAC³ᴰ本构模型的二次开发工作主要包括修改头文件(.h 文件)和程序文件(.cpp 文件)、程序调试和生成动态链接库文件(.DLL)四部分。主要内容如下:

①在 usermodel.h 头文件中声明新的本构模型派生类,修改派生类的私有变量和成员函数,修改模型的 ID(>100)名和版本;

②修改模型结构:在 usermodel.cpp 中通过修改 UserModel::Usermodel(bool bRegister):Constitutive model 函数;

③模型参数赋值:修改 Const char **UserModel::Properties(　)函数实现;

④单元状态指示:修改 Const char **UserModel::States(　)函数实现;

⑤初始化参数及状态指示器,并对派生类声明中的私有变量进行赋值:修改 Const char **UserModel::Initialize(　)函数实现;

⑥通过修改 Const char **UserModel::Run(　)函数来实现应变增量计算得新的应力增量,从而获得新的应力,主要工作是定义一个屈服函数 F 来判断模型是否进入屈服状态,定义一个含水量参数 dWater 对蠕变参数进行含水修正,同时定义一个时间全局变量,然后对每一个时间步进行累加得到真实时间以进行黏性系数的折减;

⑦存储计算结果：修改 Const char ＊＊UserModel∷SaveRestore( )函数实现。

### 4.5.3 模型验证

建立炭质板岩三轴压缩蠕变试验进行数值模拟验证，试件尺寸 $h=10$ cm，$D=5$ cm。分别在底部与环向对模型施加约束，顶部施加荷载大小与方式与三轴蠕变试验相同，模型的参数设置采用蠕变试验得到的参数。计算网格如图 4.19 所示。

图 4.20 为不同含水状态下，由岩石三轴压缩蠕变模拟试验得到的试件顶点蠕变曲线与竖直方向的位移云图。

如图 4.20(a)所示，三轴压缩蠕变数值试验中的自然含水状态试样在围压 25 MPa 下，轴向加载 40 MPa、

图 4.19 三轴蠕变数值模型

60 MPa、80 MPa、100 MPa 时对应的竖向位移分别约为 0.27 mm、0.36 mm、0.45 mm、0.56 mm。

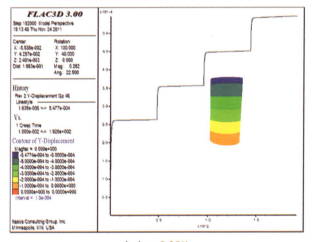

（a）$w=0.35\%$

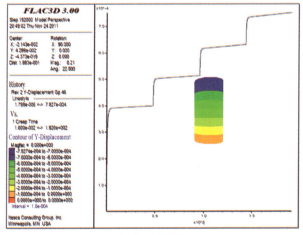

（b）$w=0.79\%$

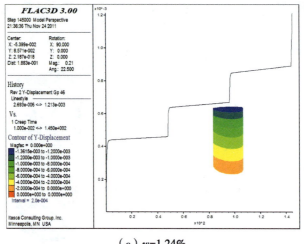

（c）$w=1.24\%$

图 4.20　不同含水量分级加载的蠕变 $Y$ 方向位移-蠕变时间曲线图

　　如图 4.20（b）所示，三轴压缩蠕变数值试验中在含水率 $w=0.786\%$ 时，试样在围压 25 MPa 下，轴向加载 40 MPa、60 MPa、80 MPa、100 MPa 时对应的竖向位移分别约为 0.38 mm、0.51 mm、0.62 mm、0.73 mm。

　　如图 4.20（c）所示，三轴压缩蠕变数值试验中在含水率 $w=1.24\%$ 时，试样在围压 25 MPa 下，轴向加载 40 MPa、60 MPa、80 MPa 时对应的竖向位移分别约为 0.43 mm、0.61 mm、0.82 mm。100 MPa 下加速蠕变破坏前竖向位移为 0.96 mm。

　　将三轴压缩蠕变数值试验结果与室内三轴压缩蠕变试验结果对比可知，数值试验不管是蠕变变形值还是各级荷载下的蠕变变化规律都与室内试验的结果基本一致，而且随着含水率增加，损伤增大，轴向位移也逐渐增大，表明开发的本构模型是正确可靠的。

## 4.6　薄层炭质板岩蠕变参数反演分析

### 4.6.1　黏弹性位移反演理论

　　薄层炭质板岩围岩变形具有显著的流变时效特性，但由于无法取样来进行室内蠕变试验，如何合理确定薄层岩体的流变参数，是正确认识薄层炭质板岩岩体的力学属性并确保数值计算结果可靠性的关键。目前，普遍采用位移反分析来反演岩土体力学参数。

　　有文献指出，Burgers 模型可用来描述有瞬时弹性变形、过渡蠕变、等速蠕变及卸载后有残余变形的岩体，特别适用于长期抗压强度特别低的岩体，尤其是软岩，如板岩、页岩等。Burgers 模型二维黏弹性问题反演计算的应力-应变关系表达式为：

$$\sigma_0 = \frac{1}{E_t} \varepsilon(t) \tag{4.56}$$

式中：$E_t$——"等效弹性模量"，是一个包含众多因素影响的"综合参数"，

$$E_t = \frac{1}{\left\{ \frac{1}{E_M} + \frac{1}{\eta_M} t + \frac{1}{E_K} \left[ 1 - \exp\left( -\frac{E_K}{\eta_K} t \right) \right] \right\}}。$$

Burgers 模型有 4 个参数，因此，反演计算所需的最少次数应为 4 次，分别求得 $(E_t)_i (i = 1 \sim 4)$，组建用于反演确定围岩流变性态参数的方程组为：

$$\frac{1}{E_M} + \frac{1}{\eta_M} t_i + \frac{1}{E_K} \left[ 1 - \exp\left( -\frac{E_K}{\eta_K} t_i \right) \right] = \frac{1}{(E_t)_i} \tag{4.57}$$

式(4.57)有唯一解，但由于方程表达式的非线性，只能通过逐次线性化，通过逐次迭代逼近，最终求得满足精度的数值解答，即为围岩流变参数值。

### 4.6.2 流变参数的确定

根据薄层炭质板岩现场岩体力学试验与围岩变形监测信息，采用 Burgers 模型对薄层炭质板岩蠕变参数进行反演分析。具体反演过程如下：

①以待反演的 Burgers 蠕变力学参数：

$U = \{X_1, X_2, X_3, X_4\} = \{E_M, E_K, \eta_M, \eta_K\}$ 为变量，根据三轴蠕变试验结果确定数值反演的蠕变参数初值，利用 FLAC$^{3D}$ 建立隧道平面应变数值计算模型；

②通过数值计算得到隧道围岩蠕变变形值；

③建立目标函数 $F(X) = \sum\limits_{i=1}^{N} \left[ \delta_i(U, t_i) - \delta_i \right]^2$。其中：$N$ 为现场监测位移数，$\delta_i(U, t_i)$ 为 $t$ 时刻围岩计算变形值，$\delta_i$ 为围岩现场监测变形值；

④判断目标函数是否满足规定的精度要求，若不满足，则重复上述的计算过程，直至目标函数满足要求为止。

以 K285+168 断面(埋深 435.11 m)围岩监测数据为目标值，监测曲线见图 2.2，按上述过程，通过数值反演得到薄层炭质板岩蠕变变形参数，见表 4.7。

表 4.7　薄层岩体蠕变参数反演结果

| 参数　　　　岩体 | $E_M(\text{GPa})$ | $\eta_M(\text{GPa} \cdot \text{h})$ | $E_K(\text{GPa})$ | $\eta_K(\text{GPa} \cdot \text{h})$ |
|---|---|---|---|---|
| 薄层 | 0.401 7 | 853.601 | 1.174 2 | 1.062 8 |

# 4.7 地下水影响下的围岩稳定性分析

地下水影响下,炭质板岩的蠕变特性显著增加,对深埋隧道的围岩时效稳定性产生不利影响。现场隧道围岩变形监测资料显示,当围岩潮湿、裂隙水发育,尤其是开挖面及边墙有股状渗水时围岩变形明显增加。因此,对板岩这类遇水软化效应明显的围岩,必须考虑地下水对洞室围岩时效稳定性的影响。本书采用上节建立的考虑围岩含水损伤影响非线性黏弹塑性模型,对中厚层炭质板岩段隧道进行开挖模拟计算,分析水对炭质板岩隧道围岩稳定性影响,研究含水损伤蠕变隧道周边围岩的应力和位移变化影响规律。

## 4.7.1 计算模型与参数

(1)数值计算模型

选取隧道出口中厚层炭质板岩段建立三维数值模型,视初期支护和二次衬砌为弹性体,围岩体考虑其蠕变特性,采用本书建立的考虑围岩含水损伤影响非线性黏弹塑性模型进行计算。隧道开挖过程模拟实际施工中采用的预留核心土三台阶开挖法,中下台阶左右拉槽错开开挖。

模拟预留核心土三台阶七步开挖法的具体过程为:①预留核心土,上台阶弧形导坑开挖进尺 5 m,每循环进尺 1 m;②上、中台阶平行作业,进行锚杆以及初期支护施作,循环施工直到中台阶长度达到 10 m;③下台阶开始开挖,上、中、下台阶平行作业,直至下台阶长度达到 15 m;④保持上、中、下台阶平行作业,开挖并施作 3 m 仰拱。⑤距掌子面 50 m 施作二衬,每板二衬 12 m 长。计算过程中通过布设测点来监测位移及应力场随时间发展的变化规律。

模型计算区域取 3 倍隧道洞跨,左、右边界距隧道外缘 50 m,底部边界距隧道外缘45 m,纵深方向取 85 m。模型采用位移边界条件,其中顶部无约束,左、右施加水平约束,底面约束所有自由度,前后两个面施加 $Y$ 方向上的约束。隧道埋深采用均布荷载来代替。模型中锚杆采用 cable 单元模拟,初期支护采用 shell 单元,围岩与二衬采用实体单元模拟。

(2)岩体力学参数与支护参数

中厚层状炭质板岩的岩体力学参数与蠕变参数,以岩石室内力学试验和室内蠕变试验得到的参数为依据,参考文献[15]方法进行折减。模型计算参数如表 4.8 所示。

表 4.8　岩体的力学参数与蠕变计算参数

| 含水状态 | $E(GPa)$ | $c(MPa)$ | $\varphi(°)$ | $\mu$ | $\widetilde{G}_0(GPa)$ | $\widetilde{\eta}_K(GPa \cdot h)$ | $\widetilde{G}_M(GPa)$ | $\widetilde{\eta}_M(GPa \cdot h)$ |
|---|---|---|---|---|---|---|---|---|
| 自然状态 | 7.862 5 | 5.83 | 36.6 | 0.3 | 12.221 7 | 4.799 8 | 2.943 3 | 4 851.682 |
| 饱和含水 | 4.352 1 | 3.16 | 29.3 | 0.32 | 7.367 4 | 2.589 3 | 1.853 6 | 2 472.436 |

初期支护、二次衬砌为线弹性体，初期支护中钢拱架的作用，采用等效模量法体现，其计算方法如下：

$$E = E_0 + \frac{A_g E_g}{A_c} \tag{4.58}$$

式中：$E$——折算后的混凝土的弹性模量；

$E_0$——喷射混凝土弹性模量；

$E_g$——钢材弹性模量；

$A_g$——钢拱架截面积；

$A_c$——混凝土截面积。

支护材料力学参数如表 4.9 所示。

表 4.9　支护材料力学参数

| 材料名称 | 弹性模量 $E(GPa)$ | 泊松比 $\mu$ | 容重 $\rho(kN/m^3)$ | 厚度（直径）（mm） | $K_{bond}$（MPa） | $S_{bond}$（N/m） |
|---|---|---|---|---|---|---|
| 钢拱架喷混凝土 | 31 | 0.25 | 24 | 300 | — | — |
| 锚杆 | 210 | | 75 | 22 | $5.66×10^3$ | $2.62×10^5$ |
| 二次衬砌 | 32 | 0.2 | 25 | 600 | | |

## 4.7.2　不同含水状态的围岩稳定性分析

（1）位移场分布

图 4.21 是自然状态与饱和含水状态上台阶环形导坑开挖、中台阶开挖、下台阶开挖的水平与竖向位移云图。可见，上台阶开挖后围岩变形总体不大，洞周围岩位移矢量方向指向隧道临空方向。左右侧为水平收敛，拱部竖直向下，底部竖直向上，上台阶核心土由于开挖卸荷、挤压作用而位移指向临空面。

自然状态和饱和含水状态下，含水率越高，洞周围岩变形量越大。自然状态下，上台阶开挖 4 m，水平位移最大为 0.99 cm；饱和含水状态下，水平最大位移为 1.19 cm，均出现在拱脚处，竖向位移拱顶最大，分别为 1.14 cm、1.74 cm。中台阶开挖，在两种不同含水状态下，拱顶竖向位移最大值分别为 2.89 cm、4.79 cm，水平位移中台阶拱脚最大，分别为 4.98 cm 和 7.44 cm。下台阶开挖后，初期支护封闭前，拱顶竖向位移最大分别为 5.96 cm、10.24 cm，水平位移下台阶拱脚最大，分别为 11.05 cm 和 18.61 cm。

图 4.22 为上台阶开挖后 10 d 位移云图。可见，上台阶开挖后 10 d 自然状态下，拱脚位移增大到 2.94 cm，饱和状态增加到 5.83 cm，拱顶位移分别为 1.47 cm 和 3.45 cm。图 4.23 中台阶开挖后 10 d，自然状态最大水平位移和竖向位移分别为 7.79 cm 和 4.67 cm，饱和状态最大水平位移和竖向位移分别为 14.12 cm 和 8.85 cm。图 4.24 下台阶开挖后 10 d，自然状态最大水平位移和竖向位移分别为 13.46 cm 和 6.81 cm，饱和状态最大水平位移和竖向位移分别为 24.18 cm 和 12.88 cm。通过以上比较分析可知，相同时间下，含水量越高，围岩变形速率越快，变形量也越大。

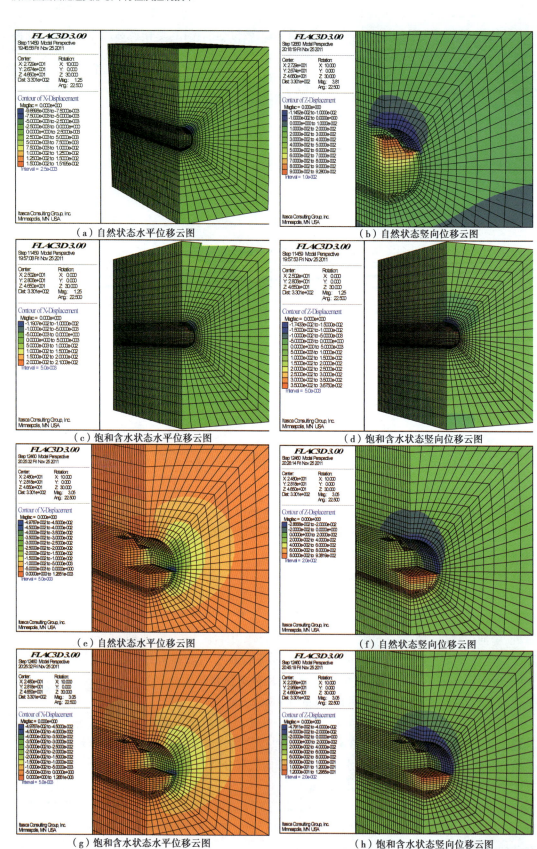

（a）自然状态水平位移云图　　　　（b）自然状态竖向位移云图

（c）饱和含水状态水平位移云图　　　（d）饱和含水状态竖向位移云图

（e）自然状态水平位移云图　　　　（f）自然状态竖向位移云图

（g）饱和含水状态水平位移云图　　　（h）饱和含水状态竖向位移云图

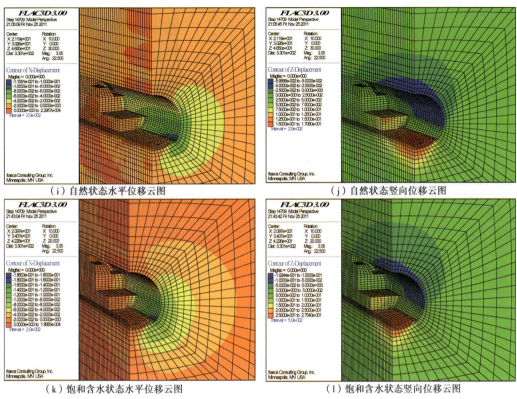

（i）自然状态水平位移云图 　　　　　　　　（j）自然状态竖向位移云图

（k）饱和含水状态水平位移云图 　　　　　　（l）饱和含水状态竖向位移云图

图 4.21　不同含水状态分步开挖位移云图

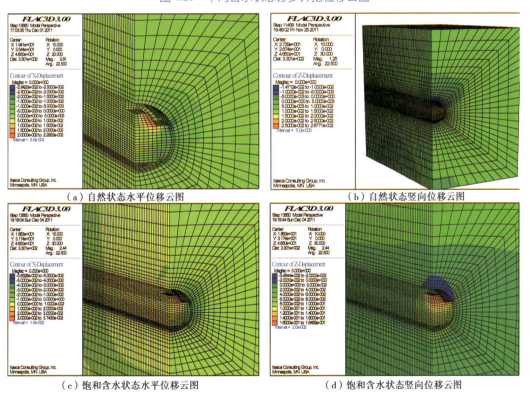

（a）自然状态水平位移云图 　　　　　　　　（b）自然状态竖向位移云图

（c）饱和含水状态水平位移云图 　　　　　　（d）饱和含水状态竖向位移云图

图 4.22　上台阶开挖后 10 d 位移云图

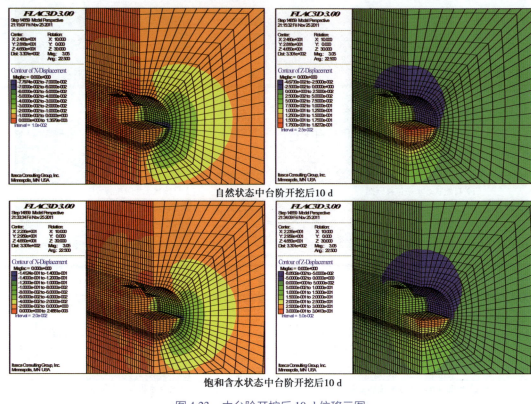

自然状态中台阶开挖后 10 d

饱和含水状态中台阶开挖后 10 d

图 4.23　中台阶开挖后 10 d 位移云图

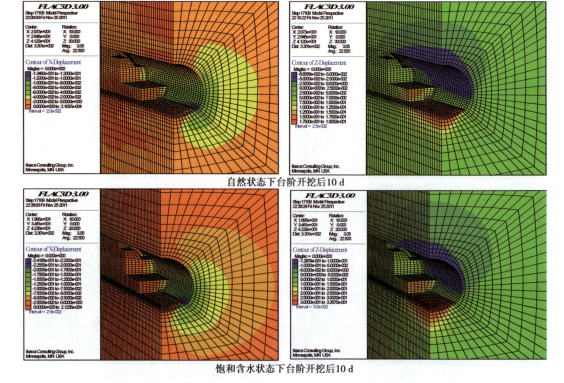

自然状态下台阶开挖后 10 d

饱和含水状态下台阶开挖后 10 d

图 4.24　下台阶开挖后 10 d 位移云图

图 4.25 是开挖支护 1 个循环后,掌子面暂停掘进,蠕变计算 10 d、30 d 后的位移云图。

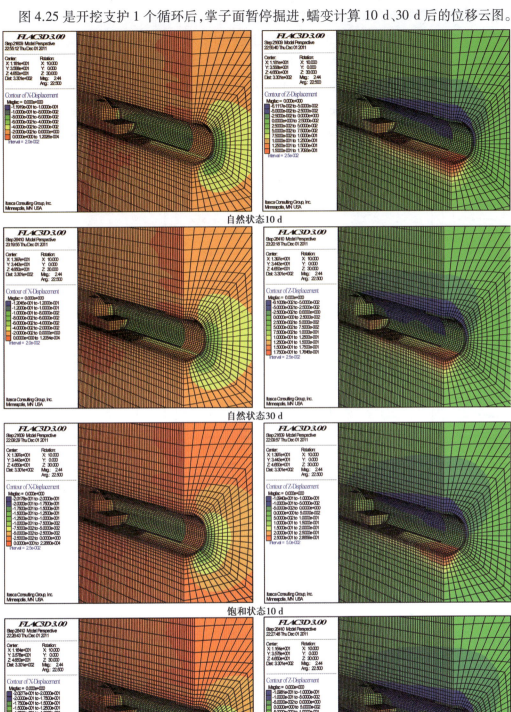

自然状态10 d

自然状态30 d

饱和状态10 d

饱和状态30 d

图 4.25　开挖支护一循环后 10 d、30 d 的位移云图

　　研究不同工程状态下位移随时间的变化,分别选取 $Y=5$ m、$Y=23$ m、$Y=37$ m 断面。其中,$Y=5$ m 断面已浇筑二衬,$Y=23$ m 断面初期支护封闭未施作二衬,$Y=37$ m 断面上中下台阶已开挖,初期支护未封闭。

　　由图 4.26 和图 4.27 可知,$Y=5$ m 的断面在二衬施作前,饱和状态下各监测点位移均明显大于自然状态。二衬施作后,两种含水状态下的围岩变形都得到有效控制,位移基本不变。相同含水状态,施作二衬后,随流变时间的增加围岩变形基本不变。这说明,适时施作二衬可有效控制围岩变形。

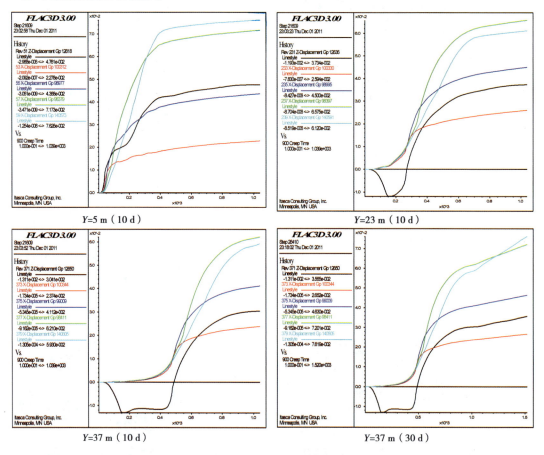

Y=5 m（10 d）　　　　　　Y=23 m（10 d）

Y=37 m（10 d）　　　　　　Y=37 m（30 d）

图 4.26　自然状态不同时间的围岩变形监测曲线

　　$Y=23$ m 的断面处于初期支护二衬未施作的工程状态下,对比两种含水状态在初支封闭前,变形以较高的速率持续发展,且饱和状态的变形速率与变形量要明显大于自然状态。初期支护封闭后,分别计算 10 d、30 d 时,自然状态和饱和状态的围岩变形趋于稳定。

　　$Y=37$ m 的断面处于下台阶开挖后,初期支护未封闭的工程状态下,计算 10 d,围岩变形随时间的增加逐渐增大,饱和状态下变形量约为自然状态的变形量的 10 倍,变形速率也远高于自然状态。计算 30 d 时,两种含水状态的围岩均出现加速变形,饱和状态的围岩出现加速变形要早于自然状态。

　　通过对比两种含水状态各测点位移,可知自然含水状态下的围岩位移均明显大于干燥

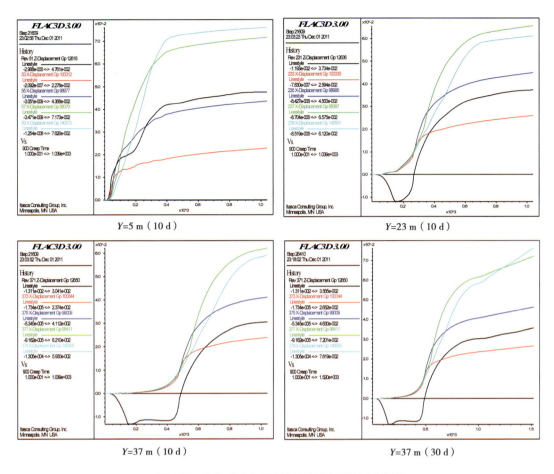

图 4.27　饱和状态不同时间的围岩变形监测曲线

状态。对于炭质板岩,随着含水量增加,围岩蠕变过程中损伤效应将加剧围岩的整体变形,降低了围岩的整体稳定性,若不及时封闭初期支护、施作二衬,随着变形的继续发展将导致围岩大变形,造成初支破坏、洞室塌方。

(2)应力

图 4.28 为自然状态不同工序围岩应力云图。由图可见,自然状态上台阶开挖,洞周围岩最大主应力为 10.8 MPa,上台阶核心土局部出现拉应力,最大为 0.14 MPa。洞周围岩最小主应力为 21.2 MPa,出现在开挖面前方,上台阶拱腰处应力也比较大,约为 17.5 MPa。自然状态中台阶开挖,洞周围岩最大主应力为 9.8 MPa,上台阶核心土局部出现拉应力,最大为 1.06 MPa,中台阶底部将要出现拉应力。洞周围岩最小主应力为 16.8 MPa,出现在开挖面前方,上台阶拱腰处应力为 12 MPa。自然状态下台阶开挖,洞周围岩最大主应力为 9.47 MPa,上台阶核心土、中下台底部局部出现拉应力,最大为 0.35 MPa。洞周围岩最小主应力为 16.34 MPa,出现在开挖面前方,上台阶拱腰处应力为 12 MPa。

图 4.29 是饱和状态的不同开挖工序围岩应力云图。由图可见,饱和状态上台阶开挖,洞周围岩最大主应力为 10.8 MPa,上台阶核心土局部出现拉应力,最大为 0.18 MPa,洞周围

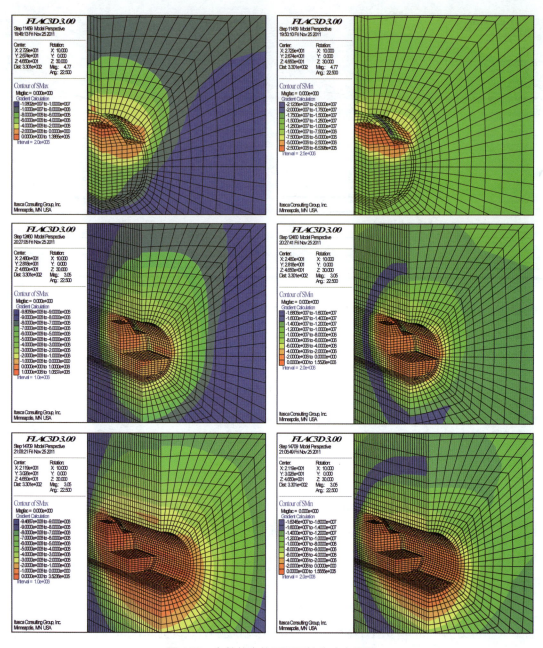

图 4.28 自然状态的不同开挖步应力云图

岩最小主应力为 21.15 MPa,出现在开挖面前方,上台阶拱腰处应力也比较大,约为 17.5 MPa。饱和状态中台阶开挖,洞周围岩最大主应力为 9.8 MPa,上台阶核心土局部出现拉应力,最大为1.06 MPa,中台阶底部将要出现拉应力。洞周围岩最小主应力为17.05 MPa,出现在开挖面前方,上台阶拱腰处为 12 MPa。饱和状态下台阶开挖,洞周围岩最大主应力为 9.63 MPa,上台阶核心土、中下台底部局部出现拉应力,最大为 0.26 MPa。洞周围岩最小主应力为 16.24 MPa,出现在开挖面前方,上台阶拱腰处应力为 12 MPa。

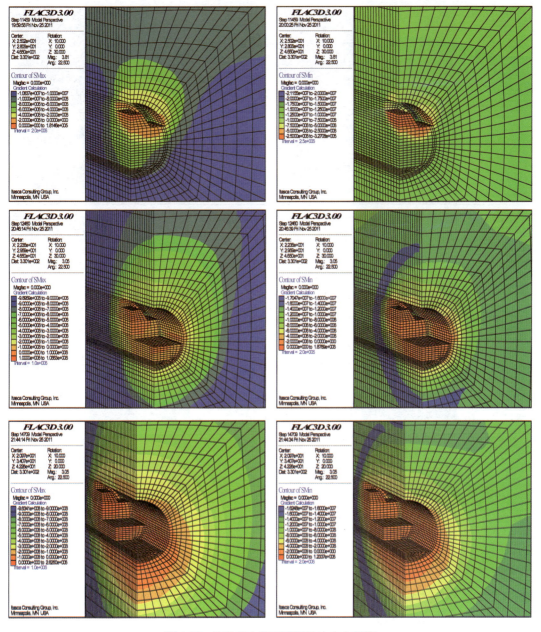

图 4.29 饱和状态的不同开挖步应力云图

（3）塑性区

图 4.30 是不同含水状态下，隧道开挖过程中洞周围岩塑性屈服发展的演化过程。可见，在开挖面到达前，挖岩体和洞周一定范围内，围岩均已超过岩体剪切屈服强度而进入塑性状态。从图中可以看出，饱和含水状态，围岩塑性区范围明显大于自然状态，在隧道的拱顶、底板以及边墙部位都产生了拉剪破坏，其他部位则发生了大面积的剪切破坏。

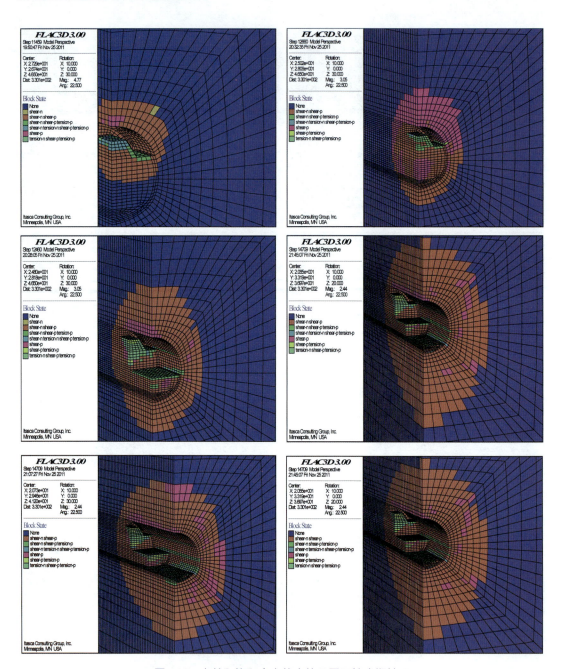

图 4.30　自然和饱和含水状态的不同开挖步塑性区

# 4.8　小　结

　　①在分析炭质板岩加速蠕变试验曲线基础上，将黏滞系数 $\eta$ 非线性化，再与塑性元件并联得到一个二元件非线性黏塑性体，将非线性黏塑性体与 Burgers 模型串联，得到一个可以

反映岩石衰减蠕变、稳态蠕变以及加速蠕变全过程的非线性黏弹塑性模型。

②不同泡水时间下的炭质板岩蠕变特性表明,瞬时弹性模量 $G_1$ 与蠕变黏滞系数 $\eta_1$ 随泡水时间及含水率的增加呈指数递减趋势。

③引入了长期蠕变损伤 $D'(w)$ 和瞬间弹性损伤 $D(w)$ 这两个含水损伤因子,根据试验结果推导含水损伤演化方程,建立考虑含水损伤的炭质板岩非线性黏弹塑性蠕变方程。

④基于有限差分理论,推导得到了含水损伤模型的有限差分格式,进行了本构模型的 FLAC 二次开发,采用三轴蠕变数值模拟验证了本构开发的正确性。

⑤采用黏弹性位移反分析理论,根据薄层岩体段围岩变形监测资料,利用 Burgers 模型反演了薄层岩体的蠕变参数。

⑥采用开发的非线性黏弹塑性本构模型,计算分析了不同含水状态下的围岩稳定性和支护结构变形及受力性状。

# 5  炭质板岩隧道"围岩-支护系统"黏弹性分析

## 5.1  引  言

　　软岩隧道,围岩与支护都表现出一定的蠕变特性,它是影响隧道稳定性的重要因素。隧道开挖过程中,围岩动态演化包含空间效应段和时间效应段两个阶段。开挖面对围岩的应力释放和变形发展都有很大的约束作用,使得隧道纵向各断面上的二次应力状态和变形都不相同,这就是开挖面支撑的空间效应。随着掌子面不断向前推进,空间效应逐渐减弱而时间效应逐渐增强。当开挖面推进到一定距离后,围岩变形将主要表现为时间效应。对具有明显流变特性的软岩隧道,施工过程对其稳定性影响很大,进行施工力学分析可以更加有效地指导工程设计与施工。因此,在分析围岩-支护系统相互作用时,只有计入软岩黏性时效和开挖面的空间影响作用,在理念上才是完善的,才能更加充分地阐明软弱围岩与支护结构相互作用机理的实质,用以指导隧道的变形与受力研究也更符合实际。

　　本章引入考虑空间效应的围岩-支护黏弹性解析,研究炭质板岩隧道围岩-支护相互作用力随时间的变化规律,通过建立三维数值模型,分析炭质板岩隧道施工过程中围岩变形、应力以及支护结构的蠕变演化规律,为炭质板岩隧道变形控制提供理论基础。

## 5.2  "围岩-支护系统"黏弹性分析

### 5.2.1  计算模型

(1)计算模型

　　在隧道围岩黏弹性分析时,为了简化运算,假设洞室截面为圆形,对于矩形或直墙拱顶的洞室采用相似变换将隧道形状作等代处理,等代圆的当量半径可按下式计算:

$$r_0 = \frac{\left[ (B/2)^2 + H^2 \right]}{2H} \tag{5.1}$$

式中：$B$——隧道断面最大宽度；

$H$——隧道最大高度。

取静水压力状态，洞室压力为 $p_0$，开挖半径为 $a$，支护结构半径为 $b$，计算模型如图 5.1 所示。

根据弹性理论可知隧道周边围岩受到径向的释放荷载 $p(t)$ 作用时，洞室周边围岩产生的径向位移为：

$$u_r(a) = -\frac{(1 + \mu_1) a p(t)}{E} \tag{5.2}$$

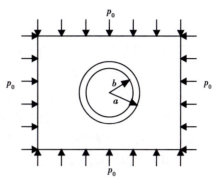

图 5.1　计算模型

（2）支护结构黏弹特性

设洞室围岩蠕变特性服从 Burgers 蠕变规律，蠕变柔量 $J(t)$ 可表达为：

$$J_1(t) = \frac{1}{E_1} + \frac{1}{\eta} t + \frac{1}{E_0}\left[ 1 - \exp\left( -\frac{E_0}{\eta_0} t \right) \right] = \frac{1}{E_1} + \frac{1}{\eta} t + c_1(1 - e^{-k_1 t}) \tag{5.3}$$

式中：$E_1$——岩体弹性模量；

$c_1$、$k_1$——与支护结构性质有关的材料常数，$c_1 = \dfrac{1}{E_0}$，$k_1 = \dfrac{E_0}{\eta_0}$。

对于隧道衬砌结构，设其蠕变规律服从 Kelvin（三单元）模型，可表示为：

$$J_2(t) = \frac{1}{E_2} + \frac{1}{E_3}\left[ 1 - \exp\left( -\frac{E_3}{\eta_1} t \right) \right] = \frac{1}{E_2} + c_2(1 - e^{-k_2 t}) \tag{5.4}$$

式中：$E_2$——支护结构弹性模量；

$c_1$、$k_2$——与支护结构性质有关的材料常数，$c_2 = \dfrac{1}{E_3}$，$k_2 = \dfrac{E_3}{\eta_1}$。

（3）开挖释放荷载

隧道开挖在掌子面一定范围内，在空间效应的影响下，开挖作业面上的释放荷载，随着远离开挖面以及时间的增加，逐步释放到初始应力状态。根据有限元模拟结果，该释放荷载随时间变化的过程为：

$$p(t) = p_0(1 - 0.7e^{-mt}) \tag{5.5}$$

其中，$m = \dfrac{3.15v}{2a}$，$v$ 为工作面平均推进速度。从式（5.5）可以看出，开挖面掘进速度 $v$ 越快，则 $p(t)$ 越大，释放掉的应力越小。

### 5.2.2　围岩与支护黏弹性分析

如图 5.2 所示，将支护设置时刻作为坐标原点，断面被开挖出瞬间为 $t_i = -t_0$，围岩与支护结构发生相互作用的时刻为 $t_i = t_1$。由此即可分析围岩与支护结构在发生相互作用后的某一时刻 $t_2$ 的相互作用力。

根据前述的时间坐标，假定支护与围岩发生相互作用的时刻为 $t_1$，计算时刻 $t$ 时支护与

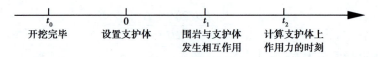

图 5.2　时间坐标

围岩的相互作用力为 $f(t)$。即当 $t>t_1$ 时，围岩周边将受到释放荷载 $p(t)$ 与支护作用力 $f(t)$ 的共同作用并产生相应位移。

(1)隧道洞壁 $p(t)$ 作用下产生的位移

假定弹性泊松比与黏弹性泊松比相等，不随时间变化，根据黏弹性第三定理可知，黏弹性体的应力与对应的弹性应力相等，黏弹性位移可由弹性-黏弹性对应原理求得。由 Laplace 变换可求得黏弹性位移的拉氏表达式，再通过 Laplace 逆变换即可求得黏弹性位移表达式。

由弹性场下的洞周位移计算式(5.2)，根据黏弹性对应定理，用 $s\,\widetilde{E}_1(s)$ 代替 $E$，同时有 $\widetilde{E}_1(s)=\dfrac{1}{s^2\widetilde{J}(s)}$，则黏弹性解在象限空间的表达式为：

$$\widetilde{u}(a,s)=-\frac{(1+\mu_1)a}{s\widetilde{E}_1(s)}\widetilde{p}(s)=-(1+\mu_1)as\,\widetilde{J}_1(s)\widetilde{p}(s) \tag{5.6}$$

其中

$$\widetilde{J}_1(s)=\frac{1}{E_1s}+\frac{c_1}{s}+\frac{c_1}{k_1+s}+\frac{1}{s^2\eta} \tag{5.7}$$

$$\widetilde{p}(s)=p_0\left(\frac{1}{s}-0.7\frac{1}{m+s}\right) \tag{5.8}$$

将式(5.6)、式(5.7)代入式(5.8)得：

$$\widetilde{u}(a,s)=-(1+\mu_1)abdp_0s\left(\frac{1}{s}-\frac{0.7}{m+s}\right)\left(\frac{1}{E_1s}+\frac{c_1}{s}+\frac{c_1}{k_1+s}+\frac{1}{s^2\eta}\right) \tag{5.9}$$

对式(5.9)进行 Laplace 逆变换得：

$$u_r(a,t)=-ap_0(1+\mu_1)\left[J_1(t)-0.7J_1'(t)\right] \tag{5.10}$$

式中：$J_1'(t)=\mathrm{e}^{-mt}\left(\dfrac{1}{E_1}+\dfrac{c_1k_1}{k_1-m}\right)-\dfrac{c_1k_1}{k_1-m}\mathrm{e}^{-k_1t}+\dfrac{1}{m\eta}(1-\mathrm{e}^{-mt})$

隧道开挖后，必须适时设置混凝土支护结构限制变形的进一步发展，当构筑了支护结构后，从 $t_1\sim t$ 时刻，释放荷载 $p(t)$ 在洞室周边产生的位移增量为：

$$\Delta u_r'=u_r(a,t)-u_r(a,t_1) \tag{5.11}$$

(2)隧道洞壁 $f(t)$ 作用下产生的位移

支护结构对洞室围岩的作用力 $f(t)$，作用方向与 $p(t)$ 相反，通过弹性-黏弹性对应原理，求得从 $t_1\sim t$ 时刻 $f(t)$ 在洞室周边产生的位移增量的 Laplace 变换表达式：

$$\Delta\widetilde{u}_r''(a,s)=\frac{(1+\mu_1)a}{S\widetilde{E}_1(s)}\widetilde{f}(s)=(1+\mu_1)as\,\widetilde{J}_1(s)\widetilde{f}(s) \tag{5.12}$$

由于式中 $f(t)$ 未知，根据卷积定理，可将式(5.13)的 Laplace 逆变换表示成积分形式，求得位移增量表达式：

$$\Delta \tilde{u}''_r = (1 + \mu_1) a \left[ f(t) J_1(0) - \int_{t_1}^{t} f(\xi) \frac{\partial J_1(t - \xi)}{\partial \xi} \mathrm{d}\xi \right]$$

$$= (1 + \mu_1) a \left[ \frac{f(t)}{E_1} - \int_{t_1}^{t} f(\xi) \frac{\partial J_1(t - \xi)}{\partial \xi} \mathrm{d}\xi \right] \tag{5.13}$$

(3)隧道洞壁在 $p(t)$ 和 $f(t)$ 共同作用下产生的位移

施作支护后,隧道围岩在释放荷载 $p(t)$ 与支护反力 $f(t)$ 共同作用下,从 $t_1 \sim t$ 时刻,洞室周边围岩产生的位移增量为:

$$\Delta u_r = \Delta u'_r + \Delta u''_r = A_1(1 - \mathrm{e}^{-k_1(t-t_1)}) + A_2(1 - \mathrm{e}^{-m(t-t_1)}) -$$

$$A_3 \frac{t - t_1}{\eta} + A_3 \left[ \frac{f(t)}{E_1} - \int_{t_1}^{t} f(\xi) \frac{\partial J_1(t - \xi)}{\partial \xi} \mathrm{d}\xi \right] \tag{5.14}$$

式中: $A_1 = -ap_0(1+\mu_1)\left( c_1 - \dfrac{0.7 c_1 k_1}{k_1 - m} \right) \mathrm{e}^{-k_1(t_1+t_0)}$;

$$A_2 = -0.7 ap_0(1+\mu_1)\left( \frac{1}{E_1} + \frac{c_1 k_1}{k_1 - m} - \frac{1}{m\eta} \right) \mathrm{e}^{-m(t_1+t_0)};$$

$$A_3 = a(1+\mu_1)_\circ$$

(4)支护结构变形分析

根据弹性理论,支护结构在 $f(t)$ 作用下的弹性径向位移为:

$$U_r(a, t) = \frac{(1 + \mu_2)}{E_2} \frac{\left[ (2\mu_2 - 1) a - b^2/a^2 \right]}{1 - b^2/a^2} f(t) \tag{5.15}$$

根据弹性-黏弹性对应法则,从 $t_1 \sim t$ 时刻 $f(t)$ 作用下支护结构产生的位移增量为:

$$\Delta U_r = A_4 \left[ \frac{f(t)}{E_2} - \int_{t_1}^{t} f(\xi) \frac{\partial J_2(t - \xi)}{\partial \xi} \mathrm{d}\xi \right] \tag{5.16}$$

式中: $A_4 = (1+\mu_2) \dfrac{\left[ (2\mu_2 - 1) a - b^2/a^2 \right]}{1 - b^2/a^2}$,其中, $b$ 为支护结构半径。

(5)围岩与支护结构变形协调分析

假设支护结构与隧道围岩的接触面上满足连续无滑移条件,则从 $t_1 \sim t$ 时刻,二者径向位移增量必然相等,即:

$$\Delta u_r = \Delta U_r \tag{5.17}$$

将式(5.14)和式(5.16)代入式(5.17)得:

$$A_1(1 - \mathrm{e}^{-k_1(t-t_1)}) + A_2(1 - \mathrm{e}^{-m(t-t_1)}) - A_3 \frac{t - t_1}{\eta} + A_3 \left[ \frac{f(t)}{E_1} - \int_{t_1}^{t} f(\xi) \frac{\partial J_1(t - \xi)}{\partial \xi} \mathrm{d}\xi \right]$$

$$= A_4 \left[ \frac{f(t)}{E_2} - \int_{t_1}^{t} f(\xi) \frac{\partial J_2(t - \xi)}{\partial \xi} \mathrm{d}\xi \right] \tag{5.18}$$

整理后得:

$$A_1 \left[ 1 - \mathrm{e}^{-k_1(t-t_1)} \right] + A_2 \left[ 1 - \mathrm{e}^{-m(t-t_1)} \right] - A_3 p_0 \frac{t - t_1}{\eta}$$

$$= Af(t) + \int_{t_1}^{t} f(\xi) \left[ A_3 \frac{\partial J_1(t - \xi)}{\partial \xi} - A_4 \frac{\partial J_2(t - \xi)}{\partial \xi} \right] \mathrm{d}\xi \tag{5.19}$$

式中：$A = \dfrac{A_4}{E_2} - \dfrac{A_3}{E_1}$。

利用积分变换，令 $\xi = \tau + t_1$ 则 $\tau = \xi - t_1$，$\mathrm{d}\xi = \mathrm{d}\tau$。并令 $T = t - t_1$，则上式变为：

$$A_1(1 - \mathrm{e}^{-k_1 T}) + A_2(1 - \mathrm{e}^{-mT}) - A_3 p_0 \frac{T}{\eta}$$

$$= Af(T + t_1) + \int_0^T f(\tau + t_1)\left[A_4 c_2 k_2 \mathrm{e}^{-k_2(T-t)} - A_3\left(c_1 k_1 \mathrm{e}^{-k_1(T-t)} + \frac{1}{\eta}\right)\right]\mathrm{d}\tau \tag{5.20}$$

设待求函数 $f(t)$ 的 Laplace 变换为 $F(s)$，对式（5.20）两边进行 Laplace 变换，可得：

$$A_1\left(\frac{1}{s} - \frac{1}{s + k_1}\right) + A_2\left(\frac{1}{s} - \frac{1}{s + m}\right) - A_3 p_0 \frac{T}{s^2 \eta}$$

$$= AF(s)\mathrm{e}^{st_1} + F(s)\mathrm{e}^{st_1}\left(\frac{A_4 c_2 k_2}{s + k_2} - \frac{A_3 c_1 k_1}{s + k_1} - \frac{A_3}{\eta}\right) \tag{5.21}$$

对上式进行整理可得：

$$F(s) = \frac{A_1 k_1 \eta s(s + m) + A_2 m \eta s(s + k_1) - A_3 p_0 (s + k_1)(s + m)}{s^2 \eta (s + k_1)(s + k_1)\left(A + \dfrac{A_4 c_2 k_2}{s + k_2} - \dfrac{A_3 c_1 k_1}{s + k_1} - \dfrac{A_3}{\eta}\right)}\mathrm{e}^{st_1} \tag{5.22}$$

对式（5.22）两边进行 Laplace 逆变换，得：

$$f(t) = \frac{1}{2\pi i}\int_{\beta - i\beta}^{\beta + i\beta} F(s)\mathrm{e}^{st}\mathrm{d}t \tag{5.23}$$

参数代入式（5.22）求得 $F(s)$ 表达式，并对其进行 Laplace 逆变换，即可求出支护结构与围岩之间相互作用随时间（蕴含空间概念）的变化规律 $f(t)$ 的解析表达式，从而可求出支护结构和围岩中变形和应力随时间变化的规律。

### 5.2.3 毛羽山隧道围岩-支护理论解析

（1）薄层状围岩-支护理论解析

取毛羽山隧道出口典型开挖断面，最大宽度 $B = 14.7$ m，最大高度 $H = 13.2$ m，按式（5.1）计算当量半径 $R_0 = 9.27$ m。薄层炭质板岩岩体力学参数取现场原位试验结果，围岩蠕变参数按反演分析结果表取值。混凝土支护结构变形参数按参考文献取值。

隧道按静水压力状态，初始地应力根据反演资料定为 $p_0 = 20$ MPa，开挖面平均掘进速度为 $v = 1$ m/d，由式（5.6）得初始地应力逐步释放规律为：

$$p(t) = p_0(1 - 0.7\mathrm{e}^{-mt}) = 20(1 - 0.7\mathrm{e}^{\frac{3.15v}{2a}}) = 20(1 - 0.7\mathrm{e}^{-0.162\,4t}) \tag{5.24}$$

考虑隧道开挖后 10 d 设置支护，支护设置 5 d 后围岩与支护体系发生作用，建立时间坐标（$t_0 = 10$ d，$t_1 = 5$ d），根据式（5.24）计算隧道开挖后 5 d、10 d、15 d、20 d 初始地应力释放，分别为 68.91%、86.2%、93.9%、97.3%。

毛洞围岩变形随时间发展的规律如图 5.3 所示。由图可知，隧道开挖后 5 d，围岩变形为 27.07 cm；开挖后 10 d 围岩变形为 40.78 cm；开挖后 20 d，地应力释放基本完成，但围岩变形仍然以恒定速率持续发展。开挖后 10 d 施作二次支护，5 d 后围岩与支护结构开始发生相互作用，在支护约束作用下围岩变形不再发展，为一水平直线。可见，高地应力下，薄层状岩体流变特性显著,对于此类围岩不能一味释放变形,当变形释放到一定程度,应及时施作支护,否则其大变形将导致围岩失稳。

图5.4为围岩与支护相互作用力随时间变化的曲线。可见,施作支护结构后第5 d,支护与围岩开始相互作用,接触压力在相互作用的初期增长较快,这是由于支护结构约束了围岩变形的进一步发展造成的;支护与围岩开始相互作用30 d后,经过围岩-支护体系内部应力重新分配并调整,接触压力增长速率逐渐趋缓。

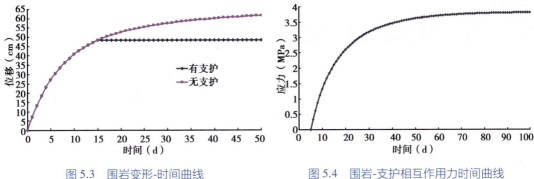

图5.3  围岩变形-时间曲线          图5.4  围岩-支护相互作用力时间曲线

(2)含水损伤对围岩-支护系统的影响

图5.5与图5.6分别是自然含水状态与饱和含水状态,围岩变形与围岩-支护相互作用力随时间的变化曲线。自然状态隧道开挖后5 d、10 d、15 d围岩变形分别为2.4 cm、3.8 cm、4.7 cm;饱和状态隧道开挖后5 d、10 d、15 d围岩变形分别为3.2 cm、4.96 cm、6.14 cm。

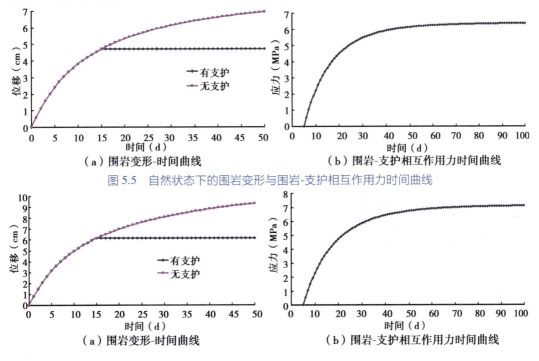

(a)围岩变形-时间曲线          (b)围岩-支护相互作用力时间曲线

图5.5  自然状态下的围岩变形与围岩-支护相互作用力时间曲线

(a)围岩变形-时间曲线          (b)围岩-支护相互作用力时间曲线

图5.6  饱和状态下的围岩变形与围岩-支护相互作用力时间曲线

自然状态隧道围岩与支护相互作用后5 d、10 d、15 d、20 d相互作用力为2.22 MPa、3.6 MPa、4.49 MPa、5.07 MPa;饱和状态隧道围岩与支护相互作用后5 d、10 d、15 d、20 d相互作用力为 2.3 MPa、3.74 MPa、4.72 MPa、5.4 MPa。

通过对比不同含水状态下的围岩变形随时间的发展变化，可见，含水量的增加导致围岩变形量增大，变形速率加快。不同含水状态下的围岩-支护相互作用力的分析结果表明，含水量的增加，导致了围岩与支护接触压力的增大。

## 5.3　隧道开挖围岩的蠕变演化规律

毛羽山隧道出口段埋深约 430 m，岩体为三叠系下统板岩，变余炭质、泥质、钙质结构，揉皱发育，薄层板状构造（层厚 1~6 cm），层间结合紧密，岩层产状为 N50°W/79°N。薄层状岩体软弱破碎，现场直剪试验得到岩体黏聚力 $c=0.08$ MPa、弹性模量 $E=546$ MPa。地应力反演结果显示，出口段水平最大主应力为 12~25 MPa，最大水平主应力与隧道轴线近似垂直，水平最小主应力与隧道轴线平行，地应力状态对围岩处于最不利影响。

隧道开挖后出现严重的大变形，变形速率快，变形量大。监测资料显示围岩随着变形持续时间加长，表现出明显的流变效应。大变形造成初期支护严重破坏，钢拱架扭曲折断，喷射混凝土大面积剥落掉块，底部仰拱开裂，部分已浇筑的二衬段衬砌出现开裂。边墙挤压收敛明显，预留开挖变形量达到 50 cm，部分地段边墙仍然侵限。支护参数与开挖工法经过多次调整，效果有限，仍无法全面控制围岩变形。目前采用微台阶预留核心土七步开挖法，上台阶长 4 m，中台阶长 6 m，下台阶长 10 m，仰拱紧跟下台阶，二衬距掌子面 50 m。

### 1) 计算条件

①实际施工中，围岩变形大，初支严重破坏，多采用增大预留变形量、支护动态补强或拆换拱等措施控制变形，这些措施在数值模拟中难以实现。本次模拟将初期支护与二衬视为弹性体，不考虑初期支护与二衬的破坏。

②考虑围岩的蠕变特性，视围岩为黏弹塑性体，研究围岩位移、应力及塑性区随时间的变化规律。

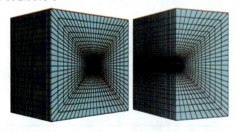

③模拟实际施工中进尺 1 m/循环，考虑台阶及工序平行作业，上台阶作业时 5 h/m，中上台阶平行作业时 10 h/m，上中下台阶平行作业时 15 h/m。

图 5.7　计算模型

### 2) 计算模型与参数

采用建立的非线性黏弹塑性模型，不考虑地下水影响，取隧道埋深约 430 m 段建立数值模型（图 5.7）。模拟开挖工序为：预留核心土，上台阶弧形导坑开挖支护进尺 4 m，每循环进尺 1 m；上、中台阶平行作业，进行锚杆以及初期支护施作，循环施工直到中台阶长度达到 6 m；下台阶开始开挖，上、中、下台阶平行作业，直至下台阶长度达到 10 m；上中下台平行作业，仰拱每 3 m 开挖施作并回填；距掌子面 50 m 施作二次衬砌,每板二衬 12 m 长。计算过程中通过布设测点监测位移及应力场随时间发展的变化规律。

岩体力学参数采用现场原位测试的结果,蠕变参数采用第 4 章反演分析得到的结果。支护结构按变更后的设置,不考虑超前小导管等预支护的作用,支护参数见表 4.9,支护结构计算模型如图 5.8 所示。

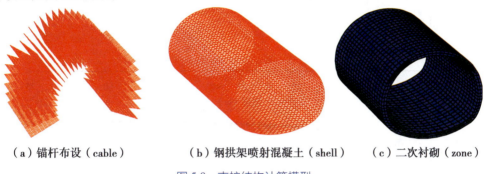

（a）锚杆布设（cable）　　（b）钢拱架喷射混凝土（shell）　　（c）二次衬砌（zone）

图 5.8　支护结构计算模型

### 5.3.1　围岩变形分析

图 5.9 为 $Y=5$ m 断面从隧道开挖到二衬浇筑洞周围岩变形时空曲线。从图中可见,围岩变形随掌子面的推进持续增加,但各关键位置处的变化规律并不相同。当开挖掌子面未到达 $Y=5$ m 监测断面时,拱顶与拱腰围岩发生了极少量变形,其中拱顶发生约 0.2 cm 的下沉,拱腰发生约 0.1 cm 的收敛,而墙中与下边墙围岩没有发生变形。因此,对 $Y=5$ m 断面,掌子面前方的空间效应可忽略不计。上台阶开挖拱顶下沉由 1 cm 增加到 3 cm,中台开挖拱顶下沉进一步增大到 4.5 cm,随着下台阶开挖,拱顶变形速率迅速增大,变形量也急剧增长,拱顶下沉达到 10 cm,仍无收敛趋势,当距掌子面 21 m 时施作仰拱,初期支护封闭成环后,有效降低了拱顶下沉速率,变形得到控制。仰拱施作后,围岩的变形主要由流变产生,在二衬施作前,拱顶下沉量增加不到 1 cm,二衬施作后,拱顶变形曲线近似水平线。

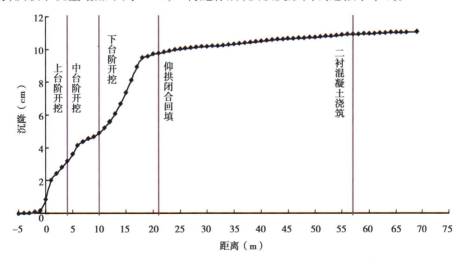

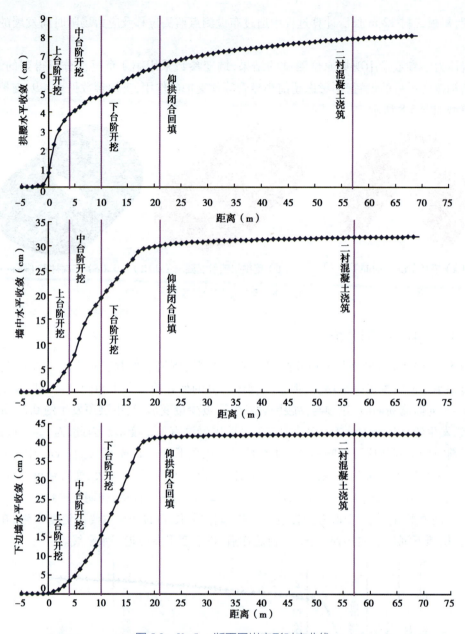

图 5.9  $Y=5$  m 断面围岩变形时空曲线

$Y=5$ m 断面拱腰处水平收敛随掌子面掘进,距掌子面距离不断增加,收敛变形速率也逐渐降低,二衬施作后最终变形趋于恒定值。

$Y=5$ m 断面墙中(中台阶)与下边墙(下台阶)处水平收敛,随掌子面掘进,初始应力逐步释放,收敛变形持续增加,变形速率逐渐增大,变形呈不收敛趋势。及时施作仰拱后,变形趋于稳定。

图 5.10 为 $Y=20$ m 断面从隧道开挖到二衬浇筑洞周围岩变形时空曲线。由图可见,拱顶处围岩在隧道开挖掌子面到达前,向上拱起,随着上中下台的开挖,拱顶下沉持续增加,变形速率逐渐降低,仰拱施作后,变形速率进一步减小,趋于一稳定值。

$Y = 20$ m 断面隧道拱腰(上台阶)、墙中(中台阶)、下边墙(下台阶)处围岩在掌子面到达前,产生了明显的变形,表现出显著的时空效应。其中,拱腰处产生的水平收敛变形为 2.1 cm,占总变形的 42%,墙中处产生的水平收敛变形为 2.1 cm,占总变形的 42%;拱腰处产生的水平变形为 3.2 cm,占总变形的 23%;下边墙处产生围岩水平变形 2.5 cm,占总变形的 16%。由图中围岩各关键处在掌子面到达前的变形曲线可知,空间效应的影响范围在掌子面前方 15 m 范围,掌子面后方 21 m 范围。隧道开挖跨度为 $D = 14.7$ m,因此,可以确定空间效应的影响范围为开挖面前方 1.0$D$ 和开挖面后方 1.5$D$。

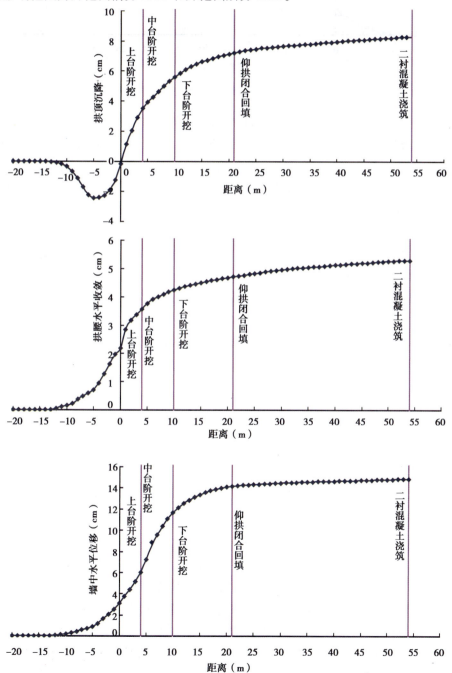

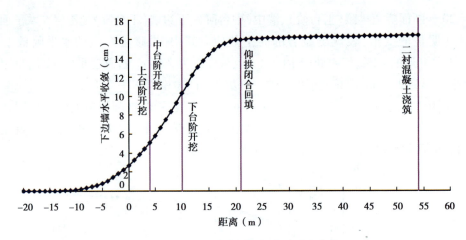

图 5.10　Y=20 m 断面围岩变形时空曲线

开挖作业面后,拱顶变形在 15 m 内增长较快,变形速率较大,15 m 后变形缓慢增长,速率趋于稳定。可见,上、中台阶开挖对拱顶下沉影响较大,下台阶相对影响较小。空间效应影响范围内,围岩变形随初始地应力的逐步释放而逐渐增加。在空间效应影响范围外,围岩的变形主要由时间效应产生(也就是由流变产生),此时隧道变形及稳定性主要受软弱岩体的时效流变特性控制。

高地应力软岩隧道,开挖时应充分利用掌子面的空间效应,控制围岩变形。在实际施工过程中,台阶长度宜控制在空间效应范围内,利用空间效应抑制软弱围岩流变特性。目前,毛羽山隧道上台阶 4 m、中台阶 6 m、下台阶 10 m,台阶长度设置是合理的。另外,隧道变形受施工步序影响明显,仰拱的及时闭合对挤压性围岩变形速率的控制起到了非常显著的作用,仰拱闭合后,隧道拱顶下沉、拱腰水平位移速率均有所减小,而隧道边墙收敛则在仰拱闭合后渐趋稳定;适时浇筑二次钢筋混凝土衬砌可有效控制挤压性变形,尤其对于拱顶下沉控制作用明显,隧道变形在浇筑二次衬砌后均趋于稳定,隧道开挖变形时空曲线符合 Boltzmalnn 曲线增长模式,可表达为:

$$u(x) = a - \frac{b}{1 + e^{(x-c)/d}} \tag{5.25}$$

### 5.3.2　围岩应力分布特征

图 5.11 为隧道开挖不同工况下围岩的最大主应力分布图。由图可见,开挖上台阶,洞周围岩最大主应力为 8 MPa。在阶角位置,核心土顶部及两侧出现局部拉应力,最大值约为 0.15 MPa。开挖中台阶,洞周围岩最大主应力为 8 MPa;在上台阶边墙位置,上台阶核心局部拉应力增大到 0.87 MPa。开挖下台阶,洞周围岩最大主应力为 7 MPa,在上台阶边墙位置,上台阶核心土、中台阶底部及下台阶边墙出现局部拉应力,最大为 0.22 MPa。开挖施作仰拱,洞周围岩最大主应力出现在洞口段边墙底部,最大值为 9.97 MPa,上台阶核心土、中下台阶底部出现局部拉应力,最大为 1.54 MPa。浇筑二衬后,最大主应力出现在紧邻二衬的下边墙处,最大约为 8 MPa,上台阶核心土、中下台阶底部出现局部拉应力,最大值为 1.79 MPa。

图 5.12 为隧道开挖不同工况下的围岩最小主应力分布图。由图可见,开挖上台阶,洞周围

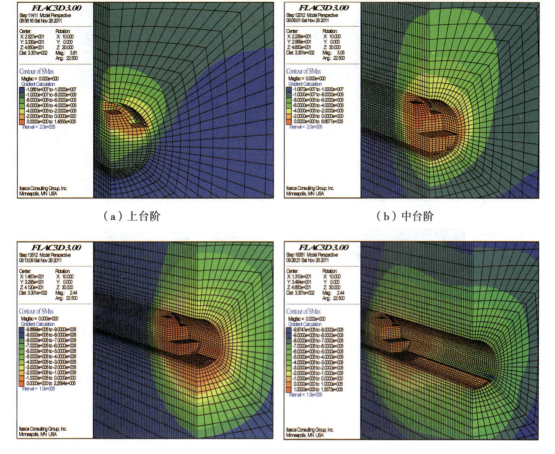

（a）上台阶　　　　　　　　　　　　（b）中台阶

（c）下台阶　　　　　　　　　　　　（d）开挖施作仰拱

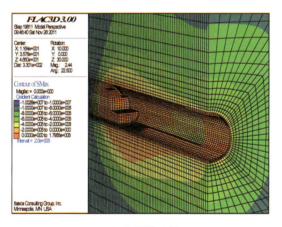

（e）施作二衬

图 5.11　不同开挖工序的围岩最大主应力

岩最小主应力为 16.5 MPa，在阶角、边墙位置。开挖中台阶，洞周围岩最小主应力为12 MPa，在上台阶边墙位置。开挖下台阶，洞周围岩最大主应力为 12 MPa，在上台阶边墙位置。开挖施作仰拱，洞周围岩最小主应力出现在距洞口段 2~3 m 仰拱与边墙接脚处，最大值为35 MPa。浇筑二衬后，最小主应力出现在距洞口段 2~3 m 仰拱底部，最大约 39.47 MPa。

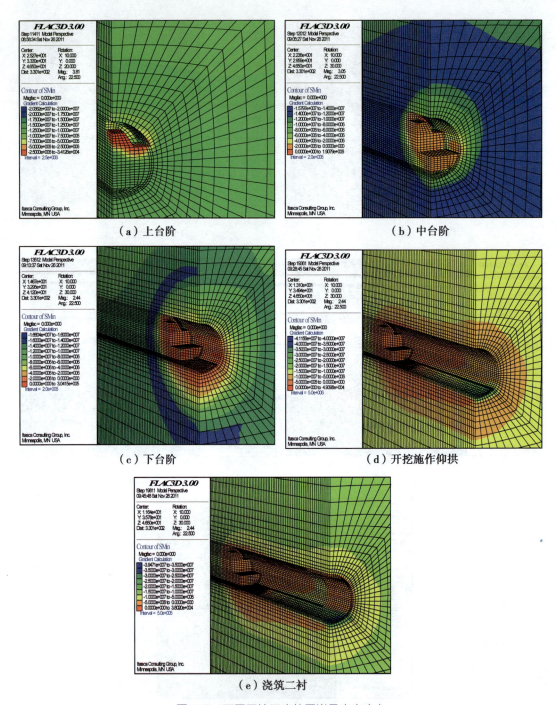

（a）上台阶　　　　　　　　　　　（b）中台阶

（c）下台阶　　　　　　　　　　　（d）开挖施作仰拱

（e）浇筑二衬

图 5.12　不同开挖工序的围岩最小主应力

　　图 5.13 是 $Y=5$ m 断面隧道洞周围岩最大主应力随开挖工序的变化曲线。分析图 5.13 可知，随着隧道开挖，洞周围岩形成临空，最大主应力急剧下降；开挖过后，最大主应力又逐渐增加，并最终基本趋于稳定。拱顶最大主应力变化过程为：开挖前最大主应力随着开挖面的临近先增加后降低，当开挖面到达时降为 14.6 MPa，随着上中下台阶开挖，最大主应力总体上持续降低，在下台阶开挖后达到最低值；在距离掌子面约 20 m 处开始逐渐增大，距离开挖面约 56 m 处基本趋于恒定。

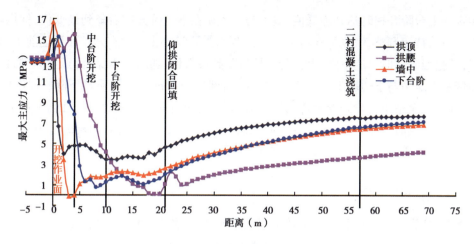

图 5.13　$Y=5$ m 断面围岩最大主应力变化曲线

图 5.14 是 $Y=20$ m 断面隧道洞周围岩最大、最小主应力随开挖工序的变化曲线。分析图 5.14 可知,洞周围岩关键部位的最大、最小主应力随开挖工序变化的规律基本相同,围岩应力变化不仅受到开挖工序的影响,而且受时空效应影响显著。最大主应力在掌子面到达前先增加后减小,在开挖面到达前 5 m 达到峰值,掌子面到达时由于开挖卸荷急剧下降,拱

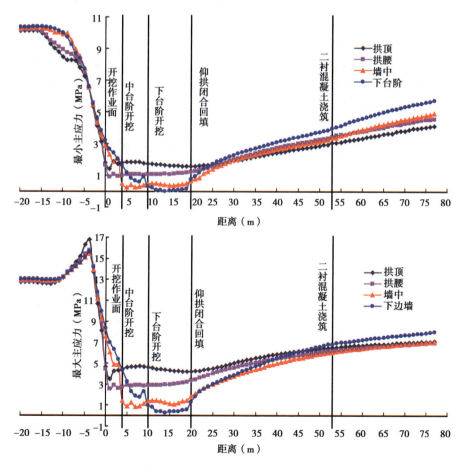

图 5.14　$Y=20$ m 断面围岩应力变化

顶与拱腰在上台阶开挖时达到最低值,墙中与下边墙在下台阶开挖后降到最低值,仰拱闭合后最大主应力持续调整,恢复至6~7 MPa。拱顶与拱腰最小主应力在开挖面到达前15 m开始下降,开挖面到达时迅速下降,上台阶开挖后降到最低值,随后基本保持恒定,仰拱封闭后才逐渐恢复。墙中与下边墙最小主应力在开挖面到达前8 m时开始明显下降,开挖面到达时持续下降,直至中下台阶开挖后降到最低值,仰拱封闭后最小主应力呈线性增加趋势。可见,初期支护的及时封闭,不仅能有效控制围岩变形持续发展,而且对围岩的应力重分布调整也起到促进作用,加快了围岩-支护系统的平衡。

### 5.3.3 围岩塑性区分析

图 5.15 是隧道开挖过程中洞周围岩塑性屈服发展演化过程。可见,在开挖面到达前,待挖岩体和洞周一定范围内的围岩均已超过岩体剪切屈服强度而进入塑性状态。上台阶开挖,拱顶围岩出现剪切屈服,上台阶核心土出现剪切与张拉破坏,上台阶掌子面、边墙及台阶底部在开挖过程中出现剪切屈服。随着中、下台阶的开挖,各台阶平行推进,开挖体积不断增大,洞周围岩屈服范围也持续增大。开挖并施作仰拱后,初期支护封闭段的塑性区得到有效抑制,尤其是仰拱底部。初期支护在上中下台阶及仰拱接脚处,塑性区有一定发展,这也充分说明实际工程中,初支钢拱架接头处是薄弱位置,可采用加设锁脚锚杆或加长锚杆来控制围岩变形。

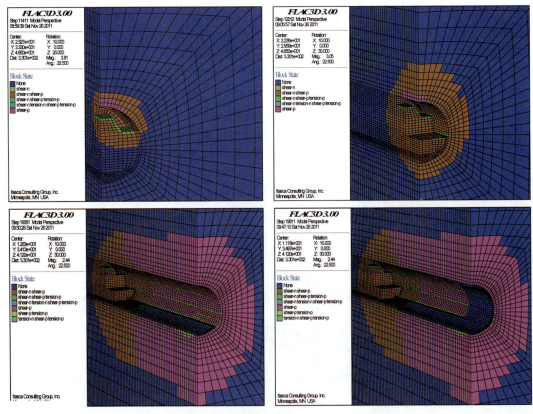

图 5.15 不同开挖工序的围岩塑性区

### 5.3.4　初期支护与二衬受力分析

隧道开挖过程中,支护结构随着开挖面的掘进,其受力也不断发生变化,即支护结构的力学响应与开挖过程息息相关。图 5.16 是隧道开挖过程中锚喷初期支护弯矩随时间发展而变化的曲线。分析可知,隧道拱顶初期支护承受正弯矩,其值随着开挖应力的释放而逐渐增加,仰拱闭合后趋于稳定;拱腰、墙中、下边墙初期支护承受负弯矩,下台阶开挖引起墙中弯矩增加。仰拱封闭后,拱顶、拱腰、墙中处初期支护弯矩值基本不变。下台阶处初支在初期支护封闭后一段时间,基本不变,随后又逐渐增大,在构筑二次衬砌后趋于稳定。

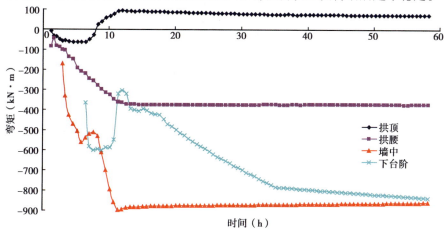

图 5.16　初期支护弯矩变化曲线

图 5.17 是初期支护第一主应力与位移的不同开挖工序云图。中台阶开挖,初期支护最大主应力出现在洞口拱顶处,约为 91.5 MPa;绝对位移最大值为 9 cm,出现在洞口中台阶阶角处。下台阶开挖,初支第一主应力最大为 127 MPa,出现在洞口中下台阶接脚,水平位移最大值为 23 cm,发生在下台阶阶角。仰拱开挖施作后,初支第一主应力最大为 275 MPa,出现在洞口中下台阶接脚,水平位移最大值为 27.5 cm,发生在中、下台阶阶角。浇筑二衬后,初支第一主应力最大为 279 MPa,出现在洞口中下台阶接脚,水平位移最大值为 27.5 cm,发生在中、下台阶阶角。

图 5.18 是二衬的最大、最小主应力云图。可见,二衬的最大主应力为 4.12 MPa,在下台阶边墙出现局部拉应力,最大为 1.79 MPa。二衬最小主应力为 35 MPa,出现在仰拱处。对于高地应力软岩大变形隧道而言,二次衬砌结构不仅仅是安全储备,而且还要承受围岩的流变压力。二次衬砌混凝土结构浇筑初期,由于软弱围岩的变形突然受到约束,导致其最大主应力增长较快;随着时间的增加,围岩塑性区向岩体纵深发展,围岩-支护系统受力变形逐渐达到新的平衡状态,二次衬砌结构最大主应力也逐渐趋于稳定。

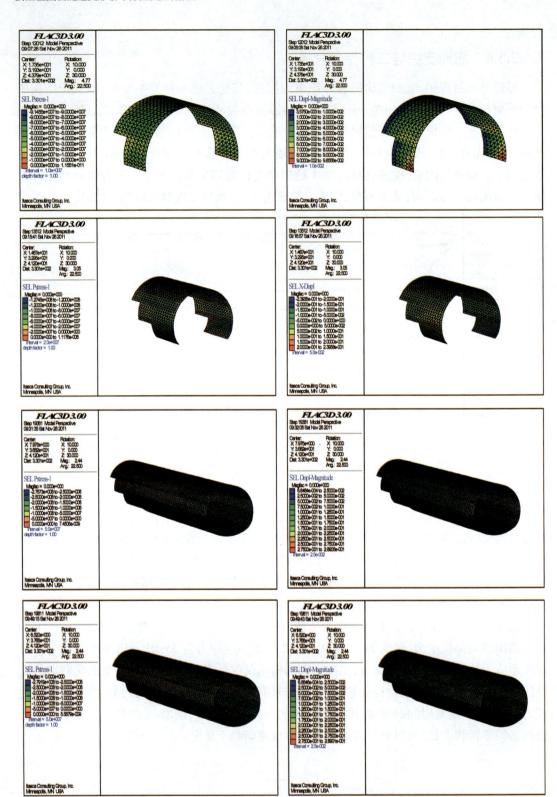

图 5.17　不同开挖工序的初期支护应力与位移云图

图 5.18　二衬应力云图

# 5.4 小 结

隧道开挖是一个在时间和空间上动态变化的过程,是时空效应的耦合非线性作用。伴随着开挖面的向前掘进,其受力和变形随时间与空间的变化而逐渐发展演化。考虑隧道施工的时空效应,才能更充分阐明围岩与支护相互作用机理的实质。本章分析隧道施工过程中伴随着开挖面的掘进,从应力、变形随时间和随距作业面距离的逐步释放与发展演化的时空历程,主要得出了如下结论:

①引入考虑时空效应的围岩-支护黏弹性解析解,分析薄层炭质板岩毛洞围岩变形以及围岩-支护相互作用力随时间发展的规律。围岩开挖后 5 d、10 d、15 d、20 d 初始地应力释放分别为 68.91%、86.2%、93.9%、97.3%,20 d 后地应力释放基本完成,但围岩变形仍然以恒定速率持续发展。可见,对流变特性显著的薄层岩体,当变形释放到一定程度,应及时施作支护,否则大变形将导致围岩失稳。支护与围岩的接触压力在相互作用的初期增长较快,相互作用 30 d 后,经过围岩-支护体系内部应力重新分配并调整,接触压力的增长速率逐渐趋缓。

②隧道围岩变形表现出明显的时空效应,空间效应影响范围为掌子面前后 $1D \sim 1.5D$,该范围内围岩变形是时间和空间效应的耦合,该范围以外主要是软岩的蠕变变形。

③最大、最小主应力在掌子面到达前先增加后减小,在开挖面到达前 5 m 时达到峰值,掌子面到达时由于洞室开挖导致洞周围岩临空,最大主应力、最小主应力急剧下降,初支闭合后逐渐恢复,并最终基本趋于稳定。初期支护的及时封闭,不仅能有效控制围岩变形的持续发展,而且对围岩的应力重分布调整也起到促进作用,加快围岩-支护系统的平衡。

④在开挖面到达前,待挖岩体和洞周一定范围内的围岩均已超过岩体剪切屈服强度而进入塑性状态。上台阶开挖,拱顶围岩出现剪切屈服,上台阶核心土出现剪切与张拉破坏,上台阶掌子面、边墙及台阶底部在开挖过程中出现剪切屈服。随着中、下台阶开挖,各台阶平行推进,开挖体积不断增大,洞周围岩屈服范围也持续增大。开挖并施作仰拱后,初期支

护封闭段的塑性区得到有效抑制,尤其是仰拱底部。

⑤隧道拱顶初期支护承受正弯矩,其值随着开挖应力的释放而逐渐增加,仰拱闭合后趋于稳定;拱腰、墙中、下边墙初期支护承受负弯矩,下台阶开挖引起墙中弯矩的增加。仰拱封闭后,拱顶、拱腰、墙中处的初期支护弯矩值基本不变。下台阶处初期支护弯矩值在初期支护封闭后一段时间基本不变,随后又逐渐增大,在构筑二次衬砌后趋于稳定。

# 6 挤压性围岩隧道的稳定性综合控制技术

本章首先在前面研究的基础上,提出了挤压性围岩隧道的稳定性控制理念,并在此理念的指导下,针对挤压性围岩隧道,尤其是特殊结构段,提出了围岩稳定性的控制综合施工技术。

## 6.1 挤压性围岩隧道的稳定性控制理念

兰渝线围岩软弱破碎,自稳能力差,遇水易软化,受地应力和地质构造等影响,在传统锚喷复合式衬砌结构即单层支护单层衬砌施工时,往往会出现支护变形过大的现象,此时如过早施作二次衬砌则会使二次衬砌受力过大而出现开裂破损,如过晚施作二次衬砌则出现初期支护变形过大而无法保证隧道的结构稳定性。

为此,项目研究团队在兰渝铁路建设过程中,在分析挤压性围岩隧道工程地质特征及变形破坏特征的基础上,基于"抗放结合,前期控制性释放为主"原则,结合支护体系刚柔并济的特点,特别是在多重联合支护施工理念的基础之上,创造性地提出了预应力锚索快速锚固与预留张拉的"四维"施工技术、排架式结构初期支护技术、预留空间和超前导洞应力释放技术、特殊结构的平衡施工技术及背靠背施工技术等解决思路与方法,以期保持隧道的稳定。

(1)多重支护

预留足够的允许变形量和二次支护空间,在超前支护或初期支护下,开挖后先设置第一层支护,约束围岩初期变形;而后在距掌子面后方一定距离设置第二层支护,使隧道稳定,从而控制围岩大变形。

本方法在支护及衬砌结构施工时采用双层支护、双层衬砌的结构形式,或是根据工程现场实际情况进行"双层支护+单层衬砌""单层支护+双层衬砌"等形式的组合。双层支护即采用两层锚喷支护作为初期支护,分层施作,逐步释放变形及应力,待初支变形稳定后施作二次衬砌;双层衬砌即采用双层模筑混凝土作为二次衬砌,第一层二次衬砌可及时施作以抵御较大的变形,第二层二次衬砌可作为预留补强的空间或安全储备。

(2)联合支护

传统的软岩隧道初期支护形式包括格栅刚架支撑喷射混凝土和钢拱架支撑喷射混凝土等方式。但对挤压性围岩隧道而言,隧道围岩级别越低,其选择的支护参数越高,有时需要几种支护措施联合使用。如在支护体系中加入长锚杆(索),将不稳定的外部岩层锁固在坚硬的内部岩层中,充分地发挥岩体的自承潜力,调节和提高岩体的自身强度和自稳能力;增加纵向分配梁,变单个 H 钢拱架独立受力为所有 H 型钢拱架共同受力,形成排架式结构,实现了荷载的纵向传递,减少了围岩的水平收敛和竖向沉降。

## 6.2 挤压性围岩隧道稳定性控制技术简述

在挤压性围岩隧道稳定性控制理念的指导下,借鉴已有的工程经验的基础,结合兰渝铁路新城子隧道与毛羽山隧道等挤压性围岩隧道的变形破坏特点及其变形破坏机制的研究成果,形成一系列适于挤压性围岩隧道稳定性控制的开挖及支护施工技术:①预应力锚索快速锚固与柔性张拉的"四维"施工技术;②排架式结构初期支护技术;③小净距隧道后行洞释放扩挖、平衡施工及对拉锚杆支护技术;④预留空间和超前导洞应力释放技术;⑤软弱围岩非爆开挖施工技术;⑥微台阶分段应力释放技术;⑦双支洞挑顶施工技术;⑧大跨段多重锁固支护施工技术;⑨大跨与连拱过渡段施工技术;⑩渐变收缩型小净距隧道施工技术;⑪双连拱"背靠背"施工技术;⑫二衬缓冲层、仰拱增强支护技术等控制技术。本节针对前面 6 种控制技术简要介绍,后面章节再对其余的控制技术详细介绍。

### 1)预应力锚索快速锚固与柔性张拉的"四维"施工技术

(1)预应力锚索基本原理

预应力锚索锚固岩土体的原理是将锚索在岩土体两端固定,充分利用其与岩土体间产生的抗剪强度来传递来自岩土体的拉力及确保锚固体的稳定性。

锚索提供的抗力能够承受住来自被锚固体上的应力荷载,使隧道开挖扰动的岩层和深部相对稳定的岩层紧密连接,对其起到加筋和加固的作用,使两者成为一体,共同工作,从而增加岩土体的强度和稳定性。

施加在隧道围岩上的后张预应力场构建完成后,能承受拉力和剪力,改善被锚固围岩的内部应力状态,由开挖后的二向应力变成三向应力,提高围岩强度和整体稳定性,降低初始应力场带来的危害。

(2)预应力锚索特征

①以群组形式建立锚固力场。在锚固中,锚索是成群组形式出现,空间上非连续分布,应力场上互相叠加耦合。通过群组形式建立的锚固力场,能够对被锚固体起到增强强度、限制位移、提高稳定性的作用。

②较强的主动调控性。预应力锚索能够根据设计和施工意图,主动调整锚固力的作用点、作用方向以及作用力大小,并且能够针对实际施工过程中不断变化的情况,适时地改变锚索的根数、埋深度、位置、方向以及预应力大小。预应力锚索能够通过调整预应力场与地应力场的叠加范围和叠加程度的方式对被锚固体内的应力进行调整,其内部应力大小和分布也得以改变,使得被锚固体中的拉应力、剪应力都有效降低或消除,缓释应力集中现象,同

时也增加了滑移面上的抗剪强度,降低岩土体的破坏程度,更好地提高工程的安全系数以及稳定性。

③充分发挥材料的强度。预应力锚索使用的预应力筋材料属于高强度材料,虽然预应力筋材料截面小,但是预应力很高,能够充分发挥材料的强度。

④工程结构受力合理。预应力锚索能将被扰动的围岩与深部围岩紧密结合而形成共同工作体,把岩土体作为工程材料加以利用,充分利用岩土体的抗剪强度去平衡作用在岩土体上的外荷载,使岩土体的自身强度与自身稳定能力得以充分利用。

⑤预应力锚索通过"反压"技术来实现锚固目的。通过正向压力作用,使被扰动岩土体的弱面间产生挤压结合,增大岩土体滑移面上的摩擦力,岩土体的抗滑阻力相应地增加,滑移面的抗剪强度也相应增大,围岩应力状态得以调整和改善。

强挤压隧道围岩通常具有变形量大、速度快等特点,并且不同部位的围岩变形量与变形速率也不相同,为发挥群锚效应,要从空间和时间上系统地、有针对性地施作锚索。沿隧道环向和纵向布置锚索,并按锚索发挥的作用分为控速锚索、限位锚索、锁脚锚索,对三种锚索同时施作,但分时间、分部位、分级进行张拉,构建锚索支护系统,实现放抗相结合,前期控制性释放为主的支护。

为防止锚索被拉断破坏,对控速锚索预应力施加时按设计值的50%张拉,以充分发挥锚索的支护作用,通过允许围岩发生一定的变形,使得锚索在围岩扰动的作用下,其拉力有突变但增长速率不高,并且拉力累计值在破断力以内,锚索与围岩仍发挥着共同支承作用,实现高阻让压支护,降低围岩变形速率。为防止控速锚索因持续拉伸而破坏,对已进行一定释放的围岩采取变形量的控制,对限位锚索按设计值的70%~80%进行张拉,提高预应力值,进一步改变围岩应力情况,加快应力达到平衡,控制围岩变形,保护二衬结构安全。为防止仰拱开挖期间,拱墙围岩发生坍塌,对拱脚进行补强支护,施作锁脚锚索。

此外,在锚索注浆液中添加减水剂,通过科学试验,确定其配合比,使锚索锚固强度能在注浆后24 h内满足张拉要求,加快了锚索施工进度,进而迅速提高了支护的强度。

### 2) 排架式结构初期支护技术

为避免围岩挤压大变形导致局部钢拱架承受较大荷载而破坏,同时降低因下部台阶开挖而使上部拱脚悬空而发生坍塌的风险,在H型钢拱架支护的基础上,沿隧道轮廓线布设多条纵向分配梁,通过焊接连接形成排架式结构。变单个H型钢拱架独立受力为所有H型钢拱架共同受力,完善了软岩隧道的初期支护结构体系,极大改善了支护结构的受力状况,实现了荷载的纵向传递,减小了应力集中。

另外,仰拱内架设初支钢架。在仰拱内沿隧道前进方向设置横撑与仰拱初支钢架左右两端相连,在横撑中部设置竖撑与仰拱初支钢架底部相连,通过横撑竖撑结合初支钢架组成仰拱排架结构,增强了仰拱的抗弯能力,抵抗围岩的变形,调整仰拱受力结构,避免仰拱初支被破坏。

### 3) 小净距隧道后行洞释放扩挖、平衡施工及对拉锚杆支护技术

喇叭口特殊结构段两并行隧道逐渐靠近过程中,结构稳定性较差,同时并行,隧道的相互扰动影响范围广、程度大,极易出现左挖右裂、右挖左裂。为此,为减小两洞室的相互扰动

影响,对不同间距的洞室分别采用后行洞释放扩挖施工、平衡施工技术,同时对应力集中最大部位的中间岩柱采用对拉锚杆进行支护。

当为小净距时,采用后行洞释放扩挖施工技术。首先在后行洞室开挖导洞,降低围岩初始地应力,然后开挖和支护先行洞及其仰拱。由于围岩应力此前得到一定释放,先行洞的围岩变形降低,扰动范围减小。最后扩挖后行洞,因扩挖范围小,且围岩应力充分释放,此举降低了扩挖时对先行洞和中间岩柱的扰动影响,保证了先行洞结构的稳定性。衬砌在仰拱开挖后进行施作。

当为超小净距或双联拱时,相互影响更加严重,不能同时施工,需采用平衡施工技术进行交替、分段施工,两掌子面相错长度 15 m,每开挖 5 m 交替一次。二衬在两侧仰拱施工完后同时推进。

在喇叭口并行隧道小净距段的两线隧道内,设置多道封闭的初期支护钢架并喷混凝土初期支护,并在两线隧道的初期支护钢架之间固定有穿入围岩的多道上下平行的对拉锚杆。对拉锚杆端部通过钢板和螺栓固定于初期支护钢架之上,对拉锚杆、钢板和螺栓以及初期支护钢架利用围岩变形自动锁紧为一个牢固的整体。

### 4) 预留空间和超前导洞应力释放技术

蠕变挤压性隧道围岩通常非常软弱、地应力极高,为此采用预留空间和超前导洞应力释放技术对地层高地应力进行预释放,以减小作用于支护结构上的压力,使支护系统受力处于安全范围内,从而达到控制变形的目的。

预留空间应力释放技术可分为无约束预留空间法和柔性网罩预留空间法。前者是通过在隧道初期支护外侧设置合理的变形空间,当隧道开挖支护完成后,让初期支护外侧的围岩产生自由松动或位移,占据预留的空间,形成松动圈,从而达到对地应力的释放,减少地应力作用所造成的变形,使变形值控制在允许的变形范围内。然后,通过对松动圈进行回填固结注浆,提高松动圈的自承能力,实现对松动圈外侧深部围岩的支承,使深部围岩稳定。

无约束预留空间法对变形释放的效果明显,但围岩极易松散、掉块,施工安全风险大。为此,考虑增加一层柔性防护罩密贴围岩,通过柔性网构护罩保护隧道的安全开挖掘进。初期支护滞后施作,在柔性网构护罩与初期支护间设置预留空间,利用柔性变形原理,使围岩变形释放挤占预留空间,进而使初期支护结构变形可控,完全达到不拆换钢架的目的。

超前导洞应力释放则是通过开挖超前导洞将正洞周围一定范围内的应力进行释放调整,从而降低洞周围岩的应力值,对隧道结构应力分布有预调整的作用,使正洞开挖时处于低应力状态,进而有效控制围岩变形,保持隧道围岩稳定。

### 5) 微台阶分段应力释放技术

微台阶分段应力释放技术是在加强支护措施的前提下,将隧道分为上台阶、中台阶、下台阶、仰拱共四部进行开挖,并通过对同一断面不同开挖部位的预留变形量进行调整与优化,使得应力分阶段控制性释放,并同时缩短台阶长度,加快仰拱封闭时间,有效控制变形。

### 6) 软弱围岩非爆开挖施工技术

为有效降低开挖扰动,采用铣挖配合钻孔劈裂的非爆开挖施工方法。即利用铣挖机的铣挖头高速旋转切削岩石,联合钻芯劈裂处置硬岩夹层,利用高压喷嘴降低开挖粉尘。该施工技术还能较好控制超欠挖,提高开挖质量和安全度,降低作业人员的劳动强度。

## 6.3 双支洞挑顶施工技术

软弱围岩大跨隧道相比于石质隧道,隧道挑顶段的受力更为复杂,采用传统小导洞挑顶,即斜井施工至与正洞交界后,以圆曲线形式转体进入正洞,同时上坡开挖至正洞拱顶高程,并继续沿相同方向掘进一定距离;形成作业空间后,转向相反方向施工,扩挖临时支护达到正洞标准断面。而正洞落底过程中,势必增加导洞的高度,导洞底部悬空。在自身受力的同时,正洞初期支护承受的外力也将传递到导洞墙底,受力复杂,围岩变形加大,对导洞结构及正洞已完成的初期支护受力不利,存在严重安全风险。

兰渝铁路新城子隧道地层属于高地应力软弱围岩地段,施工中隧道围岩及初支变形复杂,且难以控制,其隧道大跨挑顶段加宽 6 m,断面形式是迄今为止世界上最大的开挖断面,为解决新城子隧道大跨挑顶过程中面临的导洞、正洞受力复杂、围岩变形的问题,提出了一种全新的双支洞挑顶施工方法,解决了大跨度高地应力软岩隧道挑顶的施工难题。

### 1)技术特点

利用平行导洞施工上下支洞,上下支洞分别与正洞隧道正交,上支洞和下支洞前后错开,上支洞爬坡进入正洞进行挑顶,下支洞平坡进入正洞,回填下支洞,施工正洞上部,正洞初支穿过下支洞上部后,清除下支洞的回填碴,利用下支洞开挖正洞下部,形成正洞断面。开挖正洞上部初支前对正洞拱部打设管棚注浆加固(图 6.1)。

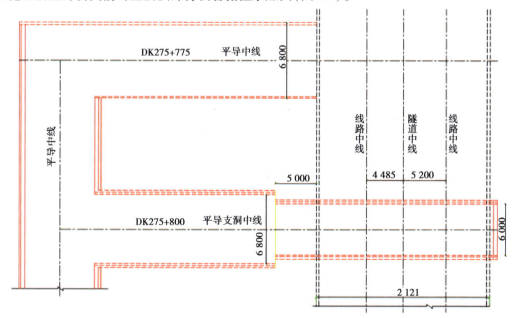

图 6.1 上下支洞挑顶平面图

隧道施工以新奥法为依托,采取加密超前管棚、锚索加固、初支背后注浆加固、增设临时仰拱等支护方法,控制地表下沉,通过全过程的施工监控量测,监视土体及结构的稳定性,随时调整支护参数,使主体结构能安全顺利地建成。

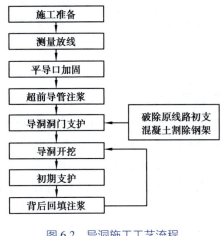

图 6.2　导洞施工工艺流程

2) 施工工艺流程

具体工艺流程如下:施工准备→平行导洞施工→上下支洞施工→上下支洞与正洞交叉口加固施工→上下支洞挑顶的施工→下支洞回填、正洞上部开挖及初支→清除下支洞回填渣→正洞下部开挖及初支→形成正洞断面。其操作要点如下。

（1）平行导洞施工

导洞断面大小由施工工艺、围岩条件、采用设备等因素确定,可为拱形直墙或曲墙。视情况可采用全断面或上下台阶法施工(导洞施工工艺流程如图 6.2 所示),施工中的具体要求有如下几点:

①严格控制导洞线路的精度,确保导洞与结构的关系。

②喷混凝土封闭后开挖前打设超前导管,间隔一个超前注浆管,于开挖前超前导管注水泥浆。

③严格控制开挖进度,每次开挖不超过 2 榀,按两台阶法施工,台阶的长度控制在 5~10 m。

④开挖过程若出现不良地质情况应及时对开挖面进行网喷封闭,进行加固处理后再施工。

⑤严格控制钢支撑间距,网构钢架应精确定位,注意"标高、中线、前倾后仰、左高右低、左前右后"等各个方位的位置偏差,钢支撑保护层临土侧 50 mm,背土侧 40 mm。安装允许误差见表 6.1。

表 6.1　网构钢架安装允许误差

| 方位 | 中线 | 高程 | | 倾斜度 | 左、右拱脚标高 | 左、右钢架里程同步 |
|---|---|---|---|---|---|---|
| 允许误差 | 2 cm | +2 cm | −0 | ≤2° | ±2 cm | ±2 cm |

⑥按设计施工满铺钢筋网,将纵向连接筋、钢筋网与网构钢架牢固连接。

⑦滞后掌子面 5 m 回填注浆一次,浆液为纯水泥浆,对初支背后拱墙进行加固。

⑧导洞施工过程中,加强量测频率,及时反馈量测结果,以便根据量测结果及时修正支护参数,确保安全。

（2）上下支洞施工

依据测量控制桩点以及设计图纸定出的上下支洞洞口的平面位置,导洞断面大小由施工工艺、围岩条件、采用设备等因素确定,可为拱形直墙或曲墙。视情况可采用全断面或上下台阶法施工(导洞施工工艺流程参见图 6.3),施工中的具体要求有如下几点:

①严格控制上下支导洞线路的精度,确保上支洞与正洞的坡高比(上支洞爬坡挑顶图见图6.4),爬坡支洞利用40 m范围逐渐爬坡大跨上台阶高程,下支洞与正洞平坡关系(下支洞平坡挑顶图见图6.5),开挖至与正洞相交交叉口处。

②喷混凝土封闭后,开挖前打设超前导管,间隔一个作为超前注浆管,于开挖前超前导管注水泥浆。

③严格控制开挖进度,每次开挖不超过2榀,按两台阶法施工,台阶的长度控制在5~10 m。

④开挖过程出现不良地质情况应及时对开挖面进行网喷封闭,进行加固处理后再施工。

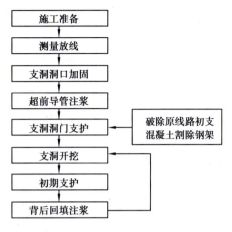

图 6.3　导洞施工工艺流程

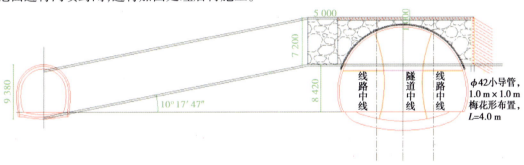

图 6.4　上支洞爬坡挑顶(单位: mm)

图 6.5　下支洞平坡挑顶

⑤严格控制钢支撑间距,网构钢架应精确定位,注意"标高、中线、前倾后仰、左高右低、左前右后"等各个方位的位置偏差,钢支撑保护层临土侧50 mm,背土侧40 mm。

⑥按设计施工满铺钢筋网,将纵向连接筋、钢筋网与网构钢架连接牢固。

⑦滞后掌子面5 m回填注浆一次,浆液为纯水泥浆,对初支背后拱墙进行加固。

⑧导洞施工过程中,加强量测频率,及时反馈量测结果,以便根据量测结果及时修正支护参数,确保安全。

(3)交叉口加固施工

①在下支洞与正洞交叉口处架立4榀并排设置的门型钢架,外侧设型钢钢架支撑柱及落脚横梁,门型钢架采用型钢不小于H175,采用 $\phi$22 钢筋纵向连接、焊接牢固,喷射混凝土

封闭。

②喷射混凝土前,门型钢架顶梁位置用彩条布或其他材料包裹,在安装挑顶段正洞钢拱架时扯掉彩条布即可,正洞钢拱架与门型钢架横梁之间焊接牢固。保证下支洞挑顶后施工正洞的通道,正洞上部的初支拱脚落在门架上。(正洞与门架连接图见图6.6)

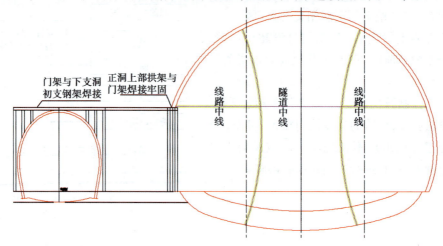

图6.6 正洞与门架连接图

③在与正洞交叉口相接的上下支洞9~12 m内设套拱加固,套拱钢拱架工字钢不小于Ⅰ20b,底板混凝土增设工字钢横撑,与已施工完的初期支护形成整体受力,确保安全。

(4)上支洞和下支洞进入正洞的施工

①上支洞进入正洞的施工。

上支洞爬坡至正洞拱顶,上支洞拱顶高度比正洞拱顶高1.0 m,平坡到大跨对侧1.0 m,封闭上支洞掌子面,掌子面打设R32自进式锚杆,$L=8$ m,梅花形布置1.5 m×1.5 m(环×纵),注浆加固,挂设$\phi8$钢筋网网片,网格间距为20 cm×20 cm,喷C25喷射混凝土,厚15 cm,封闭围岩。

施作1 m堵头墙,并加固堵头部位围岩。为方便大跨正洞的开挖,上支洞采用直墙式断面进行支护,其特点为保证正洞各部初支钢架平整圆顺在同一断面里程;为保证不破坏上支洞拱顶的受力结构,确保正洞上部开挖施工安全,上支洞拱顶比正洞拱顶高1.0 m,正洞上部开挖时只破除上支洞边墙初支。

挑顶段上导洞支护采用H175型钢拱架,开挖每循环进尺1.0~1.2 m,施作$\phi42$,$L=3$ m@40 cm超前小导管和$\phi42$,$L=4$ m的锁脚锚管,上支洞与正洞线路方向垂直;并在上支洞初支边墙即正洞拱部范围内打设$\phi89$超前管棚,并注浆,进行施工正洞开挖支护。

②下支洞进入正洞的施工。

下支洞平坡贯穿正洞与线路方向垂直,下支洞支护采用H175型钢拱架,开挖每循环进尺1.0~1.2 m,施作$\phi42$,$L=3$ m@40 cm超前小导管和$\phi42$,$L=4$ m的锁脚锚管,开挖断面采用曲墙式断面;开挖支护至大跨对侧一米处,封闭上支洞掌子面,掌子面打设R32自进式锚杆,$L=8$ m,梅花形布置1.5 m×1.5 m(环×纵),注浆加固,挂设$\phi8$钢筋网网片,网格间距20 cm×20 cm,喷C25喷射混凝土,厚15 cm,封闭围岩。并施作1 m堵头墙,加固堵头部位的围岩。

③下支洞回填。

采用洞渣和沙袋回填下支洞,将正洞范围内的下支洞段回填密实,为正洞上部开挖穿过下支洞上部做准备。

(5)隧道正洞开挖及初支

①在上支洞初支的基础上进行正洞开挖,紧靠上支洞初支边墙并排架设两榀正洞H200型钢和双侧壁H175型钢,打设R38自进式锁脚锚杆,$L = 8$ m每榀4根,$\phi42$,$L = 3$ m@40 cm超前小导管,拱墙打设$\phi42$,$L = 4$ m,梅花形布置1.2 m×1.2 m(环×纵)径向注浆小导管,喷射C25混凝土封闭。

②然后拆除上支洞初支边墙,开挖大跨正洞,且大跨正洞采用9部双侧壁法施工(图6.7),上台阶分3部开挖,各部之间交错前

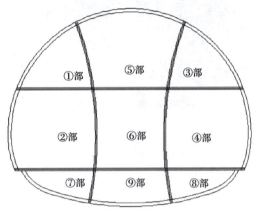

图6.7 9部双侧壁法

进,1部超前3部10 m,3部超前5部10 m,开挖到位后及时喷射混凝土封闭,快速安装钢拱架,并打设超前小导管。

正洞向下支洞方向掘进35 m,并在正洞拱墙布设长锚索对初支进行加固,锚索长18 m/根,间距1.5 m×1.5 m(环×纵),及时注浆、张拉、锚固。

③正洞上部施工35 m完成后,穿过下支洞上部10 m,继续进行正洞反方向正常施工,清除下支洞回填渣,在下支洞初支支护基础上,采用9部双侧壁法分部开挖正洞下部,与正洞上部的拱架连接,形成正洞断面。

④上支洞挑顶工作完成后,上支洞拱顶比大跨拱顶高1.0 m,对大跨拱顶采用C35混凝土进行回填,等大跨段施工正常后及时封闭支洞,上支洞爬坡段和下支洞平坡段采用C20混凝土回填密实,导洞其余地段采用洞渣回填。

(6)隧道施工工艺的改进

①增设套拱和临时仰拱,及时封闭,步步成环。与正洞交叉口相邻段上下的支洞采用套拱加固,相对于二衬混凝土加固等工艺而言,简化了施工工艺,缩短了加固周期,加快了施工进展,同时节约了费用;且导洞进入大跨正洞后,上下支洞的仰拱改为临时仰拱,上下支洞进入正洞后不利于掌子面的稳定,易造成拱顶及地表沉降。遵循浅埋暗挖及时封闭步步成环的原则,改设上下支洞临时仰拱,使上下支洞的断面及时封闭。同时,利用临时仰拱形成上部施工通道,避免上下施工干扰,缩短施工循环时间。

②增加工作面、效益显著。采用上下支洞挑顶,增加作业面,为大型机械设备提供了作业空间,提高了工效,缩短了挑顶施工时间,减少了施工成本,经济效益显著。

③增设边墙锚索及锁脚锚杆。开挖后掌子面自稳性差,围岩可注性差。为有效控制掌子面的土体稳定和地层沉降,环向和纵向加设自进式锚杆、锚索,增设R38自进式锁脚锚杆,$L = 8$ m。

图6.8为双支洞挑顶施工现场操作照片。

（a）上下支洞

（b）上下支洞

（c）上支洞挑顶后施工长管棚

（d）长管棚施工

（e）下支洞进入正洞下部

（f）下支洞堵头墙封堵

（g）正洞隧道上部分部开挖

（h）正洞隧道上部分部开挖支护

（i）一部锚索施工

（j）三部锚索施工

（k）五部锚索施工

（l）下支洞挑顶与正洞上部对接施工

（m）下支洞挑顶与正洞上部对接施工

（n）下支洞与上支洞对接形成正洞断面

（o）上支洞封堵

图6.8  双支洞挑顶施工现场操作照片

## 6.4 大跨段多重锁固支护施工技术

兰渝铁路新城子隧道受隧道内越行站临江铺车站的影响,结构特殊,隧道内先由两个双线断面转变为两个单线断面,再由双连拱断面变为大跨断面,最后变为一个双线断面。其中,大跨最大开挖断面350 m²,是普通双线断面的2.5倍,目前为我国在建铁路隧道之最大跨。若采用双侧壁导坑法施工,围岩受力复杂,变形不易控制,易发生挤压大变形或坍塌的情况。为控制围岩变形,保证支护的稳定,项目研究团队研究提出了适合大跨段的多重锁固支护施工技术。

### 1)技术特点

强挤压围岩隧道多重锁固支护施工的技术关键点为:排架式结构技术、压浆剂快速锚固锚索技术、锚索预留低预应力柔性张拉技术、三层支护技术。

(1)排架式结构支护

①根据围岩破碎状况、地质特点、母岩物理参数、地应力大小及变形情况确定H型钢拱架间距和各纵向分配梁之间的间距。

②架设H型钢,在拱架外沿隧道轮廓线布设多条纵向分配梁,通过焊接连接形成排架式结构。纵向分配梁可采用工字钢、型钢或槽钢对右成箱型,纵向分配梁的腹板面应沿隧腔径向,从而钢架间的纵梁能有较大刚度,以便荷载的传递。

③混凝土施工前,对纵向分配梁的连接头端进行包裹防护,以免被污染或被喷入混凝土中,避免下次接长时需要凿除而影响工效。

排架式结构技术,变单个H型钢拱架独立受力为所有H型钢拱架共同受力,完善了软岩隧道的初期支护结构体系,极大改善了支护结构的受力状况,实现了荷载的纵向传递,减小了应力集中,避免了因围岩局部较大变形导致局部H型钢拱架承受较大荷载而破坏,降低了因下部台阶开挖而使上部拱脚悬空而发生坍塌的风险。

(2)压浆剂快速锚固锚索技术

在水泥浆液中加入减水剂,并调整各材料配比,测定其凝结时间及凝固后的各时间段强度并记录,多次试验,科学论证,直至得出满足要求的数据,从而确定锚索快凝注浆液的配合比,使锚索锚固强度能在注浆后24 h内满足张拉要求,加快了锚索的施工进度,进而迅速提高了支护强度。

(3)锚索低预应力柔性张拉技术

只对锚索进行一次主动张拉,只张拉锚索强度的50%;允许围岩发生一定变形,但控制其变形速率,让锚索随着围岩变形;使钢绞线被拉伸,锚索强度逐渐达到设计值。

(4)三层支护

第一层支护为排架式结构支护,自进式锚杆锁脚、径向注浆加固,长锚索长锚杆联合锁固;第二层支护为型钢网喷支护,锚管锁脚,长锚索锁固;第三层支护为型钢模筑。其施工顺序为:第一层排架式结构支护→第一层长锚索自进式锚杆→第二层支护→第二层长锚索→第三层型钢模筑支护。

H型钢刚度高,抗弯能力强,能有效抵抗围岩变形;预应力锚索能充分发挥岩体的自承潜力,调节和提高岩土的自身强度和自稳能力,控制围岩变形;H型钢与锚索联合支护,减轻了支护结构自重,节约了工程材料;三层型钢支护与锚索锚杆结合,交替施工,层层锁固,极大提高了支护体强度,保证了施工安全和支护的稳定。

2)施工工艺流程

强挤压围岩隧道多重锁固支护施工工艺流程如图6.9所示,强挤压围岩隧道多重锁固支护示意图如图6.10所示。

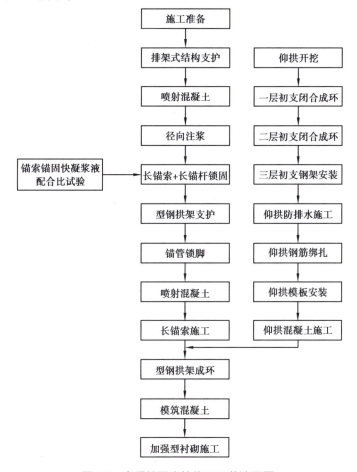

图6.9 多重锁固支护施工工艺流程图

(1)排架式结构支护(图6.11)

在H型钢拱架外沿隧道轮廓线布设多条纵向分配梁,通过焊接连接形成排架式结构,使H型钢拱架与纵向分配梁形成整体结构,共同受力,减少了围岩的水平收敛和竖向沉降。

沿隧道轮廓线方向的纵向分配梁采用槽形连接板焊接接长,槽形连接板嵌入纵向分配梁内(为了方便施工,尽量减少支护结构厚度,避免开挖断面积增加过多而导致增加成本,同时能达到一定刚度,纵向分配梁采用12#槽钢加工而成,连接板6采用10#槽钢),所有接触缝全部焊满,保证焊接质量。为了提高焊接进度,减少现场焊接工作量,槽形连接板的一端

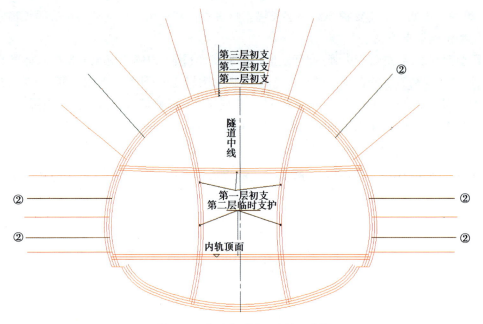

图 6.10　大跨多重锁固支护示意图

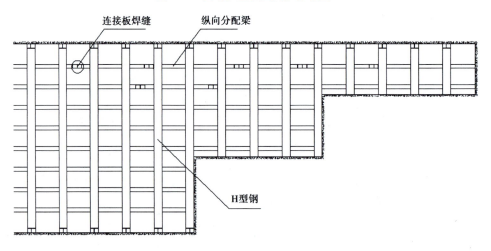

图 6.11　排架式结构支护示意图

可在加工棚内预先与纵向分配梁焊接好,施工现场只需将槽形连接板另一端焊接在已立好的纵向分配梁上即可。

具体实施步骤如下:

①先进行多台阶分部开挖。

②根据围岩破碎状况、地质特点、母岩物理参数、地应力大小及变形情况,确定 H 型钢拱架的间距和规格、各纵向分配梁之间的间距。

③架立 H 型钢拱架,同时将纵向分配梁按确定的间距焊接在 H 型钢拱架外缘,确保纵向分配梁与 H 型钢拱架接触面沿 H 型钢拱架轴线方向的两条焊缝饱满,使 H 型钢拱架和纵向分配梁完成连接,形成排架式支架。纵向分配梁的接头布置不在同一个截面上,相互交错不小于 40 cm。

④对纵向分配梁的连接头端进行包扎防护,以免被污染或被喷入混凝土中,避免下次接长时需要凿除而影响工效;然后进行混凝土喷射。

为了最大限度地利用纵向分配梁的刚度,在将纵向分配梁焊接在 H 型钢拱架外缘时,使纵向分配梁的腹板面朝向隧腔径向;同时使纵向分配梁槽口向上,这样可以在喷射混凝土时确保没有空隙,以保证喷射混凝土时混凝土能够密实。

沿 H 型钢拱架外侧布设纵向分配梁,使隧道上台阶在下挖降低至中台阶或中台阶下挖降至隧道仰拱底时,由于纵向分配梁的作用,可以将 H 型钢拱架受到的水平与竖向荷载向开挖段前后传递,由开挖段前后的 H 型钢拱架承担,变单个 H 型钢拱架独立受力为所有 H 型钢拱架共同受力。此举完善了软岩隧道的初期支护结构体系,极大地改善了支护结构的受力状况,实现了荷载的纵向传递,因此当局部围岩变形较大使局部拱架受到较大的力时,荷载可纵向传递。尤其是在开挖下部台阶上部拱脚悬空时,施加在悬空拱架上的荷载传递给相邻拱架,避免了开挖段在开挖过程中因为 H 型钢拱架悬空出现的水平收敛与竖向沉降发生突变,降低了坍塌风险,从而避免引发安全事故。

(2)二十四小时张接锚索快凝浆液配合比技术

中心试验室实地深入施工现场,了解锚索注浆张拉的各个施工环节,对原有注浆浆体的各种性能进行试验研究,决定在项目现有的各种原材料的基础上,且不影响浆体现场施工性能的前提下,在原有浆体配比的基础上加入减水剂,减少用水量,降低原有浆体的水胶比,提高浆体的强度标号,从而提高浆体的早期强度。

通过科学试验,综合考虑经济效益,最终确定浆体的配合比为 1∶0.022∶2.222(水∶减水剂∶水泥),使锚索锚固强度能在注浆后 24 h 内满足张拉要求,加快了锚索施工进度,进而迅速提高了支护的强度。

(3)预留张拉量的预应力锚索+长锚杆让压支护

施作长锚索长锚杆联合锁固,拱墙设置 14 根预应力锚索加固,长 18 m,纵向间距1.2 m,配合锚索拱墙每榀(0.6 m/榀)钢架设置 12 根 R38N 自进式锚杆进行锁固,锚杆长8 m。其施工流程为:锚索及垫板加工→预理I 16 工字钢→搭建操作平台→钻机安装与定位→钻孔→清孔→锚索安装→封孔→注浆(两次)→垫板锚具安装→张拉。

①预应力锚索的设计标准:锚索拉索材料采用高强度低松弛预应力钢绞线,钢绞线必须符合现行国家标准《预应力混凝土用钢绞线》(GB 5224)的规定。锚索编制前应对每根钢绞线进行严格的检查,对有死弯、机械损伤、严重锈蚀、电烧伤等造成强度降低的锚索材料,在施工中不得采用。预应力钢绞线 4$\phi$15.24 mm,强度级别为 1 860 MPa,采用与其配套的OVM15-4 锚具系列,自由端 8 m,锚固端 7.5 m,锚孔内灌注 M35 水泥砂浆,水泥采用 PO42.5普通硅酸盐水泥。锚索在锚固段每隔 1 m 设置一个对中支架,使锚索居中,自由段每隔1 m用细铁丝绑扎。锚索的防锈、防腐蚀处理应满足铁路《路基支挡结构设计规范》中提出的各项技术要求。

②锚索及垫板加工(图 6.12):由于锚索体长而重,并且只能用人工运送,因此锚索编束作业场地应尽量靠近安装现场,以减小运输的难度。钢绞线用砂轮机切割,下料长度按锚固

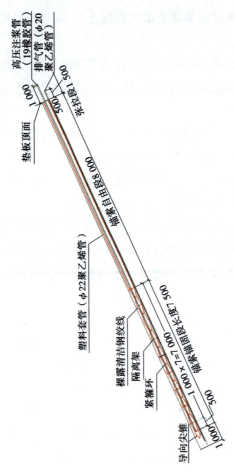

图 6.12　长锚索结构示意图

段长度+张拉长度+外锚头长度+外留长度（1 m）计算。锚索编束前，要确保每一根钢绞线排列均匀、平直、不扭不叉，有死弯、机械损伤及锈蚀严重的应剔出，轻度生锈的要除锈。锚索锚固段按照设计要求设置对中支架，备好对中支架，然后将钢绞线绑扎在对中支架上。2 个对中支架中间需将锚索加以捆绑（必须待锚索入锚孔后再同安放的注浆管一起捆绑）。锚索张拉段外套 $\phi50$ mm 塑料波纹管，锚索编束完后，按桩号对应编号，妥善保管，防止人踩踏或雨淋。

③预埋 I16 工字钢（图 6.13）：第一层初支施作时，按锚索设计要求预埋 I16 工字钢，并在喷浆结束后及时将工字钢表层的混凝土铲除，以便后期锚索施工定位及配合钢垫板承压。

④搭建操作平台：采用折叠碗扣式扣件，$\phi48\times3.25$ 钢管。其施工流程为：定位设置通长脚手板、底座→纵向扫地杆→立杆→横向扫地杆→小横杆→大横杆（搁栅）→剪刀撑→连墙件→铺脚手板→扎防护栏杆→挡脚板→扎安全网。各部件不得缺失，扣件必须上紧。

⑤钻机安装与定位：采用 EX-100B 电动潜孔钻机，通过定向滑轮调整位置和角度，固定牢靠。

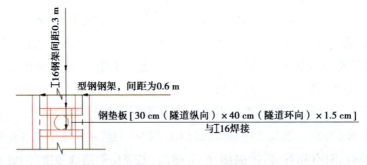

图 6.13　锚索预埋 I16 工字钢示意图

⑥钻孔及清孔：锚索孔径为 130 mm，锚孔与岩面尽可能垂直，钻进 20 cm 时要安装孔口管。孔口管起着导向作用，长度为 50 cm。孔口管采用 $\phi176$ mm 的钢管，管壁与孔口接触处用麻丝填塞牢固，钻孔时要定段检查锚孔前进方向的偏移情况，以便及时采取措施纠正，确保孔位正确。钻孔时要记好钻入孔内的钻杆数量，以便核准钻孔深度，钻至设计深度后用高压风将孔内的岩屑全部清理干净。钻孔时如果遇到塌孔，应立即停钻并进行固壁灌浆处理，注浆凝固后再重新扫孔钻进。

⑦锚索安装及封孔:锚孔成孔后要尽快安装锚索,采用人工运送,运输过程中要相互照应,防止锚索触地擦伤。锚索穿入锚孔时要逐根接注浆管连同锚索一起插入孔内,锚索插入时要前后照应,相互配合,用力均匀,专人指挥,防止破坏钻孔,锚索未入孔的部分要离开地面,不能在地面上拖行。锚索安装后及时用 C20 砂浆封堵孔口。

⑧锚索注浆:第一次注浆采用常压注浆,注浆压力为 0.5~0.8 MPa,采用孔底返浆法,当孔口出现溢浆且持续时间不低于 5 min(或排气管停止排气)后,方可停止注浆,砂浆必须饱满密实,注浆后过半小时再补浆,第二次注浆为高压劈裂注浆,待第一次注浆 4~5 h,形成的水泥结石体强度达到 5 MPa 后进行,对锚固段进行劈裂注浆,注浆压力不小于 2.5 MPa。浆体配合比采用二十四小时张接锚索快凝浆液配合比技术。

⑨张拉锁定(低预应力柔性张拉技术):与传统技术相比,本技术提供的预应力锚索张拉方法只对锚索进行一次主动张拉,只张拉锚索强度的 50%,给围岩足够的应力释放空间,让锚索随着围岩的变形,钢绞线被拉伸,锚索强度逐渐达到设计值。具体操作如下:

a.施工准备:对千斤顶及油压泵进行标定,得出千斤顶的拉力和油压表压强的张拉方程。根据相关参数计算锚索的张拉荷载及伸长量,并计算出 50% 荷载对应的张拉油表读数。

b.搭建操作平台:搭设张拉操作平台,采用成型的高架安放稳定,并由专人进行支扶放置千斤顶,人员站立稳定后方可进行施工。

c.锚具安装:安装工作锚具、夹片,并将夹片轻轻敲实,然后安装千斤顶、工具锚、夹片,安装时使千斤顶与锚具垫片垂直。

d.张拉:开动油泵,给千斤顶张拉油缸缓慢供油,直至油压设计值对应到锚索强度的 50%,并稳定 10 min。

e.锚固:轻轻松开油泵截止阀,使油压缓慢降至零,油泵向回程油缸供油,活塞慢慢回程到底,卸下工具锚、千斤顶等机具。

f.封锚:用砂轮切割机切割多余的钢绞线,待支护变形稳定再支模,用混凝土及时封闭锚头,要求整齐、美观。

较通常的张拉方法,本技术允许了围岩的部分变形,变主动张拉为被动张拉,有利于围岩的变形控制,避免了锚索被拉断,保障了初支的安全。在二层支护后,围岩变形减弱,可提高锚索预应力,对围岩变形进行控制。同时,本发明工艺简单,不增加普通锚索施工工艺步骤。

(4)三层支护

①第一层支护。开挖完成后,素喷开挖轮廓及视围岩情况封闭掌子面。

a.超前小导管:由于大跨段为软质板岩,围岩破碎,节理裂隙发育,在拱部 120° 范围设 φ42 超前小导管,外插脚 5°~10°,导管长度、环纵间距符合设计要求,注浆固结前方岩体,保障施工的安全。超前小导管工艺流程为:导管预制加工→测量导管孔位→钻孔→清孔→安装导管→注浆。

b.锚杆:钢架接头处设 R38N 自进式锚杆进行锁脚,长 8 m,每榀 16 根;拱墙设置 φ42 小导管径向注浆,导管长度、环纵间距符合设计要求。自进式锚杆工艺与锚索类似,在此不再赘述。径向注浆管工艺流程为：锚杆预制加工→测量锚杆孔位→钻孔→清孔→安装锚杆→注浆。采用 YT28 凿岩机钻孔及安装，安装后不得随意敲击悬挂重物，利用高压注浆泵注浆，浆液配合比和添加剂符合设计和规范要求，注浆饱满。

c. 钢筋网片：采用 φ8 钢筋网片，在加工棚分块制成钢筋网片，网格尺寸 20 cm×20 cm，按设计要求焊制。人工铺挂，在初喷 4 cm 混凝土后设置，并同锚杆固定牢靠，搭接长度不小于 1~2 个网格。

d. 钢架安装（排架式结构支护）：安装型钢拱架，并在 H 型钢拱架外沿隧道轮廓线布设多条纵向分配梁，通过焊接连接形成排架式结构，具体工艺及要求见排架式结构支护，在此不再赘述。

e. 喷射混凝土：初支喷 C25 混凝土，厚 30 cm，应保证无漏喷、离鼓、裂缝、钢筋网外漏等现象。喷射混凝土分段、分片由下而上进行，每段长度不超过 6 m，一次喷射厚度控制在 6 cm 以下，喷射时插入长度比设计厚度大 5 cm 的铁丝，每 1~2 m 设一根，作为施工控制用。

②第一层长锚索+自进式锚杆。开挖支护完成一个施工段（各部位空间小，锚索与开挖支护无法同时施工），施作第一层长锚索及自进式锁固锚杆。锚索锚杆按设计要求布置，初支施作时预埋I16 工字钢定位，搭建脚手架操作平台，通过潜孔钻机钻孔，安装锚索，注浆饱满，张拉到位。具体工艺可参照预留张拉量的预应力锚索+长锚杆让压支护。

③第二层支护。第一层长锚索长锚杆完成后，施作第二层支护。架设钢拱架与临时支护闭合成环，网喷支护，锚管锁脚，保证拱架的圆顺，使其能有力地抵抗围岩的变形。

钢架安装：采用 H 型钢拱架，间距符合设计要求，在加工棚冷弯预制，并试拼大样，确保拱架圆顺。型钢架立时必须严格按照测量的标高和中线控制线进行，各节钢架间通过连接板螺栓连接，螺栓必须拧紧上齐，两榀钢架间通过 φ22 螺纹钢筋连接，焊缝饱满，焊接牢靠，环向间距 1 m。

其余工艺要求与第一层支护相同。

④第二层长锚索。第二层支护完成后，按要求布置，施作第二层长锚索，I16 工字钢预埋时，要考虑第一层支护钢架及纵向分配梁的位置，以免锚索钻孔被钢架阻挡，其施工工艺与第一层相同。

⑤第三层支护。先施作仰拱，一层、二层支护闭合成环，第三层支护于仰拱左右两端预留钢架接头，高于填充面 80 cm，并用无纺布包裹，以免被污染，影响后期功效。

待一二层临时支护拆除后，第三层拱墙支护全环同时施工，架设拱墙型钢拱架与仰拱第三层支护闭合成环，拱架对接圆顺，其工艺与第二层相同。

C35 混凝土模筑：分段、分片进行第三层支护模筑，对需模筑的段落前后两端喷射 C35 混凝土，封闭拱架与第二层初支间的空隙；采用 100 cm×25 cm×5 cm 的钢模板，通过铁丝固定于钢架上，模板间及模板与钢架间的缝隙用无纺布封堵；采用输送泵进行混凝土泵送，控制泵送速度，浇筑过程连续，及时用小型捣固棒振捣密实。

图 6.14 为大跨段多重锁固支护现场操作照片。

（a）锚索加工

（b）搭脚手架操作平台

（c）潜孔钻机钻孔

（d）安装锚索

（e）注浆

（f）锚索锚具安装

（g）锚索张拉

（h）锚索+自进式锚杆打设完成

（i）大跨二次支护施作

（j）大跨三次支护施作

（k）右线二次支护施作

图6.14  大跨段多重锁固支护现场操作照片

# 6.5 大跨与连拱过渡段的施工技术

兰渝铁路新城子隧道受宕昌车站进洞的影响,设计为喇叭口隧道,依次划分为两双段、两单段、连拱段、双线段(含大跨段)。连拱段向大跨段过渡时,断面形式变化大,且会形成一个长 14 m、高 8 m 的大断面堵头墙。加上该段地层属于高地应力软岩,偏压严重,围岩自稳能力差,易发生大变形或坍塌的情况。过渡段施工技术难度大,安全风险高,如何减小开挖施工的风险,控制围岩的变形,保证支护衬砌的质量,迅速通过这一高风险段落,是项目部、全线乃至业界一直思考的问题。

由于大跨断面涵盖连拱断面,通过延长大跨深入连拱段的方式进行过渡段的开挖,大跨段用成熟的双侧壁导坑法施工,后期利用连拱左右线两衬砌台车,过渡段堵头墙、连拱双洞衬砌一体浇筑,恢复连拱及堵头墙的结构,以保障开挖施工的安全。对过渡段形成的大断面堵头墙采用双层柔性支护,即锚喷支护体给松动圈岩层一定的可变形空间,长锚杆将整个松动圈岩层、支护组合起来,再通过预应力长锚索将整个外部岩层锁固在内层岩层中,提高支护体的强度,控制围岩的变形。

## 1)技术特点

高地应力软岩隧道大跨段至连拱过渡段施工工法关键点:大断面延伸开挖技术、双层柔性支护技术、双洞衬砌整体浇筑技术。

大断面延伸开挖技术:加长大跨段,缩减连拱段,通过掘进大跨段完成过渡段连拱及堵头墙的开挖。大跨采用双侧壁九部法施工,弱爆破配合机械开挖,具体的施工步骤如下:

①在超前支护保护下,开挖大跨段 1、2 部(即连拱左线上、下台阶),每次开挖长度为 0.6 m(根据钢架间距而定),并及时施作初期支护及临时支护,确保封闭成环。施工时 1 部超前 2 部 3.6 m。

②左侧侧壁导坑到位后,在超前支护保护下,开挖大跨段 3、4 部(即连拱右线上、下台阶),每次开挖长度为 0.6 m(结合钢架间距而定),并及时施作初期支护及临时支护,确保封闭成环。施工时 3 部超前 4 部 3.6 m。

③右侧侧壁导坑到位后,在超前支护保护下,开挖大跨段 5、6 部(即堵头墙上、下台阶),每次开挖长度为 0.6 m(结合钢架间距而定),并及时施作初期支护及临时支护,确保封闭成环。施工时 5 部超前 6 部 3.6 m。

过渡段开挖到位后对一掌子面喷射 C25 混凝土进行封闭。

堵头墙断面不规则,开挖支护机械限制大,利用大跨掘进完成过渡段的开挖,可避免多次挑顶,减少施工的风险;大跨段采用大刚度型钢钢架、临时支护提前使初支闭合成环,可有效抵抗围岩变形。

双层柔性支护:过渡段大跨 5 部开挖支护到位后,进行堵头墙支护施工。具体的施工步骤如下：

①采用砂浆锚杆配合钢筋网片封闭 5 部掌子面。砂浆锚杆的长度与间距,钢筋网片的加工制作与安装搭接要符合设计要求和相应规范。

②施作长锚索长锚杆。长锚索长锚杆要按设计要求布置,注浆饱满,张拉到位,联合锁固。

③施作横撑竖撑,通过大跨初支施作时预留的连接板和螺栓分别与大跨 1、3、5 部初支牢靠连接。横撑竖撑钢架的型号、间距,连接板的焊接要符合设计要求和相应规范。

堵头墙长 14 m、高 8 m,断面大,采用锚喷封闭,可迅速提高支护的强度,降低滑塌的风险;软弱围岩开挖后,松动圈较大,长锚杆可贯穿整个松动圈,注浆固结,减小围岩的变形;长锚索锚固力强,将整个支护体、外部岩层锁固在内层岩层中,保证了支护体的稳定。

双洞衬砌整体浇筑技术:待过渡段大跨段临时支护拆除后,支护监测稳定且具备衬砌条件时,将过渡段堵头墙及相邻连拱左右线衬砌一次性浇筑。

①堵头墙防排水系统与相邻大跨、连拱左右线联合到一起,搭接到位。

②绑扎连拱左右线衬砌钢筋,钢筋笼定位准确,钢筋规格、间距、搭接要符合设计要求和相应规范。

③利用连拱左右线衬砌台车,中间安装钢模、槽钢、钢管封闭堵头墙,模板牢靠加固。

④混凝土浇筑由堵头墙向连拱两侧对称模筑,泵送过程应连续,一次完成。

由于方量较大,应控制好混凝土泵送速度,先快后慢,冲顶再加快速度,混凝土浇筑过程中及时用振捣棒振捣密实。

整体衬砌减少了施工缝的数量,可有效防止开裂。

### 2)施工工艺流程

过渡段施工工艺流程如图 6.15 所示。

①过渡段开挖:加长大跨段,缩减连拱段,通过大跨段延长深入连拱段的方式进行过渡段的开挖;大跨采用双侧壁九部法施工,机械开挖,具体的施工步骤如图 6.17 和图 6.18 所示。

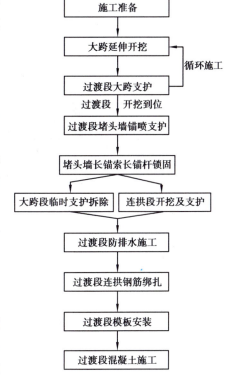

图 6.15　过渡段施工工艺流程图

a.在超前支护的保护下,开挖左侧上、下台阶(即 1、2 部)。每次开挖长度为 0.6 m(根据钢架间距而定),施工时 1 部超前 2 部 3.6 m。

b.左侧侧壁导坑到位后,在超前支护保护下,开挖右侧上、下台阶(即 3、4 部)。每次开挖长度为 0.6 m(结合钢架间距而定),施工时 3 部超前 4 部 3.6 m。

c.右侧侧壁导坑到位后,在超前支护保护下,开挖中部上、下台阶(即 5、6 部)。每次开

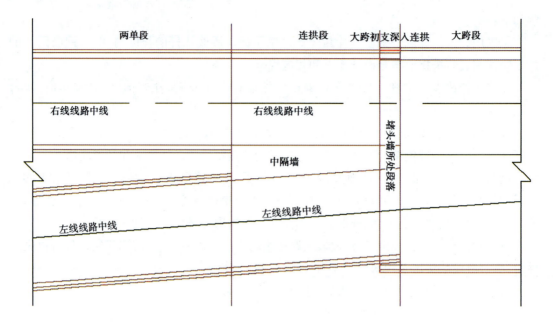

图 6.16　大跨段延伸至连拱段示意图

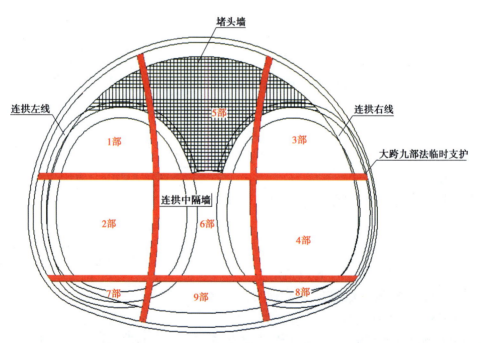

图 6.17　过渡段双侧壁九部法分部示意图

挖长度为 0.6 m(结合钢架间距而定),施工时 5 部超前 6 部 3.6 m。

施工中应精确测量,严格控制堵头墙的位置,避免欠挖,减小超挖。

②过渡段大跨支护各部位每循环开挖后视围岩实际情况必要时对掌子面喷射 C25 混凝土进行封闭,及时施作初期支护及临时支护,确保封闭成环。1、3、5 部初支预埋与堵头墙横竖撑相连的连接板,并用无纺布包裹严密。

a.超前小导管:由于大跨段为软质板岩,围岩破碎,节理裂隙发育,所以在拱部 120° 范围

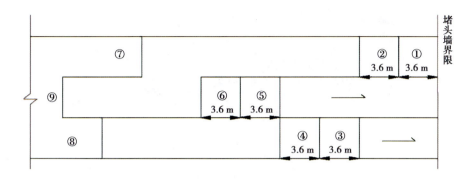

图 6.18　过渡段双侧壁九部法施工顺序示意图

设 $\phi$42 超前小导管,外插脚 5°~10°。导管长度、环纵间距应符合设计要求,注浆固结前方岩体,保障施工的安全。超前小导管工艺流程为:导管预制加工→测量导管孔位→钻孔→清孔→安装导管→注浆。

b.锚杆:钢架接头处设 R38N 自进式锚杆进行锁脚,长 8 m,每榀 16 根;拱墙设置 $\phi$42 小导管径向注浆,导管长度、环纵间距应符合设计要求。自进式锚杆工艺与锚索类似,后面会提到,不再赘述。径向注浆管工艺流程为:锚杆预制加工→测量锚杆孔位→钻孔→清孔→安装锚杆→注浆。采用 YT28 凿岩机钻孔及安装,安装后不得随意敲击悬挂重物。利用高压注浆泵注浆,浆液配比和添加剂应符合设计和规范要求,注浆饱满。

c.钢筋网片:采用 $\phi$8 钢筋网片,在加工棚分块制成钢筋网片,网格尺寸为 20 cm×20 cm,按设计要求焊制。人工铺挂,在初喷 4 cm 混凝土后设置,并同锚杆固定牢靠,搭接长度不小于 1~2 个网格。

d.钢架安装:采用 H200 型钢拱架,间距应符合设计要求,在加工棚冷弯预制,并试拼大样,确保拱架圆顺。型钢架立时必须严格按照测量的标高和中线控制线进行,各节钢架间通过连接板螺栓连接,螺栓必须拧紧上齐。两榀钢架间通过Ⅰ16 工字钢连接,工字钢嵌于钢架腹板侧,焊缝饱满,焊接牢靠,环向间距 1 m。

e.喷射混凝土:初支喷 C25 混凝土,厚 30 cm,应保证无漏喷、离鼓、裂缝、钢筋网外漏等现象。喷射混凝土分段、分片由下而上进行,每段长度不超过 6 m,一次喷射厚度控制在6 cm 以下,喷射时插入长度比设计厚度大 5 cm。铁丝每 1~2 m 设一根,作为施工控制用。

③过渡段大跨 5 部开挖到位后,进行堵头墙支护施工(图 6.19)。采用锚喷支护,长锚索长锚杆锁固,钢横撑、竖撑重点加固。

a.锚喷支护:大跨 5 部开挖到位后,采用钢筋网片配合砂浆锚杆封闭 5 部掌子面。砂浆锚杆的长度间距与安装锚固、钢筋网片的尺寸焊接与安装搭接,均应符合设计要求和相应规范。

b.长锚索长锚杆锁固:待大跨 5 部支护及锚喷封堵完毕后,按设计要求布置和施作长锚索长锚杆联合锁固。锚索、拉索材料采用高强度低松弛预应力钢绞线,钢绞线必须符合现行国家标准《预应力混凝土用钢绞线》(GB 5224)的规定。锚索编制前应对每根钢绞线进行严格的检查,对有死弯、机械损伤、严重锈蚀、电烧伤等造成强度降低的锚索材料,在施工中不得采用。预应力钢绞线采用 4$\phi$15.24 mm,强度级别为 1 860 MPa。采用与其配套的 OVM15-

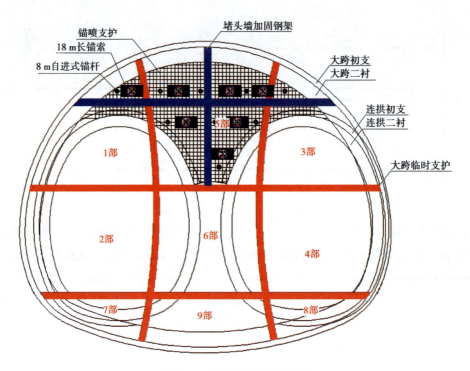

图 6.19　过渡段支护示意图

4 锚具系列,自由端 8 m,锚固端 7.5 m。锚孔内灌注 M35 水泥砂浆,水泥采用 PO42.5 普通硅酸盐水泥。锚索在锚固段每隔 1 m 设置一个对中支架,使锚索居中,自由段每隔 1 m 用细铁丝绑扎。锚索的防锈、防腐蚀处理应满足铁路《路基支挡结构设计规范》中提出的各项技术要求。锚索孔内注浆按二次注浆法,先将锚固段注满砂浆,当砂浆强度达到 70% 以上时再进行张拉,张拉完毕后进行第二次注浆,使锚索孔内满浆。其施工流程为:锚索及垫板加工→搭建操作平台→钻机安装与定位→钻孔→清孔→锚索安装→封孔→注浆(两次)→垫板锚具安装→张拉(两次)。

　　a.锚索及垫板加工(图 6.20):由于锚索体长而重,并且只能用人工运送,因此锚索编束作业场地应尽量靠近安装现场,以减小运输的难度。钢绞线用砂轮机切割,下料长度按锚固段长度+张拉长度+外锚头长度+外留长度(1 m)计算。锚索编束前,要确保每一根钢绞线排列均匀、平直、不扭不叉,有死弯、机械损伤及锈蚀严重的应剔出,轻度生锈的要除锈。锚索锚固段按照设计要求设置对中支架,备好对中支架,然后将钢绞线绑扎在对中支架上。2 个对中支架中间须将锚索加以捆绑(须待锚索入锚孔时再同安放的注浆管一起捆绑)。锚索张拉段外套 $\phi50$ mm 塑料波纹管,锚索编束完后,按桩号对应编号并妥善保管,防止人踩踏或雨淋。

　　b.搭建操作平台:采用折叠碗扣式扣件,$\phi48\times3.25$ 钢管,其施工流程为:定位设置通长脚手板、底座→纵向扫地杆→立杆→横向扫地杆→小横杆→大横杆(搁栅)→剪刀撑→连墙件→铺脚手板→扎防护栏杆→挡脚板→扎安全网。各部件不得缺失,扣件必须上紧。

　　c.钻机安装与定位:采用 EX-100B 电动潜孔钻机,通过定向滑轮调整位置和角度,牢靠固定。

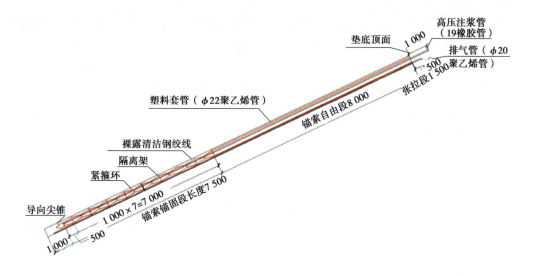

图6.20 长锚索结构示意图

d.钻孔及清孔:锚索孔径为130 mm,锚孔与岩面尽可能垂直,钻进20 cm时要安装孔口管,孔口管采用$\phi$176 mm的钢管,孔口管长度为50 cm,管壁与孔口接触处用麻丝填塞牢固,孔口管起导向作用。钻孔时要定段检查锚孔前进方向的偏移情况,以便及时采取措施纠正,确保孔位正确。钻孔时要记好钻入孔内的钻杆数量,以便核准钻孔深度,钻至设计深度后用高压风将孔内的岩屑全部清理干净。钻孔时如果遇到塌孔,应立即停钻,进行固壁灌浆处理,注浆36 h后重新扫孔钻进。

e.锚索安装及封孔:锚孔成孔后要尽快安装锚索,采用人工运送,运输过程中要相互照应,防止锚索触地擦伤。锚索穿入锚孔时要逐根接注浆管连同锚索一起插入孔内,锚索插入时要前后照应,相互配合,用力均匀,专人指挥,防止破坏钻孔,锚索未入孔的部分要离开地面,不能在地面上拖行。锚索安装后及时用C20砂浆封堵孔口。

f.注浆:锚索注浆采用两次注浆,第一次注浆采用常压注浆(注浆压力为0.5~0.8 MPa),按孔底返浆法,当孔口出现溢浆且持续时间不低于5 min(或排气管停止排气)后,方可停止注浆。砂浆必须饱满密实,注浆后过半小时再补浆。第二次注浆为高压劈裂注浆,待第一次注浆4~5 h,形成的水泥结石体强度达到5 MPa后再进行。采用M35纯水泥砂浆对锚固段进行劈裂注浆,注浆压力不小于2.5 MPa。

g.钢垫板及锚具安装:钢垫板采用300 mm×600 mm×40 mm的钢板,钢垫板与拱架牢固焊接;采用OVM型锚具,锚具底座顶面与钻孔轴线应垂直,确保锚索张拉时千斤顶出力与锚索在同一轴线上。

h.张拉锁定:当浆液强度达到70%后,即可进行张拉。锚索张拉施工前必须对张拉机具和仪器仪表进行标定和调试校准,张拉应分两次逐级张拉,第一次张拉值应为总张拉力的70%,第二次张拉值应为总张拉力的110%,两次张拉间隔时间不宜少于3~5 d。张拉中应对锚索伸长及受力情况做好记录,核实伸长与受力值的相符性;必须保证钢垫板外侧面与钻孔轴线垂直,面板与洞周之间全面受力;张拉结束后,用砂轮切割机从外锚头外5 cm处切断钢绞线后,再用C25级混凝土封闭锚头。

⑤钢横撑、竖撑加固：待堵头墙长锚索长锚杆完成后，施作横撑竖撑，通过预留连接板和螺栓分别与大跨1、3、5部初支连接牢靠，横撑竖撑钢架的型号、间距要符合设计要求和相应规范，连接板采用双面焊，焊缝饱满，焊接牢靠。

⑥过渡段双洞整体衬砌：待过渡段大跨段临时支护拆除，支护监测稳定，将过渡段堵头墙及相邻连拱左右线衬砌一次性浇筑。其施工流程为：初支表面处理→防排水施工→钢筋绑扎→模板安装→混凝土浇筑。

a.初支表面处理：采用喷射混凝土或砂浆抹面的方法对初支表面进行找平，如初支表面有钢筋、锚杆头等凸出物存在，应从根部割除，并在割除部位用水泥砂浆覆盖处理。

b.防排水施工：堵头墙防排水系统与相邻大跨、连拱左右线联合一起施作。无纺布采用水泥钉或膨胀螺栓和防水板配套的圆垫片将缓冲层固定在基面上，固定点之间呈正梅花形布设，侧墙固定间距为80~100 cm；顶拱上的防水板固定间距为1~1.5 m。防水板采用热熔法手工焊接在圆垫片上，焊接应牢固可靠，避免浇注和振捣混凝土时防水板脱落，防水板固定时应注意不要拉得过紧或出现大的鼓包，铺设好的防水板应与基面凹凸起伏一致，保持自然、平整、伏贴，以免影响二衬混凝土的厚度或使防水板脱离。

c.钢筋绑扎：仰拱衬砌钢筋环向主筋采用 $\phi$22 螺纹钢筋，间距为20 cm，纵向连接筋采用 $\phi$14 螺纹钢筋，间距为20 cm，箍筋采用 $\phi$8 光圆钢筋，间距为20 cm×20 cm。钢筋在加工弯制前应调直，表面的油渍、铁锈等应清除干净，拉直、弯钩、弯折、弯曲应采用冷加工。钢筋应按照仰拱弧形在洞外事先制作好，钢筋安装时横向钢筋与纵向钢筋的每个节点筋均必须进行绑扎或焊接。相邻主筋搭接位置应错开，错开距离不应小于1 m，同一受力钢筋的两个搭接距离不应小于1.5 m。钢筋的连接点应在纵横向筋的交叉连接处，必须进行绑扎或焊接，接头处的焊接要保证焊缝长度满足要求，焊缝饱满，并应凿除焊缝上的焊渣。

d.模板安装：利用连拱左右线衬砌台车，中间安装槽钢，钢管将堵头墙模板定位准确，牢靠加固。调整台车轨道中心及标高，采用43钢轨，用方木作枕木，底面直接置于已铺底或仰拱填充的混凝土地面上，保证台车平稳。轨道平面位置偏差和高程偏差控制均在1 cm以内，使模板中心线尽量同台车大梁中心重合，使台车在混凝土灌注过程中处于良好的受力状态。

e.混凝土浇筑：混凝土采用泵送，由堵头墙向连拱两侧分层、左右交替对称浇注，每层浇筑厚度不得大于1 m。两侧高差控制在50 cm以内。接头管箍避免接触不当造成爆脱，管路用方木支垫高出地面，穿过台车时管箍不与台车构件相接触。混凝土输送管路端部设置一根软管，软管管口至浇筑面的垂直距离控制在1.5 m以内，以避免混凝土集料堆积和产生离析。混凝土开盘前先泵送同级砂浆，砂浆量为在电缆沟底顶面上平铺2 cm厚，以保证电缆沟底顶面混凝土同拱墙混凝土的连接。振捣采用定人、定位、用插入式振动器捣固的方式，保证混凝土密实；拱顶及反弧段辅以附着式平板振动器振捣。

图6.21为大跨段与连拱过渡段现场施工操作照片。

（a）堵头墙开挖（双侧壁九部法）

（b）堵头墙锚喷支护

（c）堵头墙横撑竖撑安装

（d）堵头墙锚索锚杆施作

（e）堵头墙防排水

（f）堵头墙模板安装

（g）堵头墙混凝土施工

（h）堵头墙成品图

图 6.21　大跨段与连拱过渡段现场施工操作照片

## 6.6 渐变收缩型小净距隧道施工技术

兰渝铁路兰州至广元段处于高地应力区,围岩破碎,施工中多座炭质板岩隧道发生挤压大变形,加之穿越秦岭山脉、多座小净距隧道以及部分车站建在桥梁、隧道内,施工条件十分困难。在高地应力软弱围岩地段施工小净距隧道,按常规隧道围岩分级采取的支护不能有效控制围岩变形,因此探索一种新型、合理的施工工法势在必行。

### 1)技术特点

①挤压性围岩隧道早期变形速率大,采用大刚度钢架、临时仰拱提前使初支成环,提高抗变形能力,减缓变形速率。

②挤压性围岩隧道松动范围大,采用长锚杆+长锚索有效穿过松动圈。

③采用对拉锚杆限制中间岩柱变形,提高岩柱承载力。

④分台阶设置不同预留量,可保证初支结构圆顺。

⑤机械开挖减少施工挠动。

⑥超前导洞提前释放应力,以降低初支背后的围岩压力。

⑦左右线分段交替施工,以减少后洞施工对前洞结构的影响,保证施工安全。

### 2)施工工艺流程

挤压性围岩喇叭式渐变收缩型小净距隧道施工工艺流程如图 6.22 所示。其操作要点如下:

（1）三台阶微台阶法开挖

三台阶微台阶法就是在加强支护措施的前提下,将隧道分上台阶、中台阶、下台阶、仰拱共四部分进行开挖,在下一台阶开挖时,因上部已经开挖,应力得以部分释放,故能同时缩短台阶长度,加快仰拱封闭时间,有效控制变形。

①台阶高度。通过对变形的影响分析,结合施工的便利性,确定上台阶、中台阶、下台阶、仰拱高度分别为 4.0 m、3.0 m、3.5 m 及 2.1 m。

②台阶长度。仰拱封闭成环后变形速率明显下降。因此缩短台阶长度对控制变形起到关键作用,结合施工时的工况需求,确定台阶长度为:上台阶 4~6 m,中台阶 4~6 m,下断面至仰拱距离小于 15 m。

（2）大刚度钢架

高地应力区域软岩隧道由于地应力作用,开挖后断面收敛变形速率快,按常规围岩支护结构,每天收敛速率超过 50 mm,当接中下台阶时,钢架接头部位已经侵限或预留变形量不足。采用大刚度钢架,前期变形可控制在 20 mm/d 以内,能保证接长中下台阶时拱架的基本圆顺。

①双层初支。第一层采用 H200 或 H175 型钢,第二层 H175 或 I 20b,喷混凝土厚度 30 cm+25 cm。

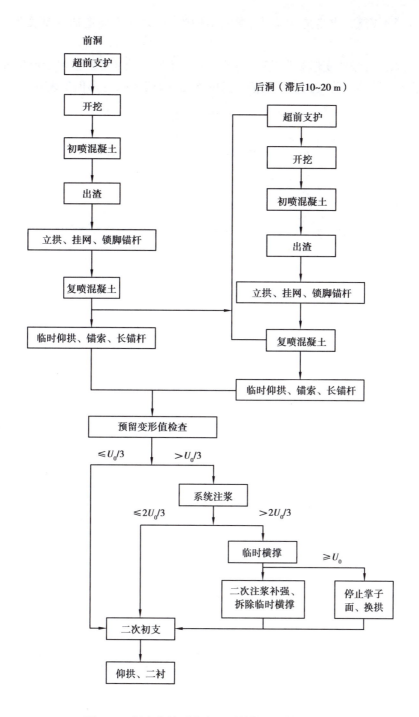

图 6.22　渐变收缩型小净距隧道施工工艺流程图

②施作时机。第一层分台阶施作,第二层在仰拱施作前全环架立,以保证第二层钢架的圆顺,避免应力集中。

(3)设置不同的预留变形量

初支加强后的台阶法施工,应力分阶段控制性释放,使得各部变形量递减。如按照设计给定的预留变形值全环预留进行施工,就会在台阶处出现拐点,一方面造成钢支撑不圆顺、钢支撑连接板不密贴,出现应力集中、影响结构受力;另一方面造成局部变形侵限、局部超挖。

施工中,以设计预留变形量为基础,对同一断面不同开挖部位的预留变形量进行调整与优化。隧道各台阶不同阶段的变形设值示意图如图6.23所示,变形值见表6.2。

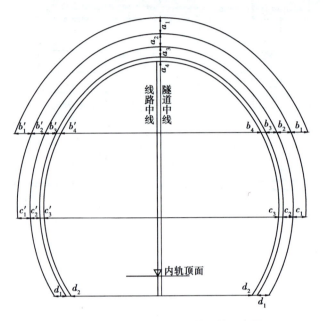

图6.23　隧道预留变形量的设值示意图

说明:$a_1$、$a_2$、$a_3$、$a_4$、$b_1$、$b_2$ 等为不同时段的变形值。

表6.2　各部位预留变形值表

| 部位 | 统计变形值 | 各部变形值关系 | 各部预留变形值 | 说明 |
|---|---|---|---|---|
| 拱顶下沉 | $a=a_1+a_2+a_3+a_4$ | $a=(0.7\sim0.8)c$ | $0.8U_0$ | |
| 上台阶收敛 | $b=b_1+b_2+b_3+b_4$ | $b=(1.1\sim1.2)c$ | $1.2U_0$ | $U_0$ 为设计给定预留变形值 |
| 中台阶收敛 | $c=c_1+c_2+c_3$ | $c=c$ | $U_0$ | |
| 下台阶收敛 | $d=d_1+d_2$ | $d=(0.6\sim0.7)c$ | $0.7U_0$ | |

(4)双线分段长度

小净距左、右线相互影响严重,不能同时作业,需分段、交替施工,分段长度10~20 m,左线施工完后施工右线。

(5)左右线施工工序及相互关系

先行洞掌子面开挖→初喷→立架→锁固锚杆→复喷→各台阶分别开挖5 m左右架设临时仰拱→长锚杆(索)→径向注浆加固→仰拱;

后行洞开挖滞后右线10~20 m,同样单工序作业,掌子面开挖→初喷→立架→锁固锚杆→复喷→各台阶分别开挖5 m左右架设临时仰拱→长锚杆(索)→径向注浆加固→仰拱;

左右线二衬在两侧掌子面、仰拱全部施作完后平行施工,以减少开挖掌子面、仰拱对二衬产生破坏。

（6）超前释放导洞

考虑到后行隧道施工对先行隧道的影响极大，可采用超前应力释放小导洞施工方案。小导洞施工完成后，待临线通过后，再进行扩挖处理。扩挖用破碎锤配合人工开挖，以减少对临线的挠动。

①正洞与超前释放导洞的位置关系如图 6.24 所示。左线超前小导洞超前 50~100 m，断面处于正洞靠下部位，两侧与正洞开挖轮廓相距 60~200 mm，底面与正洞铺底面平齐，采用临时仰拱封闭。

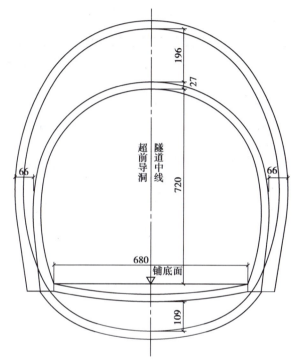

图 6.24　正洞与超前释放导洞的位置关系断面图

②扩挖前，小导洞内用渣体回填到上台阶底面高度，防止导洞变形过大造成塌方。

③扩挖在临线掌子面后 10 m 左右开始。

④扩挖进尺每次 1 榀钢架，因破碎锤钎杆尾部扩大部分易碰到上榀已立好的钢架，前方需预留一榀距离。

（7）锚索、长锚杆施作

①锚索、长锚杆长度。长度根据实测围岩松动圈范围确定，锚索长度以 2 倍松动圈为宜，新城子隧道、毛羽山隧道、罗沙隧道实测松动圈 4~6 m，现场设置长锚杆 8 m，长锚索 18 m。

②施作时机。掌子面开挖 5 m 后，先施作临时仰拱，然后施作长锚索。

③撑-索体系转换。锚索注浆、张拉完成后，拆除临时仰拱，锚索受力，开挖支护下一个 5 m 段，形成一个循环后，围岩整体稳定后进行临线施工。

（8）施工工艺图

各施工工序关系如图 6.25—图 6.28 所示，分别从左右线施工正断面、平面及纵断面三种不同方位对操作要点进行说明。

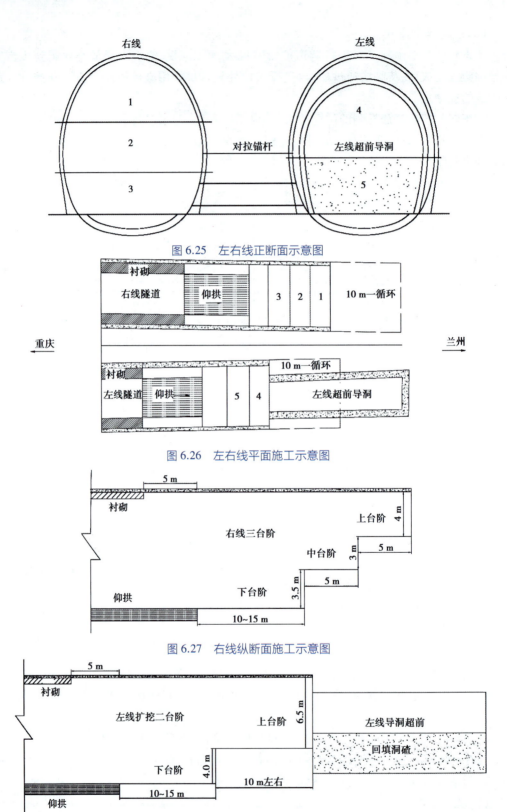

图 6.25　左右线正断面示意图

图 6.26　左右线平面施工示意图

图 6.27　右线纵断面施工示意图

图 6.28　左线纵断面施工示意图

图 6.29 为挤压性围岩喇叭式渐变收缩型小净距隧道现场施工照片。

（a）对拉锚杆

（b）右线三台阶法　　　　　　　　（c）左线超前导洞

图 6.29　小净距隧道现场施工照片

## 6.7　双连拱"背靠背"施工技术

新城子隧道地质环境极为复杂、特殊，受多期地质构造运动和现今断裂活动、地震的影响，围岩挤压强烈，揉皱及局部小构造极其发育，岩体破碎；隧道通过三叠系板岩，岩层以薄层状为主，岩性软弱；围岩强度应力比很小，属高-极高的地应力环境；围岩稳定性差，变形大、变形持续时间长，前期施工中发生较大范围的软岩大变形及局部衬砌裂损。联拱施工与大跨施工同步，大跨采用九部双侧壁导坑法施工，作业面多，且设有超前绕行平导，大跨及双联拱地段结构受力极其复杂，受群洞效应的影响严重。

DK275+815～DK275-850 段采用双层初期支护结构，两单线隧道间距中隔墙宽度极薄，最薄处为 1.08 m。该处施工结构复杂，且处于高地应力软岩围岩地段，变形大。施工过程中，中导洞初期支护完成后浇筑中隔墙，并先行右线施工。由于中隔墙厚度极薄，原设计右线初支钢架落于中隔墙顶部，造成中隔墙受到极大偏压，为保证中隔墙的稳定，故将初支钢架顺接至隧道仰拱面，并与仰拱钢架封闭成环，使单洞具备较强的承压能力，且中隔墙对侧初期支护设有长锚杆，长锚索锁固，中隔墙受力较小。待左线洞身开挖跟进至相同里程后，将左线初支钢架封闭成环,形成两单洞"背靠背",进一步保证了中隔墙的稳定性。

由于该段施工变形大,设计单洞开挖预留变形量为 40 cm,而中隔墙不受力,无变形,造成钢架单洞初期支护钢架与中隔墙内预留的钢架无法拼接,故采用牛腿结构进行连接,并采用精轧螺纹钢将其对拉锁固。

### 1)技术特点

新城子隧道双联拱段中隔墙厚度太薄,为确保中隔墙的稳定性,采用"背靠背"施工方法。与常规施工方法相比(图 6.30),将原落于中隔墙顶部的初期支护钢架加长,与仰拱钢架封闭成环。施工时,提前安装第一层初期支护中隔墙一侧的中下台阶钢架,并与中隔墙一起浇筑,中台阶露出中隔墙顶部 50 cm(两侧外露钢架采用土工布包裹)。为保证中隔墙在施工过程中的稳定,中隔墙浇筑完成后,采用沙袋将中隔墙两侧回填至一定高度,再用型钢与圆木支撑。一侧撑在中导洞初支上,另一侧撑在中隔墙上(图 6.31)。

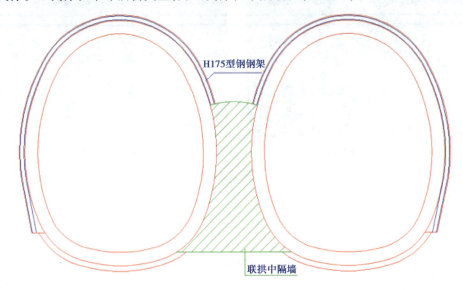

图 6.30 常规施工

### 2)施工工艺流程

施工顺序为:中导洞→中隔墙→右线正洞→左线正洞。

(1)中导洞

中导洞采用初支加临时仰拱支护方式,开挖采用上、下开挖法。为确保中隔墙的稳定性,施工时对 DK275+850~DK275+815 临时仰拱增设 3.0 m 长锚杆进行锁固。

(2)中隔墙

DK275+815~DK275+850 段中隔墙厚度太薄,为确保中隔墙的稳定性,采用"背靠背"施工方法,将原设计落于中隔墙顶部的初期支护钢架加长,与仰拱钢架封闭成环。施工时,提前安装第一层初期支护中隔墙一侧的中下台阶钢架,并与中隔墙一起浇筑,中台阶露出中隔墙顶部 50 cm(两侧外露钢架采用土工布包裹)。

为保证中隔墙在施工过程中的稳定,中隔墙浇筑完成后,采用沙袋将中隔墙两侧回填至一定高度,再用型钢与圆木支撑。一侧撑在中导洞初支上,另一侧撑在中隔墙上。

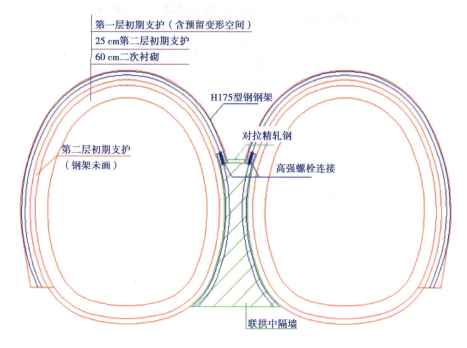

第一层初期支护（含预留变形空间）
25 cm第二层初期支护
60 cm二次衬砌

H175型钢钢架

对拉精轧钢

高强螺栓连接

第二层初期支护
（钢架未画）

联拱中隔墙

图6.31　"背靠背"施工

（3）正洞支护

①先行右线施工，开挖采用三台阶机械开挖法，开挖完成后及时进行初期支护，采用电镐，将中隔墙一侧提前预埋的中下台阶接头凿出。为保证第一层的初期支护预留空间，钢架采用牛腿连接。喷射混凝土完成后，对初期支护进行径向锁固并及时施作临时仰拱，第一层初期支护参数如下：

a.初期支护采用 C25 喷射混凝土，厚度为 30 cm。

b.第一层初期支护全环采用 H175/H200 型钢钢架，钢架间距为 1 榀/0.6 m，钢架连接采用I16 型钢钢架，环向间距 1 m。

c.采用 12 m 长锚索，配合 8 m 长 R32N 自进式长锚杆对第一层初期支护进行锁固。

d.中上台阶加设临时仰拱，钢架采用 H175 型钢钢架，钢架间距为 1 榀/0.6 m，采用 C25 喷射混凝土，厚度为 25 cm。

②左线采用初期支护，采用右线相同参数；施工工程中及时跟进左右线仰拱，待左线初期支护完成右线相同里程时，采用 $\phi$32 对拉精轧钢对两侧钢架牛腿处进行对拉锁固，对拉锚杆纵向间距为 1 根/0.6 m（图6.32—图6.33）。

③锁固完成后及时跟进左右线第二层初期支护，第二层初期支护参数为：

a.初期支护采用 C25 喷射混凝土，厚度为 25 cm；

b.第二层初期支护全环采用 H175 型钢钢架，钢架间距为 1 榀/0.6 m，钢架连接采用I16 型钢钢架，环向间距为 1 m；

c.采用 4 m 长 $\phi$42 径向注浆导管对第二层初期支护进行锁固。

图6.34 位"背靠背"中下台阶钢拱架预理施工照片。

④第二层初支护完成后，及时跟进左右线二衬。

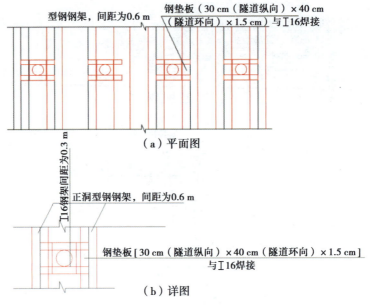

（a）平面图

（b）详图

图 6.32　对拉锚杆与钢架连接示意图

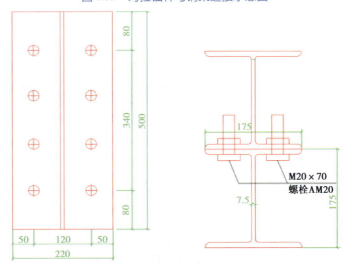

图 6.33　牛腿处的钢架连接示意图

图 6.34　"背靠背"中下台阶钢拱架预埋施工

## 6.8 二衬缓冲层及仰拱增强支护技术

兰渝铁路新城子隧道受宕昌车站进洞的影响,设计为喇叭口隧道,依次划分为两双段、两单段、连拱段、双线段(含大跨段)。连拱段两单隧道净距为 3~8 m,地层属于高地应力软岩,受力极为复杂,围岩自稳能力差,变形难以控制,在高地应力作用下不仅出现了长段落的初期支护侵限,而且后行右线隧道施工时应力重新分配,对先行左线隧道影响极大,造成已施工段的仰拱底鼓开裂破坏。因此,如何控制围岩变形,保证二衬结构及运营的安全,减小二衬与初支间的接触压力,防止仰拱后期开裂,迅速通过这一高风险段落是项目部、全线乃至业界一直思考的问题。为此,项目研究团队提出二衬缓冲层及仰拱增强支护技术。

### 1) 技术特点

①二衬缓冲层施工技术关键点:在拱墙初期支护与二次衬砌间采用高密度闭孔橡塑海绵板作为缓冲结构,保证了二衬结构及运营的安全,减小了二衬与初支间的接触压力,使二衬均匀受力,防止应力集中。

②仰拱增强施工技术关键点:仰拱围岩应力释放施工技术、仰拱设钢桁架施工技术和仰拱预埋钢管自进式锚杆施工技术。

A.仰拱围岩应力释放施工技术:仰拱设双层初支阶段性施工,一层初支应力释放,二层初支支护补强。

a.仰拱开挖后,第一层初支快速闭合,控制拱墙初支的下沉与收敛,然后回填,给围岩充分的应力释放空间。回填后应及时压实,以免出现大的变形。

b.初支钢架安装时,分别于仰拱底部、两端钢架腹板侧埋设应力元件,并制订完善的监测方案,以便随时掌控仰拱支护的受力情况。

c.根据仰拱监测数据,待其变形稳定后,挖开上层填渣,施作第二层初支补强,并及时衬砌,有力减少抵抗围岩的变形,保证支护的稳定。

B.仰拱设钢桁架施工技术:

a.根据收集相邻段落各部位的变形数据,建立仰拱受力模型进行检算,确定桁架规格、形式(横撑竖撑分布)、位置、数量等参数,做到对症下药、有的放矢。

b.架设仰拱初支钢架时,按设计要求,在仰拱内沿隧道前进方向设置横撑与仰拱初支钢架左右两端相连,在横撑中部设置竖撑与仰拱初支钢架底部相连,通过横撑竖撑结合初支钢架组成仰拱钢桁架结构,增强了仰拱的抗弯能力,可抵抗围岩的变形,调整仰拱受力结构,避免仰拱初支被破坏。

c.其他工序施工时需小心谨慎,注意保护,以免桁架碰撞而破坏失效。由于桁架贯穿仰拱初支二衬填充,支护衬砌紧密结合,提高了支护体的整体强度,有效防止了仰拱开裂。

C.仰拱预埋钢管自进式锚杆施工技术:

a.仰拱初支施作时,在需施作自进式锚杆的部位预埋 $\phi$60 钢管,底部通过焊接与钢架相连,顶部与填充面平齐并用无纺布包裹,以便仰拱衬砌完成后,沿着预埋管,进行自进式长锚杆施工,避免因长锚杆施工而延长仰拱闭合时间,保障了仰拱施工的安全。

其他工序施工时需小心谨慎、注意保护,以免预埋管碰撞而破坏失效。

b.高地应力软岩开挖后松动圈大,长锚杆能有效穿过松动圈,加固隧底软弱岩层,减小围岩的变形。其施工流程为:自进式锚杆及垫板加工→搭建操作平台→钻机安装与定位→钻孔→清孔→锚杆安装→封孔→注浆→垫板安装→锚头封堵。应合理组织施工,减少自进式锚杆施工对其他部位施工的干扰。

### 2)施工工艺流程

#### (1)二衬缓冲层施工

缓冲层结构设在拱墙初期支护与二次衬砌间,置于防水板外侧,与初支支护密贴,设缓冲结构地段,取消拱部无纺布,如图 6.35 所示。

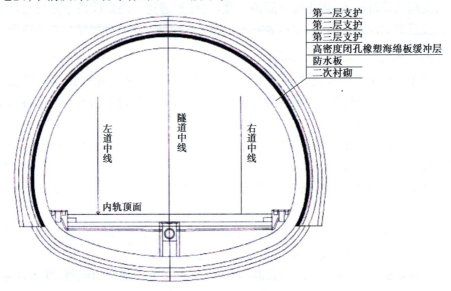

图 6.35　缓冲结构示意图

缓冲结构采用高密度闭孔橡塑海绵板,厚度 6 cm,表观密度不小于 200 kg/m³。

缓冲结构布置方法如下:

①铺设缓冲结构前应对初期支护采用简单易行的捶击声检查,必要时辅以物探手段,对初期支护的渗漏水情况、外露的突出物及表面凹凸不平处进行检查处理。

②基面应平整,无空鼓、裂缝、松酥,表面平整度应符合下式要求,否则应进行喷射混凝土或抹水泥砂浆找平处理。

$$D/L \leq 1/10 \tag{6.1}$$

式中:$D$——初期支护基面相邻两凸面间凹进去的深度;

$L$——初期支护基面相邻两凸面的距离($L \leq 1$ m)。

③所有阴阳角部位均做成 $r = 10$ cm 的圆角。

④铺设缓冲结构时先在隧道拱顶部位标出纵向中线,并根据基面凹凸情况留足富余量,由拱部向两侧边墙铺设。

⑤用射钉或膨胀螺栓将热塑性垫圈和缓冲结构平顺地固定在基面上,固定点间距拱部宜为 25 cm,边墙为 50 cm,按梅花形布设,基面凹凸较大处应增加固定点,使缓冲层与基面密贴。图 6.36 为射钉布置示意图。

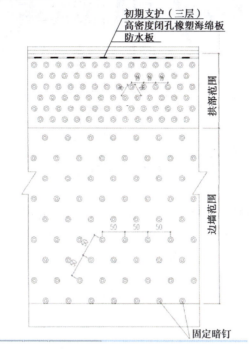

图 6.36　射钉布置示意图

⑥相邻缓冲结构边缘应密贴,接缝宽度不应大于 1 cm。

⑦缓冲结构铺设时应尽量与基面密贴,不得拉得过紧或起大包,以免影响防水板的铺设。

施作缓冲结构前,应对初期支护进行全断面扫描。若施作缓冲结构导致二衬衬砌厚度小于设计厚度,则停止施作缓冲结构。

(2)仰拱增强施工

增强仰拱稳定性工法施工工艺流程见图 6.37,仰拱各支护措施见图 6.38。

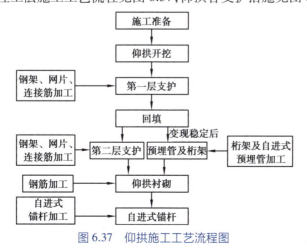

图 6.37　仰拱施工工艺流程图

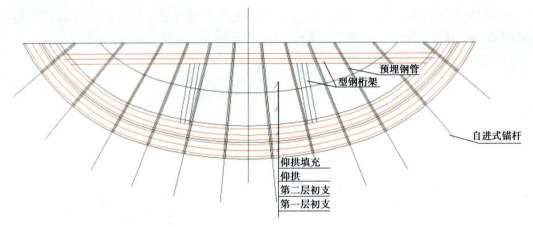

图 6.38　仰拱支护措施示意图

①仰拱开挖。

a.测量放样:测量放样是控制仰拱尺寸的基础,仰拱开挖前由测量班放线。因仰拱测量中心桩开挖时容易遭到破坏,可在两侧初支边墙的相应位置打点,标注标高及中线距离,并将五寸台数据交给现场施工人员。现场人员可用拉工程线控制开挖深度、形状、钢筋位置以及混凝土标高。

b.开挖:由于新城子隧道连拱段岩层较软,为减少对初支的扰动,采用挖掘机进行机械开挖。对于轮廓线附近开挖不到的部位,采用人工配合风镐,钎子等工具修整到位,装载机配合,自卸汽车运碴。开挖不能半边跳槽开挖,必须一次全断面开挖,封闭成环,从仰拱中心向两侧进行,轮廓应圆顺、平整,不得欠挖。

c.基底处理:出渣后,将仰拱上浮渣清理干净,如有大的凹坑,应用同级混凝土回填。积水应及时抽排,避免后期导致地基承载力不均,衬砌沉降,仰拱开裂。

②第一层支护。

a.钢架安装:采用型钢钢架,钢架间用 $\phi22$ 螺纹钢筋连接。钢架进洞前应在加工棚试拼大样,保证钢架对接圆顺。安装钢拱架时一定要使仰拱钢拱架与左右两边墙拱脚处的钢拱架连接在一起,坚决杜绝对焊,真正起到闭合成环作用。钢拱架底部应搁置混凝土垫块,以保证工字钢拱架的保护层。

b.预埋应力元件:分别于仰拱底部、两端钢架腹板侧埋设应力元件,以便随时监测仰拱受力情况。

c.喷射混凝土:仰拱初支喷 C25 混凝土,且应保证无漏喷、离鼓、裂缝、钢筋网外漏等现象。喷射混凝土应分段、分片由两侧向隧中进行,每段长度不超过 6 m,一次喷射厚度控制在 6 cm 以下。喷射时插入长度比设计厚度大 5 cm 的铁丝,每 1~2 m 设一根来控制施工。

d.无纺布铺设:喷浆后,初支表面铺设一层无纺布,以便二次开挖后的清渣工作。

③回填。

第一层初支施作完成后,运渣回填。回填应分段、分片由中心向两侧进行,每回填50 cm,用挖机压实一次,以免仰拱出现大的变形,挖机操作时避免破坏初支。

④监控测量。

通过预埋应力元件监测第一层初支钢架的变形情况,待其数据基本稳定后可进行仰拱第二层初支施作。

⑤第二层支护、预埋管及桁架安装。

a.二次开挖:采用挖掘机进行机械开挖,挖机操作时应小心谨慎,避免破坏初支。开挖基本完成后,人工清理剩余残渣,并将预先铺设的无纺布拆除,露出干净的初支面。

b.钢架安装:采用型钢钢架,钢架间用 $\phi22$ 螺纹钢筋连接。其余要求与第一层相同,不再赘述。

c.预埋管:采用 $\phi60$ 无缝钢管作为自进式锚杆套管预埋,在仰拱第二层初支钢架施作时,在需施作自进式锚杆的部位将其预埋,底部通过焊接与钢架相连,顶部与填充面平齐,并用无纺布包裹。

d.桁架:在仰拱内沿隧道前进方向设置横撑与仰拱初支钢架左右两端相连,在横撑中部设置竖撑与仰拱初支钢架底部相连,通过横撑竖撑结合初支钢架组成仰拱钢桁架结构,增强了仰拱的抗弯能力,有效提高了仰拱支护的强度,如图 6.39 所示。

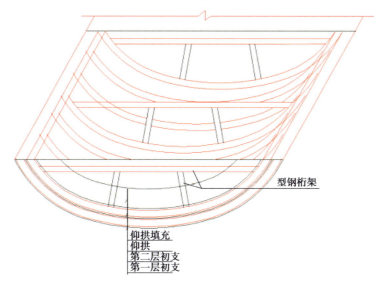

图 6.39　仰拱桁架示意图

⑥横撑、竖撑采用 H175 型钢,通过螺栓连接板与初支钢架连接。横撑竖撑在洞外加工预制,洞内现场拼装,连接板对齐,螺栓上下螺帽错开设置,拧紧牢靠。具体实施步骤为:

a.仰拱二次开挖到位,上层浮渣清理干净。

b.根据收集相邻段落各部位的变形数据,建立仰拱受力模型进行检算,确定桁架规格、形式(横撑竖撑分布)、位置、数量等参数。

c.架设仰拱初支钢架。按设计要求,在相应的拱架底部安装桁架竖撑,然后在竖撑上部架立横撑与仰拱初支左右两端连接,未保障桁架的牢靠,施工中螺栓应先插入螺栓孔,桁架各部位组装完成后再紧固。

由于桁架贯穿仰拱初支二衬填充,其他工序施工时需注意保护,以免碰撞破坏失效。在仰拱内沿着隧道前进方向设置钢桁架,提高了仰拱隧中的抗弯能力,有效地抵抗了围岩的变形;同时,贯穿仰拱初支二衬填充的桁架,将仰拱各支护体结合得更紧密,使衬砌更牢靠。

d.喷射混凝土:仰拱初支喷 C25 混凝土,其余要求与第一层相同。

⑦仰拱衬砌。

a.钢筋绑扎:仰拱衬砌钢筋环向主筋采用 $\phi22$ 螺纹钢筋,间距 20 cm,纵向连接筋采用 $\phi14$ 螺纹钢筋,间距 20 cm,箍筋采用 $\phi8$ 光圆钢筋,间距 20 cm×20 cm。钢筋在加工弯制前应调直,表面的油渍、铁锈等应清除干净,拉直、弯钩、弯折、弯曲应采用冷加工。钢筋应按照仰拱弧形在洞外事先制作好,钢筋安装时横向钢筋与纵向钢筋的每个节点筋均必须进行绑扎或焊接。相邻主筋搭接位置应错开,错开距离不应小于 1 m,同一受力钢筋的两个搭接距离不应小于 1.5 m。钢筋的连接点应在纵横向筋的交叉连接处,必须进行绑扎或焊接,接头处的焊接要保证焊缝长度的要求,焊缝饱满,并应凿除焊缝上的焊渣。

b.防排水施工:每段仰拱混凝土的接头要设无纺布、防水板、背贴止水带和中埋止水带,其宽度、高度应符合设计要求,不能埋于混凝土里面。中埋钢边止水带可在仰拱混凝土浇筑后再施工。

c.模板安装:仰拱衬砌模板采用定型钢模,钢模及支架必须具有足够的强度、刚度和稳定性。模板安装时要保证支撑牢固,拼缝严密,不会产生胀模及漏浆现象,模板安装完成后应检查中线、高程、断面和净空尺寸,模板与混凝土接触面必须涂刷隔离剂。仰拱填充端头模板可采用木模,后背可用 $\Phi22$ 螺纹钢或 $\phi42$ 钢管连接,并用铁丝固定在仰拱钢筋上,牢靠加固,画好水平标高。

d.混凝土浇筑:仰拱采用 C35 混凝土浇筑,填充采用 C20 混凝土浇筑。浇筑由仰拱中心向两侧对称模筑,一次完成。过程中采用插入式振捣器及时振捣,振捣密实,以保证混凝土的施工质量。待填充混凝土初凝后,再沿预埋管口开槽,尺寸为 10 cm×10 cm×10 cm。

⑧自进式锚杆施工。

待仰拱衬砌完成后,采用先钻孔后装杆的形式,顺着预埋钢管进行自进式长锚杆施工。其施工流程为:自进式锚杆及垫板加工→搭建操作平台→钻机安装与定位→钻孔→清孔→锚杆安装→封孔→注浆→垫板安装→锚头封堵。

a.自进式锚杆及垫板加工:由于购进的自进式锚杆杆体较长(8 m),需要在场外加工棚进行切割,每 2 m 一节,安装时通过连接套连接。锚头垫板采用 15 mm 钢板,切割成 80 cm×80cm 的方形,并在中心开 $\phi50$ 圆孔。

b.搭建操作平台:由于是仰拱面向隧底自上而下钻孔,操作平台为三层阶梯形,潜孔钻机固定在台阶上。采用折叠碗扣式扣件,$\phi48×3.25$ 钢管,其施工流程为:定位设置通长脚手板、底座→纵向扫地杆→立杆→横向扫地杆→小横杆→大横杆(搁栅)→剪刀撑→连墙件→铺脚手板→扎防护栏杆→挡脚板→扎安全网。各部件不得缺失,扣件必须上紧。

c.钻机安装与定位:采用 EX-100B 电动潜孔钻机,通过定向滑轮调整位置和角度,固定牢靠。

d.钻孔及清孔:孔径为 50 mm,顺着预埋钢管向下钻孔,锚孔与岩面尽可能垂直。钻孔时要定段检查锚孔前进方向的偏移情况,以便及时采取措施纠正,确保孔位正确,钻孔时要记好钻入孔内的钻杆数量,以便核准钻孔深度,钻至设计深度后用高压风将孔内的岩屑全部清理干净。钻孔时如果遇到塌孔,应立即停钻,进行固壁灌浆处理,注浆 36 h 后重新扫孔钻进。

e.锚杆安装及封孔:采用 R38N 自进式锚杆杆体,每 2 m 一节,通过连接套组合为一个整体,与排气管一同插入孔内,并用 C20 砂浆封堵孔口。

f.注浆:通过快速注浆接头将锚杆尾端注浆泵相连,启动灰浆搅拌机,人力将水泥和其他外加剂材料按配合比配制好,输入到搅拌机中加水搅拌。搅拌均匀后,输入压浆泵,压浆时要保持压浆高压管顺直。压浆量根据压浆泵压力的大小或根据灰浆搅拌机的消耗速度确定。压浆完毕后,立即安装好止浆塞,再进行锚固。

g.垫板安装及锚头封堵:用高压水枪将预留在槽内的杂物清理干净,将垫板套在锚杆外露部分,与槽内混凝土面密贴,在垫板外上好球形螺母,并用 C25 混凝土封堵。

图 6.40 为仰拱增强支护技术施工现场照片。

（a）仰拱开挖　　　　　　　　　　（b）仰拱一层支护

（c）仰拱桁架、仰拱钢筋　　　　　　（d）仰拱桁架、仰拱钢筋

图 6.40　仰拱增强支护技术操作要点的施工现场照片

# 6.9　小　结

本章在前面研究的基础上,提出挤压性围岩隧道稳定性控制理念,并在此理念指导下,针对挤压性围岩隧道特殊结构区段提出采用不同施工技术方案进行支护围岩稳定性的控制。

①提出了"抗放结合,刚柔并济,控制性释放"的开挖、支护施工技术原则与多重联合支护的施工理念,为挤压性围岩隧道建设成套技术研究奠定了理论基础。

②创立了控制挤压性围岩隧道变形的开挖新技术。提出了超前导洞应力释放技术、微

台阶分段应力释放技术、采用分部混合式铣挖的微扰动非爆开挖施工技术、双支洞挑顶施工及小净距隧道的平衡开挖等技术。研发了软岩隧道非爆开挖施工、大跨度高地应力软岩隧道双支洞挑顶施工、挤压性围岩喇叭式渐变收缩型小净距隧道施工、高地应力软岩隧道大跨与连拱过渡段施工等工法,建立了挤压性围岩隧道的安全施工技术体系。

③创建了控制挤压性围岩隧道变形的新型支护技术体系,提出以锚索联合长锚杆的多重锁固支护、排架式初期支护、锚索柔性张拉的"四维"支护、无约束预留空间法与柔性网罩预留空间、仰拱桁架支护、双联拱隧道的"背靠背"支护及小净距隧道的对拉锚杆支护等为核心的挤压性围岩隧道支护施工技术。研发了强挤压围岩隧道多重锁固支护施工、高地应力软弱围岩大变形隧道超长扩大头锚索施工、增强仰拱稳定性施工等工法。

# 7 工程应用

## 7.1 引　言

　　兰渝铁路地质条件具有复杂性和突变性,其围岩变形的空间分布受断层等控制作用明显。前面章节的理论分析、试验研究和数值模拟很难充分考虑其突变因素,设计方案可能不能有效控制围岩的稳定性,而具备高度可靠性和实时性的现场有效的综合监测系统能够反映围岩运动特征及其微观到宏观的信息指标。通过工程应用,利用监测结果修改设计并指导施工,对监测数据进行分析处理与必要的计算和判断后作出预测与反馈,及时对设计施工方案进行修改,实现信息化施工,能够保证隧道施工的安全和围岩的稳定。因此,需要在前面理论研究的基础上,采用多种监测措施对挤压性围岩隧道施工技术应用进行监控测量,并总结监测数据的变化规律,为隧道的信息化施工和设计方案优化调整提供依据,验证挤压性围岩隧道的稳定性综合控制技术。

## 7.2 工程概况

　　新城子隧道位于宕昌县剪子河与临江铺之间,地貌上位于西秦岭高中山区,山高沟深,山坡、谷坡较陡,地面最小高程为 1 670 m,最大高程为 2 381 m,相对高差为 700 m,隧道洞身最大埋深 749 m。

　　隧道设计为双线隧道,受临江铺车站的影响,隧道出口为喇叭口隧道。隧道起讫里程DK268+010～DK277+174(右线 DyK277+176),长 9 164 m(右线 9 166 m)。隧道从洞口开始依次为−12.8‰、−13‰、−12.8‰、−6‰的单面下坡,设 2 座斜井、1 座横洞辅助施工。

　　洞身通过的地层主要为下第三系砾岩夹砂岩夹泥岩(进口段约 4 km)及三叠系中统板岩夹砂岩夹灰岩及断层角砾和碎裂岩(出口段约 5.16 km)。

新城子隧道地处青藏歹字型构造体系之疏勒南山—日月山—尖扎山断褶带[位于区域断裂带—岷县断裂带(F3)、舟曲—金厂—石峡断裂带(F4)之间]。该断褶带之东延段在夏河、碌曲一带强行插入西秦岭地区,改造了临潭—天水褶带西段南部的合作—临潭北断裂构造带和碌曲—宕昌—两断褶带,晚古生代开始发育生成,印支期成熟定型,后又继续活动,在第三纪强烈活动,与现今地震活动关系密切。该处地质构造十分复杂,褶皱断裂发育,受区域地质构造作用影响,发育有断层、褶皱及节理密集带。

隧道洞身穿越 F32 及 F32-1 两条断层带,过 F32 为逆断层,断层宽度约为 370 m,断层物质以断层角砾、碎裂岩为主,洞身在 DK273+190~DK273+560 附近斜交该断层带。F32-1 为逆断层,断层宽度约为 380 m,断层物质以碎裂岩为主,洞身在 DK275+995~DK276+375 附近斜交该断层带。

## 7.3 工程应用一：大跨段多重锁固支护施工

在新城子隧道大跨段采用多重锁固支护技术,开展了单层支护+长锚索(长锚杆)、双层初期支护、双层衬砌工程应用试验(图 7.1—图 7.4),方案如下：

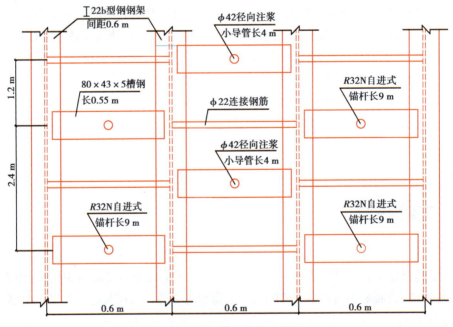

图 7.1 钢架纵向连接示意图

### 1)单层初期支护+长锚杆段

①开挖预留变形量 40 cm。

②拱部设 φ42 超前小导管并预注水泥浆,长度为 3.5 m,环向间距为 40 cm,纵向间距为 1 环/1.8 m。

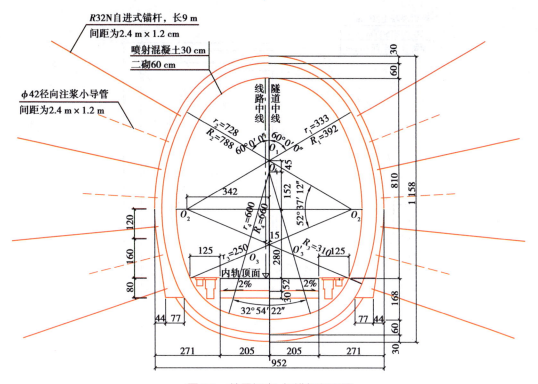

图 7.2 单层初支+长锚杆断面图

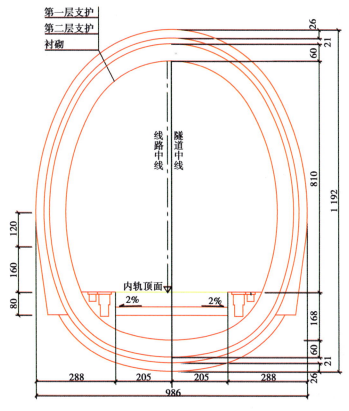

图 7.3 双层初期支护断面图

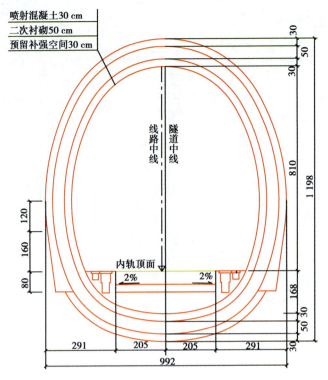

图 7.4　双层二次衬砌断面图

③初期支护采用单层支护+长锚杆结构。

初期支护：全环喷 C25 混凝土，厚 30 cm，拱墙设置 $\phi8$ 钢筋网片，网格间距 20 cm×20 cm，拱墙设 R32N 自进式锚杆，长 9 m，每侧 4 根，梅花形布置，环、纵间距为 2.4 m×1.2 m，全环设Ⅰ22b 型钢钢架，间距为 1 榀/0.6 m，两侧边墙增设 $\phi42$ 小导管径向注水泥浆，每侧 3 根，长 4.0 m，环、纵间距为 2.4 m×1.2 m。

Ⅰ22b 型钢钢架纵向采用 80×43×5 槽钢和 $\phi22$ 钢筋焊接，槽钢和 $\phi22$ 钢筋间隔布置，环向间距 1.2 m，槽钢中部预先打孔，并于钢架架设后在打孔部位打设 R32N 自进式锚杆。

④二次衬砌采用 C35 钢筋混凝土结构，全环厚 60 cm，衬砌钢筋环向采用 $\phi22@20$ cm，纵向采用 $\phi14@20$ cm，箍筋采用 $\phi8@20$ cm。

## 2）双层初期支护段

①开挖预留变形量 40 cm。

②拱部设 $\phi42$ 超前小导管并预注水泥浆，长度 3.5 m，环向间距 40 cm，纵向间距为 1 环/1.8 m。

③取消系统锚杆，两侧边墙增设 $\phi42$ 小导管径向注水泥浆，长 4.0 m，环、纵间距为 1.2 m×1.2 m。

④初期支护采用双层支护结构：

a.第一层初期支护：全环喷 C25 混凝土，厚 26 cm，拱墙设置 $\phi8$ 钢筋网片，网格间距为 20 cm×20 cm。全环设Ⅰ22b 型钢钢架，间距为 1 榀/0.6 m。钢架接头处设 R32N 自进式锚杆进行锁脚，长 6 m，共计 12 根。

b.第二层初期支护：全环喷 C25 混凝土，厚 21 cm。拱墙设置 $\phi8$ 钢筋网片，网格间距

20 cm×20 cm。全环设I18型钢钢架,间距为1榀/0.6 m。钢架接头处设 $\phi$42 小导管进行锁脚,长1.5 m,共计8根。

⑤二次衬砌采用C35钢筋混凝土结构,全环厚60 cm。衬砌钢筋环向采用 $\phi$22@20 cm,纵向采用 $\phi$14@20 cm,箍筋采用 $\phi$8@20 cm。

### 3)双层衬砌段

①开挖预留变形量40 cm。

②拱部设 $\phi$42 超前小导管并预注水泥浆,长度为3.5 m。环向间距为40 cm,纵向间距为1环/1.8 m。

③取消系统锚杆,两侧边墙增设 $\phi$42 小导管径向注水泥浆,长4.0 m。环、纵间距为1.2 m×1.2 m。

④全环喷C25混凝土,厚30 cm。拱墙设置 $\phi$8 钢筋网片,网格间距为20 cm×20 cm。全环设I22b型钢钢架,间距为1榀/0.6 m。钢架接头处设R32N自进式锚杆进行锁脚,长6.0 m,共计12根。

⑤二次衬砌采用双层C35钢筋混凝土衬砌结构。

a.外层衬砌全环厚50 cm,衬砌钢筋环向采用 $\phi$22@20 cm,纵向采用 $\phi$14@20 cm,箍筋采用 $\phi$8@20 cm。

b.内层衬砌作为预留补强空间,厚30 cm,待外层衬砌施作完成后根据左线施工通道变形稳定情况再定。

### 4)测试项目及测试频率

试验段测试项目有二衬接触压力、衬砌钢筋应力、衬砌混凝土应力、围岩压力、钢架应力、长锚杆轴力;所用元件计有压力盒、钢筋计、混凝土应变计(埋入式)和围岩压力、钢架应力5种。测试元件的埋设时机:A、B、C三项测试元件在二衬钢筋基本绑扎完成后进行布置,因此可一次性完成断面的埋设;D、E两项测试的断面则要在开挖期间即开始布置,将电缆引出并做好防护,等二衬施作时再将电缆引出。在测试部位上,上述元件的相互位置关系如图7.5所示。

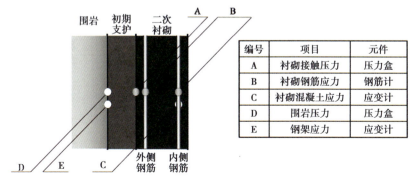

图7.5 测试部位上元件布置示意图

①单层初期支护+长锚杆段压力的量测包括初期支护与围岩间的围岩压力、初期支护与二次衬砌间接触压力,应力量测包括衬砌应力、钢架应力、衬砌内外侧钢筋应力,每项8个测点,分别布设于拱顶、左右拱脚、左右墙中、左右墙脚及仰拱,此外该段增加长锚杆轴力测试。

②双层初期支护段压力量测包括第一层支护与围岩间的围岩压力、第一层支护与第二层支护间的接触压力、第二层衬砌与衬砌间的接触压力。应力测量包括二衬应力、两层支护钢架应力、内外层钢筋应力,每项 8 个测点,分别布设于拱顶、左右拱脚、左右墙中、左右墙脚及仰拱。

③双层衬砌段压力量测包括初期支护与围岩间的围岩压力、初期支护与第一层衬砌间的接触压力、第一层衬砌与第二层衬砌间的接触压力(决定施作第二层衬砌的情况下)。应力测量包括第一层衬砌应力、钢架应力、第一层衬砌内外侧钢筋应力,每项 8 个测点,分别布设于拱顶、左右拱脚、左右墙中、左右墙脚及仰拱。

除了上述的受力监测外,还在 60 m 试验段中每 5 m 选取一个断面,进行现场隧道施工变形监控测量。共计 12 个监测断面,里程分别为 DYK276+340、DYK276+335、DYK276+330、DYK276+325、DYK276+320、DYK276+315、DYK276+310、DYK276+305、DYK276+300、DYK276+295、DYK276+290 和 DYK276+285。测点布置如图 7.6 所示。

测试频率:埋设初期 1~2 次/天,1 周后 1 次/天,1 个月后 2~3 次/周,3 个月后 1 次/周。监测频率及时间根据监测数据和现场工程的进展及时调整。

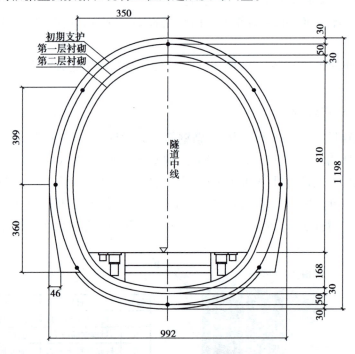

图 7.6  收敛测量测点布置图

### 5)量测数据的对比分析

通过对比分析可知:

①通过变形监控测量数据曲线可以得出,双层初期支护试验段的拱顶下沉和水平收敛明显比其他试验段要小。

②单层初支+长锚杆工况的围岩压力最大,双层初支工况次之。

③单层初支+长锚杆工况的接触压力最大,双层二衬工况中初支与第一层二衬间接触压

力次之,双层初支工况中第二层初支与二衬间的接触压力和双层二衬工况中第一层二衬与第二层二衬间的接触压力较小。墙中和墙脚处的接触压力非常大,已经超过了围岩压力,这是因初支变形没有稳定的情况下就施作二衬或第二层初支,导致压力盒所在位置的法向应力较大而造成的。

④钢拱架的应力较大,基本上发生了塑性变形。

⑤单层初支+长锚杆工况的二衬中内层钢筋轴力最大,双层二衬工况中第一层二衬内层钢筋轴力次之,双层初支工况中的二衬内层钢筋轴力再次之,双层二衬工况中第二层二衬中内层钢筋轴力最小。除了单层初支+长锚杆工况的拱顶和右墙中二衬中内层钢筋承受拉力、双层二衬工况中第二层二衬中内层钢筋承受拉力外,其他各点均承受压力。

⑥单层初支+长锚杆工况的二衬中外层钢筋轴力最大,双层二衬工况中第一层二衬外层钢筋轴力次之,双层初支工况中的二衬外层钢筋轴力再次之,双层二衬工况中第二层二衬中外层钢筋轴力最小。除了双层二衬工况中第二层二衬仰拱中外层钢筋轴力承受拉力外,其他各点处的钢筋均受压力。

⑦单层初支+长锚杆工况和双层二衬工况中第一层二衬的混凝土应力最大,双层初支工况中二衬混凝土应力次之,双层二衬工况中第二层二衬混凝土应力较小。

⑧在控制围岩变形、减小二衬受力方面,双层初期支护优势明显。

## 7.4 工程应用二：大跨段预应力锚索试验

在毛羽山隧道骆驼下斜井段设置了预应力长锚索试验段,两个预应力长锚索施工试验段的里程分别为 DK282+089.5～DK282+104.5、DK282+113.5～DK282+128.5。每根锚索采用 4 束 $\phi$15.2 mm 高强度低松弛全喷涂环氧树脂型的无劲结钢绞线制作,钢绞线抗拉强度不小于 1 860 MPa,钻孔直径为 150 mm。第一试验段的锚索长 12 m(图 7.7),锚索设计张拉力为 400 kN,其自由段长度为 6 m,每环布设 6 根,呈梅花形布置,纵向间距 1.2 m。主要目的是控制三台阶的水平收敛值,减小水平变形,加固围岩。第二试验段为 18 m 的长锚索(图 7.8),预应力大小为 500 kN,有 8 m 的自由段和 10 m 的锚固段,布置同第一试验段一样。主要目的是减小上拱部的跨度,稳定上拱处的围岩,防止大面积掉块情况出现,同时也减小上台阶的水平收敛变形。

### 1)测试项目及测试频率

DK282+096 断面和 DK282+118 断面分别为第一和第二试验段的监控断面,下面分别用 12 m 长锚索断面和 18 m 长锚索断面来表示。其中包括拱顶沉降和洞周的收敛变形、初期支护与围岩间的围岩压力、初期支护和二次衬砌间的接触压力,每项 10 个测点,分别布设于拱顶、左右拱腰、左右拱脚、左右墙中、左右墙脚及仰拱,如图 7.9 所示;锚索拉力测试时每根锚索一个测力计,共设置 6 个。

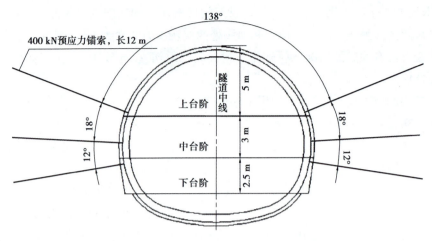

图 7.7 12 m 预应力长锚索试验段锚索布置图

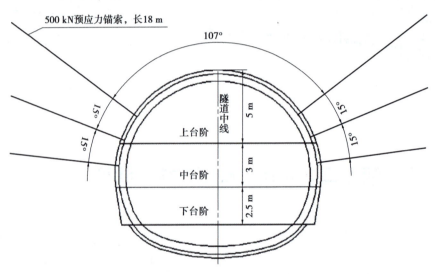

图 7.8 18 m 预应力长锚索试验段锚索布置图

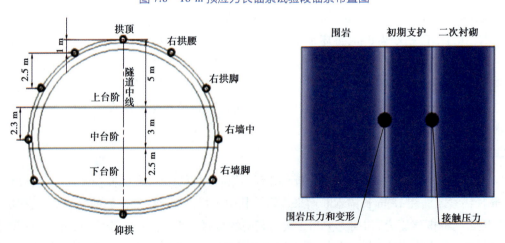

图 7.9 测试布置示意图

## 2) 量测数据的对比分析

①试验段变形数据比较。

通过各测点回归分析的变化曲线图如图7.10—图7.13所示,可得出以下结论:

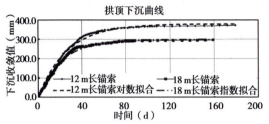

图7.10 拱顶下沉曲线和拟合曲线图

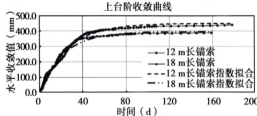

图7.11 上台阶收敛曲线图

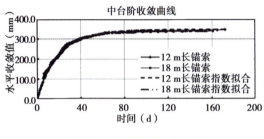

图7.12 中台阶收敛曲线图

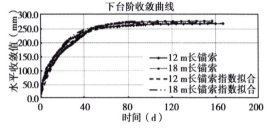

图7.13 下台阶收敛曲线图

a.两断面拱顶下沉量,呈逐步增加的趋势。12 m长锚索断面在37 d后速率减小到2 mm/d以下,18 m长锚索断面在31 d后降到2 mm/d的速率,并出现小幅波动。

两断面拱顶下沉量都在施作锚索后趋向稳定,且18 m长锚索断面拱顶总下沉量296 mm,小于12 m长锚索断面的371 mm;由于18 m长锚索断面锚索施作比12 m长锚索断面及时,且施作的位置靠近上拱部,故抑制拱顶变形的能力较好。

b.两断面上台阶水平收敛量,初始增长速率较大。12 m长锚索断面收敛值在48 d后速率减小到2 mm/d,18 m长锚索断面收敛值在32 d后速率减小到2 mm/d,并小幅波动。当施作预应力锚索后两断面上台阶水平收敛变化趋于平稳,12 m长锚索断面上台阶水平收敛值为438 mm,略大于18 m长锚索断面的387 mm。

c.中台阶水平收敛变化曲线图中可看出,两断面的初始速率较大。12 m长锚索断面收敛值在37 d后速率减小到1 mm/d,18 m长锚索断面收敛值在29 d后速率减小到1 mm/d,继续缓慢增长。两断面的中台阶水平收敛值都是在施作锚索后趋于收敛状态,12 m长锚索断面中台阶水平收敛值为341 mm,基本与18 m长锚索断面中台阶水平收敛值340 mm相同。

d.两断面下台阶水平收敛变化曲线开始时增大趋势明显。12 m长锚索断面收敛值在33 d后速率减小到1 mm/d,18 m长锚索断面收敛值在28 d后速率减小到1 mm/d,之后缓慢变化。在施作锚索后两断面下台阶水平收敛值基本趋向最终值,12 m长锚索断面下台阶水平收敛值为269 mm,略小于18 m长锚索断面的279 mm。

从上述可看出,锚索施作位置对变形的影响较明显,12 m长锚索断面施作位置主要在中台阶附近,18 m长锚索断面施作位置主要在上台阶附近,故18 m长锚索断面的拱顶下沉和上台阶收敛变形小于 12 m 长锚索断面。变形在施作锚索后有明显抑制。

②围岩压力量测数据及分析。

各观测点围岩压力变化曲线图如图 7.14—图 7.19 所示。

a.如图 7.14 所示,12 m 长锚索断面拱顶处的围岩压力,初始急剧增加,第 4 d 达到峰值 92 kPa,随着中台阶的开挖呈减少的趋势,下台阶开挖后达到峰值 18 kPa,之后增加到 246 kPa;当仰拱开挖支护后,钢拱架闭合成环,达到最大承载力,围岩压力急剧增长到 775 kPa;随着掌子面的推进,围岩压力迅速减小,达到 138 kPa 后,呈收敛趋势。

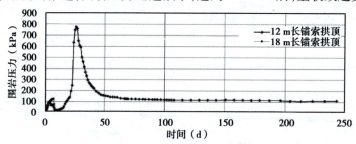

图 7.14　拱顶围岩压力对比图

18 m 长锚索断面拱顶处,围岩压力急速增大,第 7 d 达到峰值 124 kPa,但随后仪器被损坏,故无法继续监测。

b.如图 7.15 所示,12 m 长锚索断面左侧拱腰围岩压力值,初始增速非常明显,中台阶开挖时达到峰值 400 kPa,随后小幅减小,并迅速增大达到峰值 603 kPa;当仰拱施作完成后,又增加到 589 kPa;随着隧道开挖,围岩压力逐渐减小,呈收敛趋势;当施作完二衬后围岩压力有小幅增加,之后趋于平稳。右侧拱腰围岩压力,刚开始增长较快,中台阶开挖时达到 159 kPa;之后呈减小趋势,变为 111 kPa;随着掌子面的推进,围岩压力继续减小,并趋于稳定;当预应力锚索施作完成后,拱腰处围岩压力值增大为 138 kPa;在做二衬时围岩压力有小幅波动,并达到稳定收敛状态。

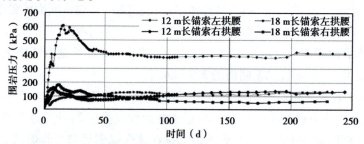

图 7.15　拱腰围岩压力对比图

18 m 长锚索断面左拱腰位置处的围岩压力值,初始增加较快,中台阶开挖时达到峰值 89 kPa,围岩压力值有较小的降低,还是成增长状态;当仰拱施作后达到 98 kPa 之后围岩压力呈平缓增大趋势,达到峰值 114 kPa;二衬施作后,围岩压力呈平缓增大趋势。右侧拱腰处的围压值刚开始增大显著,中台阶开挖时达到 180 kPa;之后随着仰拱施作波动到 139 kPa;随着掌子面的推进,围岩压力平缓减小到 53 kPa;二衬施作后围岩压力呈微小增大趋势。

c.如图 7.16 所示,12 m 长锚索断面左侧拱脚位置处,围岩压力急剧增加,中台阶开挖后增大到 137 kPa,随后继续增大,下台阶开挖时达到峰值 166 kPa,之后呈减小趋势;随着仰拱开挖和支护施作,围压变化呈增加趋势;随着掌子面的推进,围岩压力逐渐减小并呈收敛趋势;施作完二衬后围岩压力有小幅增加并趋于收敛。右侧拱脚位置处,围岩压力初始增加较快,中台阶开挖时达到峰值 146 kPa;随后呈减小趋势,仰拱施作完成后达到 99 kPa;当预应力锚索施作后达到峰值 113 kPa,之后变化趋于平稳;施作二衬后围压值波动最终达到 125 kPa。

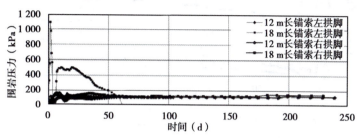

图 7.16 拱脚围岩压力对比图

18 m 长锚索断面左侧拱脚位置处围压值,初始急剧变化,第 2 d 就达到峰值 1 094 kPa,中台阶开挖时就减少到 2 kPa,之后呈增加趋势;下台阶施作后变为 487 kPa,仰拱开挖和支护完成后,围压值逐步减小到 112 kPa;随后出现受拉现象,二衬的施作,围岩压力变为受压状态,但数值非常小。右侧拱脚位置处,围岩压力快速增长到 103 kPa;之后平稳变化到 112 kPa,仰拱施作完成后,围岩压力逐渐增大;但随着隧道的开挖,围压值减小到 111 kPa,当预应力锚索施作后围岩压力值变为 133 kPa;二衬施作完成后围压值变为平稳趋势。

d. 如图 7.17 所示,12 m 长锚索断面左墙中围压值,呈增加趋势,下台阶开挖后围压值急剧增加到峰值 175 kPa;仰拱开挖和支护后,增加到峰值 154 kPa;随着隧道掌子面的推进,围压值变为 3 kPa,但仪器随后就被损坏。右墙中位置的围岩压力,开始时急剧增加,在下台阶开挖后减少到 33 kPa;在仰拱施作完成后,围岩压力增大为 21 kPa;当中台阶锚索张拉后,围岩压力趋于平稳,增加为 37 kPa,但之后仪器损坏。

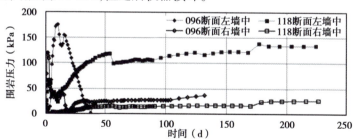

图 7.17 墙中围岩压力对比图

18 m 长锚索断面墙中左侧位置处围岩压力值,初始急剧增大到 65 kPa,在下台阶开挖后围岩压力值减小到 37 kPa;当仰拱开挖和支护施作后,变化呈增加趋势,缓慢达到 118 kPa;当锚索张拉后增加到 121 kPa;在二衬施作完成后围岩压力呈平稳变化。墙中右侧位置处,仪器出现偏压为负值,在 11 d 时达到 2 kPa,之后围岩压力值呈增大趋势变为 16 kPa;随着二衬的施作,围岩压力值增加到 27 kPa。

e. 如图 7.18 所示,12 m 长锚索断面墙脚左侧的围岩压力值,初始增加较缓慢;当施作仰拱后,围岩压力增加为 165 kPa;在二衬施作完成后增大为 185 kPa,之后仪器被损坏。右侧墙脚的围岩压力值初始呈增加趋势,第12 d达到峰值157 kPa;随着仰拱开挖、钢拱架闭合,围岩压力急剧增加;预应力锚索施作后,围岩达到1 109 kPa;在二衬施作后围岩压力小幅增长并呈收敛趋势。

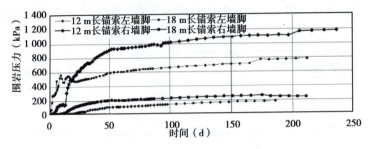

图7.18 墙脚围岩压力对比图

18 m长锚索断面左侧墙脚的围压值,初始快速的增大到569 kPa;仰拱施作后,围压值增大到峰值552 kPa,之后小幅减小,但随之继续增大;在二衬施作完成后围压值达到789 kPa,变化趋于平稳。墙脚右侧位置处的围岩压力值呈较缓慢增加趋势;当仰拱施作后,围岩压力值急剧增大到峰值208 kPa,随后平缓增大到268 kPa;当二衬施作后,围岩压力减小并呈平稳趋势。

f.如图7.19所示,12 m长锚索断面仰拱底部的围岩压力,初始急速增大到峰值76 kPa,随着混凝土龄期增长,围岩压力增加并趋于平稳,变为104 kPa。

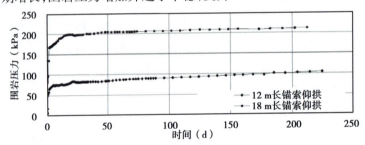

图7.19 仰拱围岩压力对比图

18m长锚索断面仰拱位置处的围压值,前期迅速增大到167 kPa,之后随着混凝土龄期增加,围岩压力继续增大并趋向稳定,变为211 kPa。

由以上图7.10—图7.19对比分析可得,12 m长锚索断面拱顶处的围岩压力初期小于18 m长锚索断面,但最终值要稍大一点;12 m长锚索断面左拱腰处围岩压力从初期到终期都接近18 m长锚索断面左拱腰的值;12 m长锚索断面左拱脚处初期值和最大值小于18 m长锚索断面的值,但最终值稍大一些;12 m长锚索断面左墙中处围岩压力初期较大,终期时变为0 kPa。

18 m长锚索断面的围岩压力值一直增加到终期135 kPa;12 m长锚索断面左墙脚处围岩压力一直以较大差值小于18 m长锚索断面的值;12 m长锚索断面仰拱处围岩压力一直小于18 m长锚索断面的值;12 m长锚索断面右墙脚处围岩压力一直以较大差值大于18 m长锚索断面的值;12 m长锚索断面右墙中处围岩压力大于18 m长锚索断面的值;右拱脚处两断面的围岩压力值基本一致;右拱腰处前期两断面相差不大,后期12 m长锚索断面的值大于18 m长锚索断面的值;出现较大差值情况是受施工的影响较大。两个断面的围岩应力终值差别不大,预应力锚索施加后效果不是十分明显。

g.预应力长锚索张拉预应力量测分析。

从图7.20和图7.21中可看出,12 m长锚索断面左侧上台阶处锚索预应力在二次张拉后为338 kN。随着施工的推进预应力值基本保持稳定,在二衬施作后预应力值有小幅增大,为343 kN;左侧中台阶处由于孔壁围岩存在裂隙,注浆不充实,锚固端未锚实,故张拉过程中被拉脱;左侧下台阶处与中台阶处情况类似,初张拉时较好,二次张拉过程中拉脱;右侧上台阶处锚索预应力在二次张拉后为430 kN,随着施工的推进,预应力值基本保持稳定,在二次衬砌施作后预应力值有小幅增大,为431 kN;右侧中台阶处锚索在二次张拉后预应力值为504 kN。随着时间推移预应力损失了2 kN,但二次衬砌施作后变大到573 kN;右侧下台阶处锚索在二次张拉后预应力值为385 kN,随着时间推移预应力损失了10 kN。18m长锚索断面左侧上台阶处锚索预应力在二次张拉后为402 kN,随着施工的推进,预应力值有所损失,为386 kN,在二次衬砌施作后预应力值有小幅增大,为389 kN;左侧中台阶处锚索预应力张拉时预应力值为438 kN,随着时间推移预应力损失了33 kN;左侧下台阶处锚索预应力张拉时预应力值为440 kN。随着时间推移预应力损失了3 kN;右侧上台阶处锚索预应力在二次张拉后为416 kN。随着施工的推进预应力损失了5 kN,在二次衬砌施作后预应力值有小幅增大,为430 kN;右侧上台阶处锚索预应力在二次张拉后为504 kN,随着施工的推进预应力有小幅增长,为513 kN,在二次衬砌施作后预应力值有大幅增加,为589 kN;右侧下台阶处锚索在二次张拉后为453 kN,但在拆除千斤顶时出现问题,使得预应力有较大损失,为365 kN,随着二次衬砌施作后预应力值有小幅增大,为368 kN。总体预应力损失不是很明显。

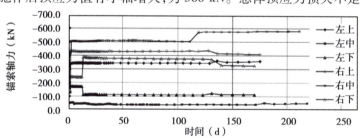

图7.20　12 m长锚索轴力值图

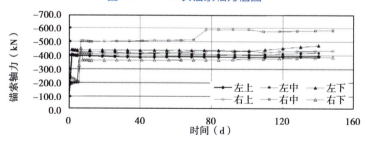

图7.21　18 m长锚索轴力值图

## 7.5 工程应用三：双连拱段"背靠背"施工

双连拱段针对 DK275+935～DK275+815 线间距变化特点以及施工时左右线相互影响的特点,结合工期、施工操作等因素,采用了中导洞先行开挖的方案。中导洞施工时采用上下台阶法先施工,中导洞贯通后,从里向外(DK275+815 至 DK275+935)倒退施作中隔墙,中隔墙施作完成后及时将中隔墙两侧空洞用沙袋回填反压密实,待回填完成后开挖两侧正洞。左右隧道施工采用上中下三台阶施工,台阶长度为 3～5 m。具体施工步骤如图 7.22 所示。

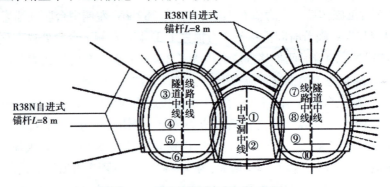

图 7.22 双连拱段施工工序示意图

双连拱段左右线中间岩柱厚度最薄处约 6 m,DK275+815 处双连拱中隔墙厚度最薄处约 1.58 m。根据专家会意见适当加强支护,具体参数如下:①开挖预留变形量 40 cm;②拱部设 $\phi$42 超前小导管并预注水泥浆长度 3.0 m,环向间距 40 cm,纵向间距 1 环/1.2 m;③取消系统锚杆,拱墙增设 $\phi$42 小导管,径向注水泥浆长 4.0 m,环、纵间距为 1.2 m×1.2 m;④全环喷 C25 混凝土,厚 30 cm,拱墙设置 $\phi$8 钢筋网片,网格间距 20 cm×20 cm;全环设 H175 型钢钢架,间距为 1 榀/0.6 m,钢架接头处设 R32N 自进式锚杆进行锁脚,长 6.0 m,共计 8 根;先行右线采用双层支护,第二层支护全环喷 C25 混凝土厚 25 cm,拱墙设置 $\phi$8 钢筋网片,网格间距 20 cm×20 cm,全环设格栅钢架,间距为 1 榀/1 m,钢架接头处设 $\phi$42 小导管进行锁脚长 1.5 m,共计 8 根;二次衬砌采用 C35 钢筋混凝土结构,拱墙、仰拱厚 60 cm,衬砌钢筋环向采用 22 cm×20 cm,纵向采用 14 cm×20 cm,箍筋采用 8 cm×20 cm;双连拱开挖前先开挖中导洞,中导洞采用喷锚支护,拱墙喷 C25 混凝土,厚 27 cm;拱部设 $\phi$22 组合式中空锚杆,长 3.0 m,间距为 1.2 m×1.0 m;拱墙设 I20b 型钢钢架,间距 1 榀/1 m;拱墙设置 $\phi$8 钢筋网片,网格间距 20 cm×20 cm。

双连拱段地质岩性同小间距段一致,为灰黑色薄层板岩、夹炭质板岩,围岩较破碎,节理裂隙发育,局部褶皱,破碎程度比小间距段略微要轻,典型照片如图 7.23 所示。

### 1)测试项目及测试频率

根据试验测试方案及现场施工情况,在左右线 DK275+825、DyK275+825 各布置一个测试断面,测点布置图如图 7.24 所示,汇总表见表 7.1。

图 7.23　双连拱段围岩情况

表 7.1　双连拱段测点布置汇总表

| 图例 | 项目 | 元件 | 已布置数量 | 规格 |
|---|---|---|---|---|
| ● | 围岩压力 | 压力盒 | 16 | 2.0 MPa |
| ● | 接触压力 | 压力盒 | 18 | 1.4 MPa |
| ○ | 钢架应力 | 表面应变计 | 32 | 受压 300 MPa<br>受拉 200 MPa |
| ● | 钢筋应力 | 钢筋计 | 40 | 受压 40 kN<br>受拉 80 kN |
| ● | 混凝土应力 | 混凝土应变计 | 20 | ±1 500 με |

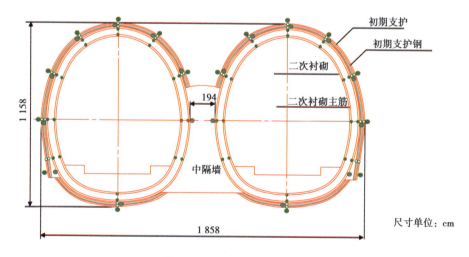

图 7.24　双连拱段测试断面

## 2) 量测数据的对比分析

### (1) 双连拱段初期支护受力测试及分析

①围岩压力测试结果。围岩压力测试结果显示,围岩压力具备以下几点特性:

a.具有长期缓慢增长的趋势。从曲线图判断,在 8 个月的时间内,接近一半的围岩压力测点未表现出明显的稳定趋势,而表现出了围岩极强的流变特性。

b.围岩压力较大部位主要集中在拱腰至墙腰处,右线最大值为 389.1 kPa,左线最大值为 610.8 kPa,围岩压力测试值主要分布在 300 kPa 以内。

②钢拱架应力测试结果。钢架应力测试结果表明:

a.拱架整体受压,拱顶至两侧拱脚部位的应力值很大,左右线最大值均在 400 MPa 左右,大部分拱架应力测试值在 200 MPa 以内。

b.左线相对右线来说,拱架应力有所减小,但两者相差并不明显,这是因为作为刚性结构的拱架的应力增长与变形密切相关,在支护结构变形的前期,拱架应力就已经发生很大增长,导致拱架应力最终值整体较大。

c.根据拱架应力时程曲线图来看,拱架应力基本在 2 个月后基本稳定,相比较于小间距段拱架受力,双连拱段受力明显要小且稳定时间要短,这与双连拱段略好的围岩特性相关。

③小结。针对新城子隧道小间距段初期支护三个断面的结构受力测试结果分析显示:

a.围岩压力较大部位主要集中在拱腰至墙腰处,右线最大值为389.1 kPa,左线最大值为 610.8 kPa,围岩压力测试值主要分布在 300 kPa 以内。

b.拱架整体受压,拱顶至两侧拱脚部位应力值很大,左右线最大值均在 400 MPa 左右,大部分拱架应力测试值在 200 MPa 以内。

c.围岩压力具有长期缓慢增长的趋势,在 8 个月的时间内,接近一半的围岩压力测点未表现出明显的稳定趋势,而表现出了围岩极强的流变特性。

d.拱架应力基本在 2 个月后基本稳定,相比较于小间距段拱架受力,双连拱段受力明显要小且稳定时间要短,这与双连拱段略好的围岩特性相关。

(2)双连拱段衬砌受力测试及分析

①接触压力测试结果。接触压力测试结果显示:

a.从量值上看,左线 DK275+825 断面接触压力测试值明显大于右线,其中左线最大值在 300 kPa 左右(284.6 kPa),右线最大值为 55.8 kPa。

b.整体来看,左右线接触压力均不大,左线基本维持在 200 kPa 以内,右线基本在 50 kPa 以内。

c.从长期趋势看,左线在 4 个月后基本趋于稳定,右线在 6 个月内未表现出明显稳定的趋势,其长期稳定性有待继续观察。

②钢筋应力测试结果。钢筋应力测试结果显示:

a.从量值上看,钢筋应力受力均较小,其中左线最大值为49.3 MPa,右线最大值为 35.1 MPa。

b.整体来看,左线钢筋应力测试值较右线要大,左线大多在 40 MPa 以内,右线大多在 20 MPa以内。

c.从长期趋势看,钢筋应力在 3~4 个月之后基本稳定。

③混凝土应力测试结果。混凝土应力测试结果显示:

a.从量值上看,混凝土应力测试值均比较小,其中左线最大值 9.9 MPa,右线最大值 5.6 MPa。

b.左线混凝土应力测试值较右线要大,左线大多在10 MPa 以内,右线大多在 4 MPa

以内。

c.从长期趋势看,混凝土应力在 3~4 个月之后基本稳定。

④小结。针对新城子隧道双连拱段 DyK275+825 左右线衬砌的结构受力测试结果分析显示:

a.左右线接触压力均不大,左线基本维持在 200 kPa 以内,右线基本在 50 kPa 以内,其中左线最大值在 300 kPa 左右(284.6 kPa),右线最大值为 55.8 kPa。整体来看,左线接触压力测试值明显大于右线。

b.左右线钢筋应力均较小,左线大多在 40 MPa 以内,右线大多在 20 MPa 以内,其中左线最大值为 49.3 MPa,右线最大值为 35.1 MPa。整体来看,左线钢筋应力测试值较右线要大。

c.左右线混凝土应力均较小,左线大多在 10 MPa 以内,右线大多在 4 MPa 以内,其中左线最大值为 9.9 MPa,右线最大值为 5.6 MPa。整体来看,左线混凝土应力测试值较右线要大。

d.从长期趋势看,围岩压力左线在 4 个月后基本趋于稳定,右线在 6 个月内未表现出明显稳定的趋势;钢筋及混凝土应力在 3~4 个月之后基本稳定。

## 7.6　工程应用四:小净距段对拉锚杆试验

新城子隧道出口为并行两座单线隧道,线间距较小,两线施工时相互影响较大,隧道受力极为复杂,尤其施工后行隧道时应力重新分配,对先行隧道影响极大。

### 1)测试项目及测试频率

左线 DK276+073 和右线 DyK276+073 断面左右线同一根对拉锚杆上下各安装一个锚索测力计测量对拉锚杆的轴力。锚索测力计布置如图 7.25 所示。

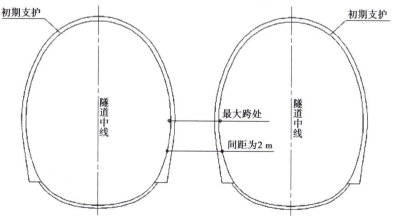

图 7.25　左线 DK276+073 和右线 DyK276+073 锚索测力计布置示意图

左线 DK276+053～+073 及右线 DyK276+053～+073 设试验段进行变形和支护体系受力监测与分析,试验段参数如下:

①开挖预留变形量 40 cm。

②拱部设 $\phi$42 超前小导管并预注水泥浆,长度 3.5 m,环向间距 40 cm,纵向间距 1 环/1.8 m。

③取消系统锚杆,两侧边墙增设 $\phi$42 小导管径向注水泥浆,长 4.0 m,环、纵间距为1.2 m×1.2 m。

④全环喷 C25 混凝土,厚 30 cm,拱墙设置 $\phi$8 钢筋网片,网格间距 20 cm×20 cm;全环设 H175 型钢钢架,间距为 1 榀/0.6 m,钢架接头处设 R32N 自进式锚杆进行锁脚,长 6.0 m,共计 12 根。

⑤二次衬砌采用双层 C35 钢筋混凝土衬砌结构。

a.外层衬砌全环厚 60 cm,衬砌钢筋环向采用 $\Phi$ 22@ 20 cm,纵向采用 $\Phi$ 14@ 20 cm,箍筋采用 $\phi$8@ 20 cm。

b.内层衬砌作为预留补强,待外层衬砌施作完成后根据左线施工通过变形稳定情况适时施作。内层衬砌全环厚 30 cm,衬砌钢筋环向采用 $\Phi$ 18@ 20 cm,纵向采用 $\Phi$ 14@ 20 cm,箍筋采用 $\phi$8@ 20 cm。

⑥监控时限及频率。

根据兰渝公司要求,本监控项目监测时限为:所监控段隧道二衬与仰拱施作完毕后 1 年。

测试频率:埋设初期 1～2 次/天,1 周后 1 次/天,1 个月后 2～3 次/周,3 个月后 1 次/周。监测频率及时间根据监测数据和现场工程进展及时调整。

**2) 量测数据的对比分析**

(1) 右线 DyK276+053～+073 段变形监测与分析

右线 DyK276+053～+073 段的变形量测,包括拱顶下沉、水平收敛的量测,测点分别位于拱顶、上台阶和下台阶。

从地形地貌和隧道的岩性入手,在隧道的施工过程中,选取隧道右线 DyK276＋070、DyK276+060、DyK276+050 三个断面监测拱顶位置沉降、上台阶和下台阶水平收敛。通过记录隧道开挖过程中围岩的变形规律,评定洞身的稳定性。

通过观察右线 DyK276＋070、DyK276+060、DyK276+050 断面拱顶的沉降、上台阶和下台阶水平收敛值发现,拱顶沉降小于水平收敛,可能与围岩侧压力较大有关,与围岩压力监测的数据较为吻合。水平收敛上台阶要大于下台阶,说明最大跨以上部位的围岩侧向压力大于边墙位置,在施工时建议适当加大相应部位的支护参数。

(2) 左线 DK276+053～+073 段变形监测与分析

该段的变形监测分析,包括拱顶下沉、水平收敛的量测,测点分别位于拱顶、上台阶。

从地形地貌和隧道的岩性入手,在隧道的施工过程中,选取隧道左线 DK276＋070、DK276+060、DK276+050 三个断面监测拱顶位置沉降,上台阶水平收敛。通过记录隧道开挖过程中围岩的变形规律,评定洞身的稳定性。

通过对比左右线相同里程下的三个断面的变形特征不难看出:

①从稳定时间上看,右线拱顶沉降和上台阶收敛值的稳定时间大约需要 60 d,而左线为 35 d 左右,左线的稳定周期远小于右线,说明左线小导洞的开挖有效地释放了围岩应力,从而左线开挖后围岩的变形周期小。

②从左右线同一里程的洞内收敛值可以看出,左线的收敛略小于右线。

③从左右线六个断面拱顶沉降和上下台阶的收敛值不难发现,拱顶沉降值远小于水平收敛,说明在软岩大变形地段围岩的侧向压力引起的变形不可忽视。

（3）右线 DyK276+053～+073 段围岩压力监测与分析

为了更好地了解初期支护所承受的来自围岩的压力,在钢拱架背面布设土压力盒,将围岩对衬砌的压力进行现场量测,确定围岩压力受隧道开挖的影响程度。通过对测量数据的分析,评价现行施工的可行性,从而进一步指导施工。选取 DyK276+063 断面进行围岩压力监测,测点分别位于拱顶、左右拱腰、左右最大跨、左右墙中和仰拱位置,图 7.26 为压力盒现场安装图。

图 7.26　现场压力盒安装图

为了对比不同部位压力值的大小及分布情况,对各主要部位压力值做了统计,由于仰拱处的压力盒破坏过早没有分析意义,所以没有详细分析。表 7.2 为各主要部位的围岩压力最终值,图 7.27 为围岩压力断面分布图。

表 7.2　主要部位围岩压力　　　　　　　　　　　单位:kPa

|  | 仰拱 | 拱顶 | 左拱腰 | 左最大跨 | 左墙中 | 右墙中 | 右最大跨 | 右拱腰 |
|---|---|---|---|---|---|---|---|---|
| 压力 | 9.7(坏) | 75.3 | 261.0 | 402.8 | 108.8 | 117.0 | 45.1(坏) | 225.5 |

注:表中"+"为压,"-"为拉。

根据表 7.2 和图 7.27,从主要部位围岩压力的当前值可以看出:拱顶压力较小为63 kPa;左右拱腰部位的围岩压力都比较大,分别为 240 kPa 和 222 kPa,右侧略小于左侧;最大跨处的围岩压力差别很大,左侧为 364 kPa,而右侧仅为 45 kPa,这很可能与该点围岩和初支接触不够密实或左线的小导洞将围岩压力释放了一部分有关;左右墙中的围岩压力相差不多,从

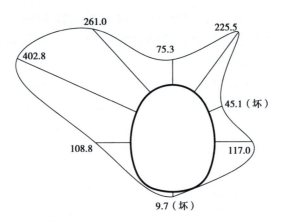

图 7.27　围岩压力当前值断面分布图（单位：kPa）

围岩的分布上看,压力的分布形式类似典型的"猫耳朵"形。上下台阶及仰拱开挖后围岩压力的变化不是很明显,说明锁脚锚杆的施作起到了很好的作用。二次初支施作后围岩压力开始增大,说明二次初衬的施作增加了初衬的刚度,施作一段时间后拱腰部位出现了较为严重的开裂,如图 7.28 所示。

图 7.28　二次初衬开裂照片

开裂后围岩压力开始减小。就其开裂原因不仅与拱腰围岩压力较大有关,而且与左线施工时的爆破扰动有关。由于右线二次初衬开裂严重,将左线爆破开挖换为挖机开挖后,右线的开裂得到了有效控制。二次衬砌施作后压力变化减慢,均趋向稳定。

(4)右线 DyK276+053～+073 段钢拱架应力监测与分析

从地形地貌和隧道右线 DyK276+053～+073 岩性入手,在隧道的施工过程中,选取隧道右线 DyK276+063 断面,在钢拱架腹板上布设表面应变计,对钢拱架的受力情况进行量测。通过记录隧道开挖过程中钢拱架的受力情况,对监测到的钢拱架应力做出初步分析,评价现行施工的可行性。测点分别位于拱顶、左右拱腰、左右最大跨、左右墙中和仰拱位置,图 7.29 为表面应变计现场安装图片。

为了了解钢拱架的应力分布情况,将各主要部位的应力值进行了统计,表 7.3 为各主要部位钢拱架的应力统计表,图 7.30 为拱架的应力当前值断面分布图。

图 7.29  表面应变计现场安装图片

表 7.3  各主要部位钢拱架应力值  单位:MPa

| | 仰拱 | 拱顶 | 右拱腰 | 左拱腰 | 右最大跨 | 左最大跨 | 右墙中 | 左墙中 |
|---|---|---|---|---|---|---|---|---|
| 应力值 | −15.2 | −11.0 | −75.0 | −63.0 | −71.5 | −122.0 | −160.0 | −80.9 |

注:表中"+"为拉,"−"为压。

综合上述表面应变计的监测数据随时间的变化规律、应力值大小和分布等情况看,仪器出现无读数的现象严重,这主要与仪器本身特性和该隧道变形太大等因素有关。就最终监测数据来看,拱顶压力值为 110 MPa,左拱腰为 63 MPa,右拱腰为 75 MPa,左最大跨为 122 MPa,右最大跨为 54 MPa,左墙中为 80.9 MPa,右墙中为 170 MPa,受力状态均为受压。除右最大跨和右墙中外,其余各部位仪器无读数过早,而这两个部位的围岩压力恰好最小,所以仪器的损坏可能与围岩的压力大小有较大关系。从监测数据的变化规律看,中台阶和下台阶及仰拱开挖后的应力值有小幅减小的趋势。通过右墙中和右最大跨的两个仪器监测时间较长的部位来看,二次初衬施作后拱架应力均有增长的趋势。

(5)右线 DyK276+053~+073 段初衬与二衬间接触压力监测与分析

从地形地貌和隧道的岩性入手,在隧道的施工过程中,监测隧道右线 DyK276+063 断面初衬与二衬之间的接触压力来评定洞身的稳定性,测点分别位于拱顶、左右拱腰、左右最大跨、左右墙中和仰拱位置。

为了对比接触压力的大小及断面的分布情况,将所监测到的数值汇总于表 7.4,图 7.31 为接触压力的断面分布图。

表 7.4  各主要部位接触压力值  单位:MPa

| | 仰拱 | 拱顶 | 右拱腰 | 左拱腰 | 右最大跨 | 左最大跨 | 右墙中 | 左墙中 |
|---|---|---|---|---|---|---|---|---|
| 压力 | 56.8 | 249.8 | 74.6 | 96.1 | 75.6 | 167.9 | 12.1 | 194.8 |

注:表中"+"为压,"−"为拉。

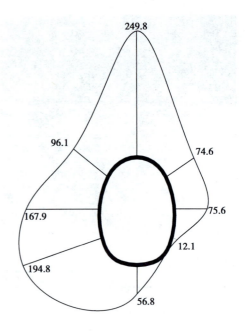

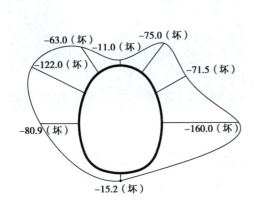

图 7.30　围岩压力当前值
的断面分布图(单位：MPa)

图 7.31　接触压力断面
分布图(单位：kPa)

通过以上对二衬与初衬接触压力随时间的变化规律、应力统计表和断面分布的情况分析不难看出：在混凝土浇筑之初，接触压力先增大后减小，这一现象应该与混凝土硬化时的收缩变形有关；拆模后，各点接触压力值有所减小或增长速度放慢；接触压力的分布左侧明显大于右侧，与右侧左线导洞开挖后释放了一定的围岩应力有关。

(6)右线 DyK276+053～+073 段二衬混凝土应力监测与分析

为了更好地了解二衬施作后各主要部位混凝土的受力情况，选用振弦式混凝土应变计测量二衬拱顶、左右拱腰、左右最大跨、左右墙中位置混凝土所受的应力，现场安装图如图 7.32 所示。

为了了解 DyK276+063 断面二衬混凝土所受应力的情况，将关键部位的应力数据做了统计，统计结果见表 7.5，混凝土应力的断面分布图如图 7.33 所示。

表 7.5　二衬各主要部位混凝土的应力　　　　单位：MPa

| | 仰拱 | 拱顶 | 左拱腰 | 右拱腰 | 左最大跨 | 右最大跨 | 左墙中 | 右墙中 |
|---|---|---|---|---|---|---|---|---|
| 应力 | -6.4 | -6.1 | -7.6 | -6.0 | -1.6 | -7.6 | 5.3 | -7.1 |

注：表中"+"为拉，"-"为压。

从以上各测点混凝土应力随时间的变化规律和断面分布图可以看出：

①各点均表现出在撤除模板后应力值增大的现象，所以在撤出模板时要保证混凝土达到足够的强度，以防二衬强度不足而导致开裂。

②各点应力值相对较小，总体比较安全。左侧墙中位置出现了拉应力，说明左侧来自山

图 7.32　混凝土应力测点现场布置图

体的压力较大,该处接触压力较大也能印证此问题。

③180 d 的监测应力值还在变化,说明在软岩大变形隧道中,围岩蠕变对隧道支护体系造成的影响不可忽略,在后期及运营期间应注意观察。

(7)右线 DyK276+053~+073 段二衬钢筋轴力监测与分析

为了更好地了解二衬施作后各主要部位钢筋的受力情况,选用振弦式钢筋计测量二衬拱顶、左右拱腰、左右最大跨、左右墙中位置内外侧钢筋所受的轴力,现场安装图如图 7.34 所示。

为了观察 DyK276+063 断面二衬钢筋内

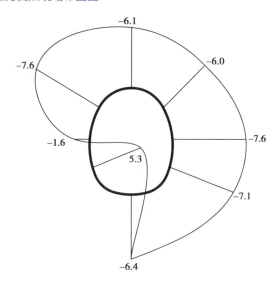

图 7.33　混凝土应力断面分布图(单位:MPa)

外侧的受力情况,现将各个部位的数据进行统计(见表7.6),图7.35 和图7.36 为内外层钢筋的断面轴力分布图。

表 7.6　关键部位内外侧钢筋所受轴力　　　　　　　　　　　　　　　　单位:kN

|  | 仰拱 | 拱顶 | 右拱腰 | 左拱腰 | 右最大跨 | 左最大跨 | 右墙中 | 左墙中 |
|---|---|---|---|---|---|---|---|---|
| 外侧钢筋 | -2.8 | -4.7 | -2.7 | -2.3 | -3.2 | -3.9 | -3.5 | -2.5 |
| 内侧钢筋 | -2.6 | -3.1 | -6.4 | -5.6 | -4.7 | -2.5 | -3.0 | -1.8 |

注:表中"+"为拉,"-"为压。

图 7.34　二次衬砌内外侧钢筋应力测点现场布置图

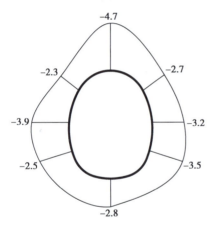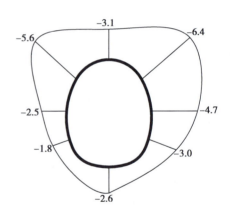

图 7.35　二衬外侧钢筋
轴力分布图（单位：kN）

图 7.36　二衬内侧钢筋
轴力分布图（单位：kN）

通过各主要部位内外侧钢筋轴力随时间的变化规律和轴力断面分布图可以得出，内外侧钢筋所受的轴力均为压力且值均较小，在 180 d 的监测中仍在继续增长；从轴力随时间的变化规律上看，二衬模板的拆除对钢筋的轴力影响较大；在内外侧钢筋轴力的分布规律上看，除左右拱腰位置外，其余各处钢筋轴力均表现出外侧小于内侧的规律；从监测结果看，所有钢筋轴力均在增长中，说明二衬钢筋受力受到围岩蠕变的影响较大。

（8）小结

通过对左线 DK276+053～+073 变形及右线 DyK276+053～+073 变形和受力的监测与分析发现，右线拱顶沉降小于水平收敛，可能与围岩侧压力较大有关，与围岩压力监测的数据较为吻合。左线由于在正洞开挖前施作了小导洞，围岩压力得到了释放，变形和右线相比较小；分析右线围岩压力的变化规律发现左侧远大于右侧；从钢拱架应力监测结果来看，锁脚锚杆效果良好，下台阶和中台阶开挖后应力变化小；分析初衬与二衬的接触压力看出，左侧接触压力远大于右侧,和围岩压力较为吻合;二衬混凝土应力反映出左侧围岩压力大的问题;二衬钢筋内外侧受力均较小且受压,从当前情况看有安全储备。

## 7.7 工程应用效果与评价

### 1)应用效果

项目研究团队在兰渝铁路建设过程中,攻克了挤压性围岩隧道施工技术难题,实现了多项技术创新。如采用对拉锚杆对中间岩柱进行对拉锁定,防止了左右线开挖扰动的影响;用超前导洞应力释放和双初支、双二衬、二衬加缓冲层、仰拱增强等多重联合支护手段,扼制了隧道收敛变形;采用上下支洞分别挑开隧道的上下断面,然后合拢形成标准的双侧壁断面的施工工艺,确保了大跨挑顶的安全施工;采用预应力长锚索加长锚杆,对隧道侧壁和拱顶加固,既有效控制了围岩收敛变形和沉降,又在双侧壁九部法受力体系转换时(拆除临时支撑),确保了结构的安全和稳定。

建成后的新城子隧道洞口及洞内效果如图 7.37—图 7.39 所示。

图 7.37 新城子隧道出口图　　　　　图 7.38 新城子隧道贯通

### 2)业内评价

兰渝铁路新城子、毛羽山等隧道建设过程中赢得了国内外水利、交通等相关领域业内人士与中央主流媒体的高度关注与评价。施工过程中,中国铁路总公司、兰渝公司、十一局集团四公司先后多次组织国内外隧道界多位顶尖专家、院士现场踏勘,研讨论证,还邀请了中国工程院院士、国内著名隧道专家王梦恕,国际工程地质和环境协会前主席、知名隧道专家鲍尔·马林洛斯(PAUL G.MARINOS)等先后到项目实地进行科研试验。

中央电视台(图 7.40)、凤凰卫视(图7.41)、人民日报、中国铁道报、新华网等中央主流媒体

图 7.39 成型后的大跨与双联拱过渡段的堵头墙

高度关注该项目并给予了高度评价,认为兰渝铁路新城子、毛羽山等隧道的贯通,标志着我国在高地应力大跨断面隧道世界性施工难题上取得了重大突破,对促进我国高速铁路隧道的建设及国家西部大开发战略具有重大意义。

图 7.40　中央电视台报道

图 7.41　凤凰卫视报道

# 参考文献

［1］白文勇.煤层水压致裂机理数值模拟研究［D］.西安:西安科技大学,2016.

［2］薄清元,王志强,周冬.某水源地工程水压致裂地应力测试研究［J］.山西建筑,2017,43
（33）:71-72.

［3］蔡慧娟,蒋喆琦,张胤.基于FLAC3D混凝土本构模型二次开发及边坡加固工程应用［J］.
江苏水利,2018(8):42-45.

［4］蔡美峰,何满潮,刘东燕.岩石力学与工程［M］.北京:科学出版社,2002.

［5］蔡美峰.地应力测量原理和技术［M］.北京:科学出版社,1995.

［6］陈群策,孙东生,崔建军,等.雪峰山深孔水压致裂地应力测量及其意义［J］.地质力学学
报,2019,25(5):853-865.

［7］陈育民,徐鼎平.FLAC/FLAC3D基础与工程实例［M］.北京:中国水利水电出版社,2013.

［8］褚卫江,徐卫亚,杨圣奇,等.基于FLAC$^{3D}$岩石黏弹塑性流变模型的二次开发研究［J］.岩
土力学,2006,27(11):2005-2010.

［9］丁文富,张雨露.水压致裂法地应力测量在成昆铁路垭口隧道的应用［J］.地壳构造与地
壳应力文集,2018(0):107-115.

［10］高春玉,徐进,李忠洪,等.雪峰山隧道砂板岩各向异性力学特性的试验研究［J］.岩土力
学,2011,32(5):1361-1364.

［11］郭富利.堡镇软岩隧道大变形机理分析［D］.北京:北京交通大学,2005.

［12］何满潮,景海河,孙晓明.软岩工程力学［M］.北京:科学出版社,2002.

［13］何满潮.世纪之交软岩工程技术现状与展望［M］.北京:煤炭工业出版社,1999.

［14］胡浩.基于分数阶微积分的岩石非线性蠕变本构模型研究及其在Flac3D中的二次开发
［D］.北京:中国地震局地震研究所,2019.

［15］黄明.含水泥质粉砂岩蠕变特性及其在软岩隧道稳定性分析中的应用研究［D］.重庆:
重庆大学,2010.

［16］贾剑青.复杂条件下隧道支护体时效可靠性及风险管理研究［D］.重庆:重庆大学,2010.

［17］姜云,李永林,李天斌,等.隧道工程围岩大变形类型与机制研究［J］.地质灾害与环境保
护,2004,15(4):46-51.

［18］蒋景东.深部软弱围岩流变应力恢复法地应力测试与分析方法研究［D］.武汉:武汉大

学,2016.

[19] 李国良,朱永全.乌鞘岭隧道高地应力软弱围岩大变形控制技术[J].铁道工程学报,2008,25(3):54-59.

[20] 李强,曾平,许静,等.不同应力解除法地应力测试方法对比及工程应用[J].人民长江,2019,50(3):156-160.

[21] 刘保国,杜学东.圆形洞室围岩与结构相互作用的黏弹性解析[J].岩石力学与工程学报,2004,23(4):561-564.

[22] 刘高,张帆宇,李新召,等.木寨岭隧道大变形特征及机理分析[J].岩石力学与工程学报,2005,24(S2):5521-5526.

[23] 刘高.高地应力区结构性流变围岩稳定性研究[D].成都:成都理工大学,2001.

[24] 刘钦,李术才,李利平.软弱破碎围岩隧道大变形施工力学行为及支护对策研究[J].山东大学学报(工学版),2010,41(3):118-125.

[25] 刘士海.高地应力软岩隧道施工期时空效应及初期支护选型研究[D].北京:北京交通大学,2015.

[26] 刘雄.岩石流变学概论[M].北京:地质出版社,1994.

[27] 刘招伟,王明胜,方俊波.高地应力大变形隧道支护系统的试验研究[J].土木工程学报,2010,43(5):111-116.

[28] 刘志春,朱永全,李文江,等.挤压性围岩隧道大变形机理及分级标准研究[J].岩土工程学报,2008,30(5):690-697.

[29] 梅松华.层状岩体开挖变形机制及破坏机理研究[D].北京:中国科学院研究生院,2008.

[30] 倪国荣,叶梅新."板裂"结构岩体的力学分析法[J].岩土工程学报,1987,9(1):99-108.

[31] 钱伟平.大面积剪切试验在乌鞘岭隧道松软岩体中的实践[C].第二届全国岩土与工程学术大会论文集(上册),2006.

[32] 邱祥波,李术才,李树忱.三维地应力回归分析方法与工程应用[J].岩石力学与工程学报,2003,22(10):1613-1617.

[33] 司光晔,张严.基于地应力测试的公路岩爆预测技术研究[J].公路,2013(6):256-261.

[34] 孙广忠.岩体结构力学[M].北京:科学出版社,1988.

[35] 孙钧.岩土材料流变及其工程应用[M].北京:中国建筑工业出版社,1999.

[36] 王树仁,刘招伟,屈晓红,等.软岩隧道大变形力学机制与刚隙柔层支护技术[J].中国公路学报,2009,22(6):90-95.

[37] 王襄禹.高应力软岩巷道有控卸压与蠕变控制研究[D].徐州:中国矿业大学,2008.

[38] 王英帆,刘钦,胡永志,等.高地应力软岩隧道大变形监测及支护优化[J].科学技术与工程,2019,19(30):317-323.

[39] 王曰国,王星华,林杭.基于 Ubiquitous-Joint 模型的层状岩坡稳定性分析[J].灾害学,2007,22(4):46-50.

［40］王泽泉.新建铁路兰渝线兰州至广元段地质灾害发育特征及工程适宜性评价［D］.成都:西南交通大学,2011.

［41］王芝银,李云鹏.岩石流变理论及其数值模拟［M］.北京:科学出版社,2008.

［42］王忠福.西线南水北调工程地应力场反演分析研究［D］.郑州:华北水利水电学院,2006.

［43］魏来.高地应力软岩隧道变形特征及施工方案优化研究［D］.西安:长安大学,2018.

［44］吴信国.论层状岩体破坏判据［J］.露天采矿,1992(1):17-21.

［45］谢谟文,杨淑清,廖野澜.互层状岩体中群洞开挖稳定性研究和实践［J］.岩石力学与工程学报,1995,14(2):131-137.

［46］熊良宵,汪子华.中国近20年岩石流变试验与本构模型的研究进展［J］.地质灾害与环境保护,2018,29(3):104-112.

［47］熊晓晖.挤压性围岩大跨隧道双支洞挑顶技术研究［J］.铁道建筑技术,2017(5):68-72.

［48］徐林生,李永林,程崇国.公路隧道围岩变形破裂类型与等级的判定［J］.重庆交通大学学报,2002,21(2):16-20.

［49］徐平,李云鹏,丁秀丽,等.FLAC$^{3D}$黏弹性模型的二次开发及其应用［J］.长江科学院院报,2004,21(2):10-13.

［50］徐卫亚,杨圣奇,谢守益,等.绿片岩三轴流变力学特性的研究(Ⅱ):模型分析［J］.岩土力学,2005,26(5):693-697.

［51］徐卫亚,杨圣奇,褚卫江.岩石非线性黏弹塑性流变模型(河海模型)及其应用［J］.岩石力学与工程学报,2006,25(3):433-447.

［52］徐则民,黄润秋.深埋特长隧道及其施工地质灾害［M］.成都:西南交通大学出版社,2000.

［53］鄢建华,洪晓林,汤雷.挤压性围岩软化模型及在大变形分析中的应用［J］.水利水运工程学报,2005(2):28-31.

［54］严竞雄.千枚岩隧道岩性及施工期结构受力变形机理研究［D］.北京:北京交通大学,2009.

［55］杨圣奇.岩石流变力学特性的研究及其工程应用［D］.南京:河海大学,2006.

［56］杨挺青,罗文波,徐平,等.黏弹性理论与应用［M］.北京:科学出版社,2004.

［57］杨卫.榴桐寨隧道高地应力软岩大变形机理研究与施工措施应用分析［J］.建筑技术开发,2019,46(4):85-87.

［58］杨文东.坝基软弱岩体的非线性蠕变损伤本构模型及其工程应用［D］.济南:山东大学,2008.

［59］原小帅,张庆松,李术才,等.超大断面炭质千枚岩隧道新型支护结构长期稳定性研究［J］.岩土力学,2011,32(S2):557-560.

［60］张继奎,方俊波.高地应力千枚岩大变形隧道支护参数试验研究［J］.铁道工程学报,2005,37(5):66-70.

[61] 张强勇,杨文东,张建国,等.变参数蠕变损伤本构模型及其工程应用[J].岩石力学与工程学报,2009,28(4):732-739.

[62] 张文忠.乌鞘岭隧道 $F_7$ 断层泥砾带物理力学参数的综合测试[C]//全国公路工程地质科技情报网 2006 年技术交流会论文集,2006.

[63] 张永兴,王桂林,胡居义.岩石洞室地基稳定性分析方法与实践[M].北京:科学出版社,2005.

[64] 张勇慧,魏倩,盛谦,等.大岗山水电站地下厂房区三维地应力场反演分析[J].岩土力学,2011,32(5):1524-1530.

[65] 张志强,关宝树.软弱围岩隧道在高地应力条件下的变形规律研究[J].岩土工程学报,2000,22(6):696-700.

[66] 赵宝云.岩石拉、压蠕变特性研究及其在地下大空间洞室施工控制中的应用[D].重庆:重庆大学,2011.

[67] 赵德安,李国良,陈志敏,等.乌鞘岭隧道三维地应力场多元有限元回归拓展分析[J].岩石力学与工程学报,2009,28(S1):2688-2694.

[68] 赵国平,陈文华,卢泳,等.锦屏二级水电站辅助洞超埋深水压致裂法地应力测试应用研究[C]//水电工程大型地下洞室关键技术研讨会暨中国水力发电工程学会水工及水电站建筑物专业委员会年会,2012.

[69] 赵旭峰.挤压性围岩隧道施工时空效应及其大变形控制研究[D].上海:同济大学,2007.

[70] 甄秉国.兰渝铁路特殊复杂地质环境及特征研究[J].铁道标准设计,2013,1(4):1-4.

[71] 周家文,徐卫亚,杨圣奇.改进的广义 Bingham 岩石蠕变模型[J].水利学报,2006,37(7):827-830+837.

[72] 周维垣.高等岩石力学[M].北京:水利电力出版社,1990.

[73] 朱光仪,郭小红,陈卫忠,等.雪峰山公路隧道地应力场反演及工程应用[J].中南公路工程,2006,36(1):72-75.

[74] 朱晓鹏.基于节理岩体损伤本构模型的 FLAC3D 二次开发及应用[D].北京:中国地质大学,2015.

[75] 朱泽奇,盛谦,梅松华,等.改进的遍布节理模型及其在层状岩体地下工程中的应用[J].岩土力学,2009,30(10):3116-3121+3132.

[76] T. Borca. Investigatory tunnel under way for Lyon-Turin high speed link[J]. World Tunnelling, 2002,15(8):391-392.

[77] O. Bratschi. The railway equipment of the Gotthard base tunnel[J]. ZEV Rail Glasers Annalen, 2008,132(10):447-450.

[78] Ö. Aydan, T. Akagi, T. Kawamoto. The squeezing potential of rocks around tunnels:Theory and prediction[J]. Rock Mechanics and Rock Engineering,1993,26(2):137-163.

[79] I. Paolo Poti, B. Lorenzo. The new Turin-Lyon railway line The electric plants[J].

Ingegneria Ferroviaria, 2009.64(5); 439-453.

[80] P. Poti, Lorenzo Brino. Need and design of the cooling system both in the excavation phase and in the basic tunnel operation phase of the new Turin-Lyon railway line[J]. Ingegneria Ferroviaria, 2011,66(6):551-564.

[81] J Triclot, M Rettighieri, Giovanni Barla. Large deformations in squeezing ground in the Saint-Martin La Porte gallery along the Lyon-Turin Base Tunnel [J]. Proceedings and Monographs in Engineering,Water and Earth Sciences,2007:1093-1097.

[82] Peter Zbinden. Gotthard Base Tunnel:Testing System for Concrete Mixtures[J]. Beton-und Stahlbetonbau, 2007,102(1):11-18.